今注本二十四史

晋書

一八

傳〔八〕

唐　房玄齡等　撰
梁滿倉　主持校注

中國社会科学出版社

晋書　卷七四

列傳第四十四

桓彝 子雲 雲弟豁 豁子石虔 虔子振 虔弟石秀 石民 石生 石綏 石康 豁弟祕 祕弟冲 冲子嗣 嗣子胤 嗣弟謙 謙弟脩 徐寧

桓彝

桓彝，字茂倫，譙國龍亢人，[1]漢五更榮之九世孫也。[2]父顥，官至郎中。[3]彝少孤貧，雖簞瓢，[4]處之晏如。性通朗，早獲盛名。有人倫識鑒，拔才取士，或出於無聞，或得之孩抱，時人方之許、郭。[5]少與庾亮深交，[6]雅爲周顗所重。[7]顗嘗嘆曰："茂倫嶔崎歷落，[8]固可笑人也。"起家州主簿。[9]赴齊王冏義，[10]拜騎都尉。[11]元帝爲安東將軍，[12]版行逡遒令。[13]尋辟丞相中兵屬，[14]累遷中書郎、尚書吏部郎，[15]名顯朝廷。

[1]譙國：郡國名，曹魏置，治所在譙縣（今安徽省亳州市）。龍亢：縣名，治所在今安徽省懷遠縣西北龍亢集。

[2]五更：與三老同爲鄉官。《禮記·樂記》："食三老五更於大

學。”鄭玄注：“三老五更，互言之耳，皆老人更知三德五事者也。”孔穎達疏：“三德謂正直、剛、柔。五事謂貌、言、視、聽、思也。”　榮：桓榮，東漢沛郡龍亢（今安徽省懷遠縣西北龍亢集）人，字春卿。少就學長安，習《歐陽尚書》。後教授江淮間。六十多歲時始辟大司徒府，招爲議郎，入授太子。後任博士，每以禮讓服衆，不以言辭勝人。後歷任太子少傅、太常等職。

[3]郎中：官名，尚書省郎曹長官。位次尚書、左右丞，分曹執行政務。與“尚書郎”互稱。六品。

[4]簞瓢：形容生活艱苦。語出《論語・雍也》：子曰：“賢哉，回也！一簞食，一瓢飲，在陋巷，人不堪其憂，回也不改其樂。賢哉，回也！”

[5]許：許劭，東漢汝南平輿（今河南省平輿縣北）人，字子將，與郭太齊名於時。品評鄉里人物，每月輒更品題，號“月旦評”。初仕郡功曹，後依揚州刺史劉繇。孫策開闢江東，與劉繇奔豫章。　郭：郭太，亦稱郭泰，東漢太原介休（今山西省介休市東南）人，字林宗。家世貧賤，游學於洛陽，與李膺等友善。清議風起，被太學生推爲領袖。後遭黨錮之禍，解禁之後閉門教授，生徒千餘人。

[6]庾亮：字元規，本書卷七三有傳。

[7]周顗：字伯仁，本書卷六九有傳。

[8]嶔崎歷落：品格卓異出群。

[9]州主簿：官名，州府屬官。典領文書籍簿，省録衆事，職權甚重。

[10]齊王冏：司馬冏，字景治，本書卷五九有傳。

[11]騎都尉：官名，最高位領騎兵之武職，不領兵時爲侍衛武官。因親近皇帝，多以侍中兼任。與駙馬都尉、奉車都尉並爲三都尉。六品。

[12]安東將軍：官名，東漢建安年間置，與安西、安南、安北將軍合稱四安將軍，爲出鎮某一地區的軍事長官，或作爲刺史等兼

理軍務的加官，權任頗重。三品，加持節都督者二品。

［13］浚遒：縣名，治所在今安徽省肥東縣東。

［14］丞相中兵屬：官名，丞相府屬官，隸屬中兵曹。

［15］中書郎：官名，隸屬中書令。掌草擬詔書、外出執行重要使命等。亦作爲中書通事郎、中書侍郎的省稱。五品。　尚書吏部郎：官名，尚書省吏部曹長官通稱。亦稱郎中，資深者可轉侍郎。屬吏部尚書，主管官吏選任、銓叙、調動事務，對五品以下官吏之任免有建議權。六品。

于時王敦擅權，[1]嫌忌士望，彝以疾去職。嘗過輿縣，[2]縣宰東海徐寧字安期，[3]通朗博涉，彝遇之，欣然停留累日，結交而别。先是，庾亮每屬彝覓一佳吏部，[4]及至都，謂亮曰："爲卿得一吏部矣。"亮問所在，彝曰："人所應有而不必有，人所應無而不必無。徐寧真海岱清士。"因爲叙之。即遷吏部郎，[5]竟歷顯職。

［1］王敦：字處仲，本書卷九八有傳。

［2］輿縣：治所在今江蘇省儀徵市北。

［3］縣宰：縣令。

［4］吏部：此處指吏部郎，徐寧當時被任吏部郎。

［5］吏部郎：吏，宋本作"中"。

明帝將伐王敦，拜彝散騎常侍，[1]引參密謀。及敦平，以功封萬寧縣男。丹楊尹温嶠上言：[2]"宣城阻帶山川，[3]頻經變亂，宜得望實居之，竊謂桓彝可充其選。"帝手詔曰："適得太真表如此。今大事新定，朝廷須才，不有君子，其能國乎！方今外務差輕，欲停此事。”彝上疏深自撝挹，[4]内外之任並非所堪，但以墳柏在此郡，欲暫結名義，補彝宣城内史。[5]在郡有惠政，爲百姓所懷。

[1]散騎常侍：官名，三國魏文帝黄初年間置，侍從皇帝左右，諫諍得失，顧問應對，與侍中等共平尚書奏事。也用作宰相、諸公等加官，入宫議政。三品。

[2]丹楊尹：官名，東晋京城所在郡府長官，掌京城行政諸務並詔獄，亦稱“京尹”。三品。楊，殿本作“陽”。　温嶠：字太真，本書卷六七有傳。

[3]宣城：郡名，治所在宛陵縣（今安徽省宣城市）。

[4]撝挹：謙抑，謙讓。

[5]補彝：殿本“補”上有“遂”字。　内史：官名，西晋武帝太康十年（289）改諸王國相爲内史，掌管民政。五品。周家禄《晋書校勘記》認爲：“晋制，以郡爲國，内史治民事，若郡太守。國除爲郡，復稱太守。然二名往往混淆，史家亦互稱之。”

蘇峻之亂也，[1]彝糾合義衆，欲赴朝廷。其長史裨惠以郡兵寡弱，山人易擾，可案甲以須後舉。彝厲色曰：“夫見無禮於其君者，若鷹鸇之逐鳥雀。今社稷危逼，義無晏安。”乃遣將軍朱綽討賊別帥於蕪湖，[2]破之。彝尋出石硊。[3]會朝廷遣將軍司馬流先據慈湖，[4]爲賊所敗，[5]遂長驅逕進。彝以郡無堅城，遂退據廣德。[6]尋王師敗績，彝聞而慷慨流涕，進屯涇縣。[7]時州郡多遣使降峻，裨惠又勸彝僞與通和，以紓交至之禍。[8]彝曰：“吾受國厚恩，義在致死，[9]焉能忍垢蒙辱與醜逆通問！如其不濟，此則命也。”遣將軍俞縱守蘭石。[10]峻遣將韓晃攻之。縱將敗，左右勸縱退軍。縱曰：“吾受桓侯厚恩，本以死報。吾之不可負桓侯，猶桓侯之不負國也。”遂力戰而死。晃因進軍攻彝。彝固守經年，勢孤力屈。賊曰：“彝若降者，當待以優禮。”將士多勸彝僞降，更思後舉。彝不從，辭氣壯烈，志節不撓。城陷，爲晃所害，年五十三。時賊尚未平，諸子並流迸，宣城人紀世和率義故葬之。賊平，追贈廷尉，[11]謚曰簡。咸安中，改贈太常。[12]俞縱亦以死節，追贈興古太守。[13]

[1]蘇峻：字子高，本書卷一〇〇有傳。

[2]蕪湖：縣名，治所在今安徽省蕪湖市東。

[3]石硊：地名，即今安徽省蕪湖市西南石硊鎮。硊，原本、宋本作“跪”，殿本作“頭”，據中華本改。

[4]慈湖：地名，在今安徽省馬鞍山市東北長江南岸。

[5]爲賊所敗：敗，殿本作“破”。

[6]廣德：縣名，治所在今安徽省廣德市西南。

[7]涇縣：治所在今安徽省涇縣西。

[8]紓交至之禍：緩解一起來到的禍患。

[9]義在致死：義，宋本作“乂”。

[10]蘭石：地名，在今安徽省涇縣東北。

[11]廷尉：官名，中央最高司法審判機構長官，負責會審朝中有罪文武大臣，覆核審決郡國疑獄等。三品。

[12]太常：官名，漢代稱奉常，本掌禮樂宗廟、社稷祭祀，魏晉時此職掌歸尚書裁定，太常成爲閑職。三品。

[13]興古：郡名，三國蜀治所在宛温縣，晋武帝時先治勝休縣（今雲南省玉溪市江川區），後治律高縣（今雲南省彌勒市竹園

鎮），東晋復治宛温縣（今雲南省硯山縣維摩彝族鄉附近）。興，宋本作“與”。

初，彝與郭璞善，[1]嘗令璞筮。卦成，璞以手壞之。彝問其故。曰：“卦與吾同。丈夫當此非命，如何！”竟如其言。有五子：温、雲、豁、祕、沖。温别有傳。

[1]郭璞：字景純，本書卷七二有傳。

雲，字雲子。初爲驃騎何充參軍、尚書郎，[1]不拜。襲爵萬寧男，歷位建武將軍、義成太守。[2]遭母憂去職。葬畢，起爲江州刺史，[3]稱疾，廬于墓次。詔書敦逼，固辭不行，服闋，[4]然後莅職。加都督司豫二州軍事、領鎮蠻護軍、西陽太守、假節。[5]雲招集衆力，志在足兵，多所枉濫，衆皆嗟怨。時温執權，有司不敢彈劾。

[1]驃騎：官名，即驃騎將軍，西漢時爲重號將軍，東漢以後，居諸名號將軍之首，僅作爲軍府名號加授大臣或重要州郡長官。二品，開府位從公者一品。　何充：字次道，本書卷七七有傳。　參軍：官名，亦作參軍事，謂參謀軍事。兩晋公府、軍府皆置。　尚書郎：官名。東漢之制，取孝廉中之有才能者入尚書臺，在皇帝左右處理政務，初入臺稱守尚書郎中，滿一年稱尚書郎，滿三年稱侍郎。魏晋以後尚書各曹有侍郎、郎中等官，綜理職務，通稱爲尚書郎。六品。

[2]建武將軍：官名，東漢末曹操置，統兵征伐。四品。　義成：郡名，東晋置，治所在襄陽縣（今湖北省襄陽市）。成，原本、宋本、殿本作“城”，據中華本校勘記改。

[3]江州：治所在南昌縣（今江西省南昌市）。

[4]服闋：守喪期滿除去孝服。

[5]都督司豫二州軍事：即都督司豫二州諸軍事，上述二州最高軍事行政長官。　領：以地位較高的官員兼理較低的職務。　鎮蠻護軍：官名，東晋、南朝置。時常隨征伐目的，置諸雜號護軍，如征蜀護軍、平虜護軍、揚威護軍等，職如將軍，而地位稍遜同號將軍，資歷稍淺之統帥常授此。鎮蠻護軍統兵，管理少數民族事務。　西陽：郡名，治所在西陽縣（今湖北省黄岡市東）。　假節：假以節杖。指大臣臨時持節出巡，爲權臣掌軍、秉政的地位象徵和政治待遇。

升平四年卒，贈平南將軍，[1]謚曰貞。子序嗣，官至宣城内史。

[1]平南將軍：官名，與平東、平西、平北將軍合稱四平將軍。多持節都督或監某一地區的軍事，有時作爲刺史等地方官員監理軍務的加官。三品，加持節都督者二品。

豁，字朗子。初辟司徒府、秘書郎，[1]皆不就。簡文帝召爲撫軍從事中郎，[2]除吏部郎，以疾辭。遷黄門郎，[3]未拜。時謝萬敗於梁濮，[4]許昌、潁川諸城相次陷没，[5]西藩騷動。温命豁督沔中七郡軍事、建威將軍、新野義成二郡太守，[6]擊慕容屈塵，[7]破之，進號右將軍。[8]温既内鎮，以豁監荆揚雍州軍事、領護南蠻校尉、荆州刺史、假節，[9]將軍如故。時梁州刺史司馬勳以梁益叛，[10]豁使其參軍桓羆討之。[11]而南陽督護趙弘、趙憶等逐太守桓淡，[12]據宛城以叛，[13]豁與竟陵太守羅崇討破之。[14]又攻僞南中郎將趙盤於宛，盤退走，谿追至魯陽，[15]獲之，送于京師，置戍而旋。又監寧益軍事。[16]温薨，遷征西將軍，[17]進督交廣并前五州軍事。[18]

[1]辟司徒府：被司徒府征辟。　秘書郎：官名，秘書令屬官，掌管文書機要，亦掌整理典籍、考核舊文。六品。

[2]從事中郎：官名，東漢時爲大將軍屬官，地位較高。魏晋時爲將軍府或公府屬官。六品。此爲撫軍將軍府從事中郎。

[3]黄門郎：官名，黄門侍郎或給事黄門侍郎的省稱。五品。

[4]謝萬：字萬石，本書卷七九有傳。　梁濮：梁縣、濮水地區。梁，縣名，治所在今河南省汝州市南。濮，即濮渠水。上游分爲二支，一支於今河南省封丘縣西分古濟水東北流，一支於今河南省原陽縣北分古黄河東流。二支在長垣市西合流，東至今滑縣復分爲二：一支經今山東省東明縣北至鄄城縣南入古瓠子河，一支經今東明縣南，又東經菏澤市北入古巨野澤。

[5]許昌：縣名，治所在許昌城（今河南省許昌市東）。　潁川：郡名，治所在許昌縣（今河南省許昌市東）。潁，原本、宋本作“永”，殿本作“潁”，據殿本改。

[6]督沔中七郡軍事：即督沔中七郡諸軍事，沔中地區七個郡軍事行政長官，位低於都督和監。　建威將軍：官名，領兵征戰，曹魏、孫吴、西晋皆置。四品。　新野：郡名，西晋惠帝時改義陽郡置，治所在新野縣（今河南省新野縣）。

[7]慕容屈塵：中華本校勘記：“《哀紀》、《通鑑》一〇一並作‘慕容塵’。”

[8]右將軍：官名，漢代重號將軍之一，與前、左、後將軍並爲上卿。魏晋時常設，權位漸低，僅爲武官名號，略高於一般雜號將軍。三品。

[9]監荆揚雍州軍事：即監荆揚雍州諸軍事，上述三州軍事行政長官，位低於都督。　護南蠻校尉：官名，亦稱南蠻校尉，府鎮襄陽，東晋改鎮江陵。掌荆州及江州少數民族事務，統兵。四品。　荆州：三國時曹魏治所在新野縣（今河南省新野縣），孫吴治所在江陵縣（今湖北省江陵縣），西晋統一後治所在江陵縣（今湖北省江陵縣）。

[10]梁州：三國曹魏治所在沔陽縣（今陝西省勉縣東），西晋移治南鄭縣（今陝西省漢中市東）。　司馬勛：東晋人，任梁州刺史、建威將軍。後反叛，自稱成都王。後被朱序斬殺。

[11]桓羆：東晋人，先任王敦參軍，後任荆州刺史桓豁都護、參軍。

[12]南陽：郡名，治所在宛縣（今河南省南陽市）。　督護：官名，州郡及出鎮方面將軍府皆設，掌兵事。兩晋時常統軍征伐，衹督一軍。　桓淡：中華本校勘記："《海西公紀》、《通鑑》一〇一作'桓澹'。"

[13]宛城：即宛縣縣城，治所在今河南省南陽市。

[14]竟陵：郡名，治所在石城縣（今湖北省鍾祥市）。　羅崇：習鑿齒之舅。

[15]魯陽：縣名，治所在今河南省魯山縣。

[16]監寧益軍事：即監寧益諸軍事，上述二州軍事行政長官，位低於都督。

[17]征西將軍：官名，東漢永元年間置，地位與雜號將軍、偏將軍、裨將軍等同。建安年間與征東、征南、征北將軍合稱四征將軍，地位提高。三品，加持節都督者二品。

[18]督交廣并前五州軍事：即督數州諸軍事，交州、廣州及前文提到的荆、揚、雍、寧、益五州等共七州軍事行政長官，位次於都督和監。

苻堅寇蜀，[1]豁遣江夏相竺瑶距之。[2]廣漢太守趙長等戰死，[3]瑶引軍退。頃之，堅又寇凉州，[4]弟冲遣輔國將軍朱序與豁子江州刺史石秀泝流就路，[5]禀節度。豁遣督護桓羆與序等游軍沔漢，[6]爲凉州聲援。俄而張天錫陷没，[7]詔遣中書郎王尋之詣豁，諮謀邊事。豁表以梁州刺史毛憲祖監沔北軍事，[8]兖州刺史朱序爲南中郎將、監沔中軍事，[9]鎮襄陽，[10]以固北鄙。

[1]苻堅：字永固，本書卷一一三有載記。

[2]江夏：郡名，此指曹魏所置江夏郡，治所在上昶城（今湖北省雲夢縣）。　相：官名，郡國相，也稱内史。五品。　竺瑶：瑶，原本、宋本、殿本作“瑗”，據中華本校勘記改。本卷下文此人名同。

[3]廣漢：郡名，治所在廣漢縣（今四川省射洪市南）。

[4]凉州：東漢治所在隴縣（今甘肅省張家川回族自治縣），三國魏移治姑臧縣（今甘肅省武威市）。

[5]輔國將軍：官名，屬將軍名號，三國、兩晋皆置。三品。　朱序：字次倫，本書卷八一有傳。

[6]沔漢：漢水中游地區。

[7]張天錫：字純嘏，本書卷八六有傳。

[8]毛憲祖：毛穆之，字憲祖，本書卷八一有傳。　監沔北軍事：沔北地區軍事行政長官，位次於都督。

[9]南中郎將：官名，與東、西、北中郎將並稱四中郎將，統兵征戰，權職甚重。四品。　監沔中軍事：沔中地區軍事行政長官，位次於都督。

[10]襄陽：郡名，東漢建安十三年（208）置，治所在襄陽縣（今湖北省襄陽市），西晋移治宜城縣（今湖北省宜城市南）。

太元初，遷征西大將軍、開府。[1]豁上疏固讓曰：“臣聞三臺麗天，[2]辰極以之增耀；論道作弼，王猷以之時邕。[3]必將仰參神契，[4]對揚成務，[5]弘易簡以翼化，暢玄風於宗極。故宜明揚仄陋，[6]登庸賢雋，[7]使版築有冲天之舉，[8]渭濱無垂竿之逸。[9]用乃功濟蒼生，道光千載。是以德非時望，成典所不虚授；功微賞厚，賢達不以擬心。臣實凡人，量無遠致，階藉門寵，遂叨非據。[10]進不能闡揚皇風，贊明政道；[11]退不能宣力所莅，混一華戎。尸素積載，庸績莫紀。是以敢冒成命，歸陳丹款。伏願陛下回神玄覽，追收謬眷，[12]則具瞻革望，臣知所免。”竟不許。及苻堅陷仇池，[13]豁以新野太守吉挹行魏興太守、督護梁州五郡軍事，[14]戍梁州。堅陷涪城，[15]梁州刺史楊亮、益州刺史周仲孫並委戍奔潰。豁以威略不振，所在覆敗，又上疏陳謝，固辭，不拜開府。尋卒，時年五十八。贈司空，[16]本官如故，謚曰敬。賻錢五十萬，[17]布五百匹，使者持節監護喪事。豁時譽雖不及冲，而甚有器度。但遇强寇，故功業不建。

[1]征西大將軍：官名，屬將軍名號，多授予統兵出鎮在外，都督數州諸軍事者。位在征西將軍之上。二品，開府位從公者一品。　開府：開設府署，辟置僚屬。魏晋時常以此作爲對高級官員的寵待。

[2]三臺：星名，本書卷一一《天文志》：“三臺六星，兩兩而居，起文昌，列抵太微。一曰天柱，三公之位也。在人曰三公，在天曰三臺，主開德宣符也。西近文昌二星曰上臺，爲司命，主壽。次二星曰中臺，爲司中，主宗室。東二星曰下臺，爲司禄，主兵，

所以昭德塞違也。”

［3］王猷以之時邕：王道因此而和熙。

［4］神契：與神靈契合。

［5］對揚成務：因與神靈契合而成就事業。

［6］明揚仄陋：在下層人中選拔人才。

［7］登庸賢雋：選拔任用賢才俊傑。

［8］版築：指民間隱逸的人才。典出《史記》卷三《殷本紀》：武丁夜夢得聖人，名曰説。群臣百官都不是夢中人，便命人在朝廷以外尋求，結果發現一個版築城墻的刑徒，與夢中所見一樣，便舉以爲相，使殷國大治。

［9］垂竿之逸：指民間隱逸的人才。典出《史記》卷三二《齊太公世家》：吕尚年老且貧，在渭水畔釣魚以等待明主發現。周文王將出獵，占卜，得知將得人才，乃出獵，果遇太公於渭之陽，與語大説，曰：“自吾先君太公曰‘當有聖人適周，周以興’。子真是邪？吾太公望子久矣。”故號之曰“太公望”，載與俱歸，立爲師。

［10］遂叨非據：謙辭，意爲忝居不該據有的位置。

［11］贊明政道：殿本“明”下有“其”字。

［12］追收：收，原本、宋本作“敗”，殿本作“收”，據殿本改。

［13］仇池：位於今甘肅省西和縣西仇池山上，又名百頃池。

［14］吉挹：字祖冲，本書卷八九有傳。　行：兼攝官職。　魏興：郡名，東漢建安二十年（215）分漢中郡置西城郡，曹魏黄初二年（221）改名魏興，治所在西城縣（今陝西省安康市西北）。　督護梁州五郡軍事：梁州五郡地區的軍事統帥。

［15］涪城：縣名，治所在今四川省綿陽市東涪江東岸。

［16］司空：官名，魏晋南北朝爲名譽宰相，多爲大臣加官。晋八公之一，位在三公之末。一品。

［17］賻：殿本作“贈”。

初，豁聞苻堅國中有謠云："誰謂爾堅石打碎。"有子二十人，皆以"石"爲名以應之。唯石虔、石秀、石民、石生、石綏、石康知名。

石虔，小字鎮惡。有才幹，趫捷絶倫。從父在荆州，於獵圍中見猛獸被數箭而伏，諸督將素知其勇，戲令拔箭。石虔因急往，拔得一箭，猛獸跳，[1]石虔亦跳，高於猛獸，[2]猛獸伏，復拔一箭以歸。從温入關。冲爲苻健所圍，[3]垂没，石虔躍馬赴之，拔冲於數萬衆之中而還，莫敢抗者。三軍嘆息，威震敵人。時有患瘧疾者，謂曰"桓石虔來"以怖之，病者多愈，其見畏如此。

[1]跳：宋本作"挑"。
[2]猛獸：殿本作"獸身"。
[3]苻健：字建業，本書卷一一二有載記。

初，袁真以壽陽叛，[1]石虔以寧遠將軍、南頓太守帥諸將攻之，[2]克其南城。又擊苻堅將王鑒于石橋，[3]獲馬五百匹。除竟陵太守，以父憂去職。尋而苻堅又寇淮南，詔曰："石虔文武器幹，御戎有方。古人絶哭，[4]金革弗避，况在餘哀，豈得辭事！可授奮威將軍、南平太守。"[5]尋進冠軍將軍。[6]苻堅荆州刺史梁成、襄陽太守閻震率衆入寇竟陵，[7]石虔與弟石民距之。賊沮㵋水，[8]屯管城。[9]石虔設計夜渡水，既濟，賊始覺，力戰破之，進克管城，擒震，斬首七千級，俘獲萬人，馬數百匹，牛羊千頭，具裝鎧三百領。成以輕騎走保襄陽。石虔復領河東太守，[10]進據樊城，[11]逐堅兗州刺史張崇，[12]納降二千家而還。冲卒，石虔以冠軍將軍監豫州揚州五郡軍事、豫州刺史。[13]尋以母憂去職。服闋，復本位。久之，命移鎮馬頭，[14]石虔求停歷陽，[15]許之。

[1]袁真：東晋人。歷任廬江太守、龍驤將軍、西中郎將、豫州刺史等職。桓温北伐失利，歸罪袁真，將其廢黜。因懷恨叛降前燕。　壽陽：即壽春縣，秦置。治所在今安徽省壽縣東南。

[2]寧遠將軍：官名，屬名號將軍。五品。　南頓：郡名，治所在南頓縣（今河南省項城市西南南頓集）。

[3]石橋：一作石梁，位於今安徽省壽縣北淝河上。

[4]絶哭：中止守喪。

[5]可授：原本、宋本無“授”字，殿本有，據殿本補。　奮威將軍：官名，爲雜號將軍。四品。　南平：郡名，治所在江安縣（今湖北省公安縣西北）。

[6]冠軍將軍：官名，曹魏、孫吴、西晋皆置。西晋時領營兵。三品。

[7]苻堅荆州刺史梁成：中華本校勘記：“《舉正》：‘梁成’，《堅載記》作‘都貴’。按：《孝武紀》、《通鑑》一〇四並作‘都貴’。貴以秦建元十六年十二月爲荆州刺史。”　襄陽太守閻震：中華本校勘記：“《苻堅載記》上作‘閻振’。”

[8]沮：殿本作“阻”。　溵水：古水名。即今石河。源出今河南省魯山縣西北穀積山，東流至寶豐縣西北入汝水。

[9]管城：地名，在今湖北省鍾祥市北。

[10]河東：郡名，東晋僑置，治所在松滋縣（今湖北省松滋市西北）。

[11]樊城：地名，在今湖北省襄陽市樊城區。

[12]兗州：魏晉時期治所在廩丘縣（今山東省鄆城縣西北），西晉惠帝末，兗州闔境淪没於石勒。東晉元帝僑置兗州，治京口（今江蘇省鎮江市）。

[13]監豫州揚州五郡軍事：即監豫州揚州五郡諸軍事，豫州以及揚州轄下五個郡的軍事行政長官，位次於都督。　豫州：曹魏時治所在安城縣（今河南省正陽縣東北），西晉移治陳縣（今河南省周口市淮陽區）。

[14]馬頭：即馬頭岸，位於今湖北省荆州市沙市區南長江南岸埠河鎮。

[15]歷陽：縣名，治所在今安徽省和縣。

太元十三年卒，追贈右將軍。追論平閻震功，進爵作塘侯。[1]第五子誕嗣。誕長兄洪，襄城太守。[2]洪弟振。

[1]進爵作塘侯：中華本校勘記："《斠注》：'塘'當從《地理志》爲'唐'。"

[2]襄城：郡名，東晉元帝僑置，治所在繁昌縣（今安徽省蕪湖市繁昌縣東北）。

振，字道全。少果鋭，而無行。玄爲荆州，以振爲揚武將軍、淮南太守。[1]轉江夏相，以凶横見黜。

[1]揚武將軍：官名，統兵出征。四品。　淮南：郡名，治所在壽春縣（今安徽省壽縣）。

及玄之敗也，桓謙匿於沮中，[1]振逃于華容之涌中。[2]玄先令將軍王稚徽戍巴陵，[3]稚徽遣人報振云："桓欽已克京邑，馮稚等復平尋陽，[4]劉毅諸軍並敗於中路。"[5]振大喜。時安帝在江陵，[6]振乃聚黨數十人襲江陵。比至城，有衆二百。謙亦聚衆而出，遂陷江陵，迎帝於行宫。振聞桓昇死，大怒，將肆逆於帝，謙苦禁之，乃止。遂命群臣，辭以楚祚不終，百姓之心復歸于晋，更奉進璽綬，以琅邪王領徐州刺史，[7]振爲都督八州、鎮西將軍、荆州刺史。[8]帝侍御左右，皆振之腹心。既而嘆曰："公昔早不用我，遂致此敗。若使公在，我爲前鋒，天下不足定。今獨作此，安歸乎！"遂肆意酒色，暴虐無道，多所殘害。

[1]沮中：一作柤中，地名，在今湖北省南漳縣、宜城市蠻河流域一帶。

[2]華容：縣名，治所在今湖北省潛江市南。　涌：涌水，自今湖北省荆州市沙市區南分長江水東流，下流復入長江。

[3]巴陵：縣名，治所在今湖南省岳陽市。

[4]尋陽：縣名，治所在今湖北省黄梅縣西南。

[5]劉毅：字希樂，本書卷八五有傳。

[6]江陵：縣名，治所在今湖北省江陵縣。

[7]琅邪王：東晋康帝司馬岳，本書卷七有紀。　徐州：治所在彭城縣（今江蘇省徐州市）。

[8]都督八州：都督八州諸軍事，八州轄區最高軍事行政長官。　鎮西將軍：官名，與鎮東、鎮南、鎮北將軍合稱四鎮將軍。多爲持節都督，出鎮方面。曹魏二品。晋改三品，加持節都督者二品。

振營於江津。[1]南陽太守魯宗之自襄陽破振將温楷于柞溪，[2]進屯紀南。[3]振聞楷敗，留其將馮該守營，自率衆與宗之大戰。振勇冠三軍，衆莫能禦，宗之敗績。振追奔，遇宗之單騎於道，弗之識也，乃問宗之所在。紿曰："已前走矣。"宗之於是自後而退。[4]尋而劉毅等破馮該，平江陵。振聞該敗，衆潰而走。後與該子宏出自涢城，[5]復襲江陵，荆州刺史司馬休之奔襄陽。振自號荆州刺史。建威將軍劉懷肅率寧遠將軍索邈，[6]與振戰於沙橋。[7]振兵雖少，左右皆力戰，每一合，振輒瞋目奮擊，衆莫敢當。振時醉，且中流矢，廣武將軍唐興臨陣斬之。[8]

[1]江津：即江津戍，一名奉城，位於在今湖北省荆州市沙市區東南長江中沙洲上。

[2]魯宗之：東晉扶風郿縣（今陝西省眉縣東渭河北岸）人，字彦仁。南陽太守，從劉裕伐桓玄有功，遷輔國將軍、雍州刺史。後自疑不爲劉裕所容，乃起兵與司馬休之伐劉裕，兵敗後投姚興。柞溪：即柞溪水，源出今湖北省江陵縣北，東流至潜江市西入古揚夏水。

[3]紀南：地名，即紀南城，在今湖北省江陵縣西北。

[4]宗之於是自後而退：殿本無"宗之"二字。

[5]涢城：地名，在今湖北省安陸市。

[6]劉懷肅：彭城（今江蘇省徐州市）人，劉裕從母兄。初爲劉敬宣寧朔府司馬，東征孫恩，有戰功，又爲龍驤司馬、費令。隨劉裕討桓玄及桓氏餘黨，除通直郎，任淮南、歷陽二郡太守。

[7]沙橋：地名，在今湖北省江陵縣東。

[8]廣武將軍：官名，曹魏、西晋皆置。名號將軍中地位較高。四品。

石秀，幼有令名，風韵秀徹，博涉群書，尤善《老》《莊》。常獨處一室，簡於應接，時人方之庾純。[1]甚爲簡文帝所重，豁爲荆州，請爲鷹揚將軍、竟陵太守，[2]非其好也。尋代叔父沖爲寧遠將軍、江州刺史、領鎮蠻護軍、西陽太守，居尋陽。性放曠，常弋釣林澤，不以榮爵嬰心。善騎射，發則命中。嘗從沖獵，[3]登九井山，[4]徒旅甚盛，觀者傾坐，石秀未嘗屬目，止嘯咏而已。謝安嘗訪以世務，[5]默然不答，安甚怪之。他日，安以語其從弟嗣，嗣以問之，石秀曰："世事此公所諳，吾又何言哉！"在州五年，以疾去職。年四十三卒於家，朝野悼惜之。追贈後將軍，[6]後改贈太常。子稚玉嗣。玄之簒也，以石秀一門之令，封稚玉爲臨沅王。

[1]庾純：字謀甫，本書卷五〇有傳。

[2]鷹揚將軍：官名，雜號將軍中地位較高者，曾作爲荆州、兖州等州刺史的加官。五品。

[3]嘗從沖：嘗，原本、宋本、殿本作"常"，通"嘗"，此據中華本改。

[4]九井山：位於今安徽省當塗縣南。井，原本、宋本作"并"，殿本作"井"，據殿本改。

[5]謝安：字安石，本書卷七九有傳。

[6]後將軍：官名，漢代爲重號將軍，與前、左、右將軍並爲上卿。魏晋以後權位漸低，僅爲將軍名號，略高於一般雜號將軍。三品。

石民，弱冠知名，[1]衛將軍謝安引爲參軍。[2]叔父沖上疏，版督荆江豫三州之十郡軍事、振武將軍，[3]領襄城太守，戍夏口，[4]與石虔攻苻堅荆州刺史梁成等於竟陵。明年，又與隨郡太守夏侯澄之破苻堅將慕容垂、姜成等於漳口。[5]復領譙國内史、梁郡太守。[6]冲薨，詔以石民監荆州軍事、西中郎將、荆州刺史。[7]桓氏世莅荆土，石民兼以才望，甚爲人情所仰。

[1]弱冠：指男子二十歲時。《禮記·曲禮上》："二十曰弱，冠。"年少爲弱，待至二十，即爲成年，舉行冠禮。

[2]衛將軍：官名，魏晋時位在名號將軍之上，多爲軍府名號，加給大臣、重要州郡長官。二品，開府位從公者一品。

[3]督荆江豫三州之十郡軍事：荆、江、豫三州轄下共十個郡的軍事行政長官，位次於都督和監。　振武將軍：官名，屬常設將軍名號，統兵。四品。

[4]夏口：即沔口，位於今湖北省武漢市，漢江入長江之口。

[5]隨郡：西晋太康九年（288），析義陽郡之隨、平林二縣置，治所在隨縣（今湖北省隨縣）。　慕容垂：字道明，本書卷一二三有載記。　漳口：位於今湖北省雲夢縣西南。

[6]梁郡：治所在睢陽縣（今河南省商丘市南）。

[7]監荆州軍事：荆州地區軍事行政長官，位低於都督。　西中郎將：官名，東漢末所置四中郎將之一。帥師征伐或鎮守。魏、西晋多兼凉州刺史，東晋多兼豫州刺史。四品。

初，冲遣竟陵太守趙統伐襄陽。至是，石民復遣兵助之。尋而苻堅敗於淮肥，石民遣南陽太守高茂衛山陵。時堅雖破敗，而慕容垂等復盛。石民遣將軍晏謙伐弘農，[1]賊東中郎將慕容夔降之。[2]始置湖陝二戍。獲關中擔幢伎,[3]以充太樂。時苻堅子丕僭號於河北,[4]謀襲洛陽。石民遣將軍馮該討之，臨陣斬丕，及其左僕射王孚、吏部尚書苟操等,[5]傳首京都。而丁零翟遼復侵逼山陵,[6]石民使河南太守馮遵討之。[7]時乞活黄淮自稱并州刺史，與遼共攻長社,[8]衆數千人。石民復遣南平太守郭銓、松滋太守王遐之擊淮,[9]斬之，遼走河北。以前後功，進左將軍。[10]卒，無子。

[1]弘農：郡名，治所在弘農縣（今河南省靈寶市)。

[2]東中郎將：官名，東、西、南、北四中郎將之一，統兵征伐，多有固定的轄區和治所。四品。

[3]關中：地區名，函谷關以西秦國故地，包括今河南省靈寶市以西及陝西省、甘肅省東部和四川省部分地區。　擔幢伎：表演担幢雜技的藝人。

[4]丕：苻丕，字永叔，本書卷一一五有載記。

[5]左僕射：官名，即尚書左僕射，尚書省次官。輔助尚書令執行政務，參議大政，諫諍得失，監察糾彈百官。有時尚書省不置令，祇設左、右僕射，此時左僕射居右僕射之上。三品。　吏部尚書：官名，三國魏時爲尚書省吏部曹長官，位居列曹尚書之上。三品。

[6]丁零：古民族名。又稱丁令、丁靈。漢時爲匈奴屬國，游牧於我國北部和西北部廣大地區。魏晋南北朝時有部分進入中原。　翟遼：中華本校勘記："《商榷》：據《苻堅載記》，'翟遼'當是'翟斌'。按：《通鑑》一〇五亦作'翟斌'。"

[7]河南：郡名，治所在洛陽縣（今河南省洛陽市東北)。

[8]長社：縣名，治所在今河南省長葛市東北。

[9]郭銓：東晋人，歷任梁州刺史、益州刺史、竟陵太守、南平太守等職，桓玄之亂中，任桓玄前將軍，後投降朝廷。　松滋：

東晉成帝時僑置郡，治所在尋陽縣（今江西省九江市東），安帝時廢爲縣。

[10]左將軍：官名，漢代爲重號將軍，與前、後、右將軍並爲上卿。魏晉時爲常設官職，權位較兩漢漸低，僅爲武官名號，略高於一般雜號將軍，不典禁兵。三品。

石生，隆安中以司徒左長史遷侍中，[1]歷驃騎、太傅長史。[2]會稽世子元顯將伐桓玄，[3]石生馳書報玄，玄甚德之。[4]及玄用事，以爲前將軍、江州刺史。[5]尋卒於官。

[1]司徒左長史：官名，司徒長史爲司徒府掾屬之長，佐司徒總管府内諸曹。分左、右，左高於右。六品。　侍中：官名，東漢建安中與給事黄門侍郎出入禁中，省尚書事。曹魏時爲門下之侍中省長官，常侍衛皇帝左右，掌顧問應對、諫諍糾察、平議奏事、駁奏異議等，權力甚重。三品。

[2]太傅長史：官名，太傅府署僚之長，佐太傅總管府内諸曹，三國魏以後分置左、右。六品。

[3]會稽世子元顯：司馬元顯，本書卷六四有傳。　桓玄：字敬道，本書卷九九有傳。

[4]玄甚德之：德，宋本作“得”。

[5]前將軍：官名，漢代重號將軍之一，與左、右、後將軍並爲上卿。魏晉時常設，權位較兩漢時漸低，僅爲武官名號，略高於一般雜號將軍，不典禁兵，不與朝政。三品。

石綏，元顯時爲司徒左長史。玄用事，拜黄門郎、左衛將軍。[1]玄敗，石綏走江西塗中，[2]聚衆攻歷陽，後爲梁州刺史傅歆之所殺。[3]

[1]左衛將軍：官名，三國魏咸熙二年（265），司馬炎即晉王位，分中衛將軍爲左、右衛將軍。掌佽飛虎賁及前驅、由基、强弩三部司馬，屬下還有虎賁、羽林、上騎、異力、命中共五部督，負責宫禁侍衛。西晉屬中軍將軍，後屬領軍將軍。爲禁衛軍主要統帥之一，權任很重。四品。

[2]塗中：中華本校勘記："《商榷》：'塗'當作'涂'。涂中即今滁縣。"

[3]傅歆之：中華本校勘記："《通鑑》一一五作'傅韶'。勞校：《宋書·傅弘之傳》作'傅韶'。"

石康，偏爲玄所親愛，玄爲荆州，以爲振威將軍。[1]累遷荆州刺史。討庾仄功，討武陵王，事具《玄傳》。

[1]振威將軍：官名，雜號將軍，統兵出征。四品。

祕，字穆子。少有才氣，[1]不倫於俗。初拜祕書郎，兄温抑而不用。久之，爲輔國將軍、宣城内史。時梁州刺史司馬勛叛入蜀，祕以本官監梁益二州征討軍事、假節。[2]勛平，還郡。後爲散騎常侍，徙中領軍。[3]孝武帝初即位，妖賊盧竦入宫，[4]祕與左衛將軍殷康俱入擊之。[5]温入朝，窮考竦事，收尚書陸始等，[6]罹罪者甚衆。祕亦免官，居于宛陵，[7]每憤憤有不平之色。温疾篤，祕與温子熙、濟等謀共廢沖。沖密知之，不敢入。頃温氣絶，先遣力士拘録熙、濟，而後臨喪。祕於是廢棄，遂居于墓所，放志田園，好游山水。後起爲散騎常侍，凡三表自陳。詔曰："祕受遇先朝，是以延之，而頻有讓表，以尚告誠，[8]兼有疾疢，省用增嘆。[9]可順其所執。”祕素輕冲，冲時貴盛，祕恥常侍位卑，故不應朝命。與謝安書及詩十首，辭理可觀，其文多引簡文帝之眄遇。先冲卒。長子蔚，官至散騎常侍、游擊將軍。[10]玄篡，以爲醴陵王。

[1]才氣：氣，殿本作“器”。

[2]監梁益二州征討軍事：上述二州軍事行政長官，位次於都督。

[3]中領軍：官名，東漢建安中曹操改領軍置。與中護軍皆典禁兵，屬丞相府。三品。

[4]妖賊盧竦入宫：中華本校勘記：“《孝武紀》《毛安之傳》及《通鑑》一〇三‘竦’並作‘悚’。”

[5]殷康：東晋人，曾任左衛將軍、右衛將軍等職。

[6]尚書：官名，東漢尚書臺六曹各置尚書，魏晋出爲朝官，分掌尚書省諸曹，品秩提高。三品。

[7]宛陵：縣名，治所在今安徽省宣城市。

[8]以尚告誠：殿本“以”下有“栖”字。

[9]省用增嘆：嘆，殿本作“難”。

[10]游擊將軍：官名，禁軍將領，與驍騎將軍分領命中虎賁，掌宿衛之任。隸屬中領軍（領軍將軍）。四品。

冲，字幼子，温諸弟中最淹識，有武幹，温甚器之。弱冠，太宰、武陵王晞辟，[1]不就。除鷹揚將軍、鎮蠻護軍、西陽太守。從温征伐有功，遷督荆州之南陽襄陽新野義陽順陽雍州之京兆揚州之義成七郡軍事、寧朔將軍、義成新野二郡太守，[2]鎮襄陽。又從温破姚襄。[3]及虜周成，[4]進號征虜將軍，[5]賜爵豐城公。尋遷振威將軍、江州刺史、領鎮蠻護軍、西陽譙二郡太守。温之破姚襄也，獲襄將張駿、楊凝等，徙於尋陽。冲在江陵，未及之職，而駿率其徒五百人殺江州督護趙毗，掠武昌府庫，將妻子北叛。冲遣將討獲之，遽還所鎮。

[1]太宰：官名，即太師，因避司馬師名諱而改名太宰。八公之一，居上公之首，爲宰相之任。一品。太，原本、宋本作“大”，殿本作“太”，據殿本改。　武陵王晞：司馬晞，字道叔，本書卷六四有傳。

[2]督荆州之南陽襄陽新野義陽順陽雍州之京兆揚州之義成七郡軍事：即督數郡諸軍事，荆州下轄之南陽、襄陽、新野、義陽、順陽五郡，加雍州下轄之京兆、揚州下轄之義成二郡，共七郡的軍事行政長官，位低於都督和監。義成，原本、宋本、殿本作“義城”，據中華本改。本卷下文此地名同。　寧朔將軍：官名，西晋時多駐幽州，爲幽州地區軍政長官，兼管烏丸事務。四品。

[3]姚襄：字景國，本書卷一一六有載記。

[4]周成：成，原本、殿本作“城”，宋本作“成”，據宋本改。

[5]征虜將軍：既是武官名，也作爲高級文職官員的加官。三品。

初，彝亡後，冲兄弟並少，家貧，母患，須羊以解，無由得之，温乃以冲爲質。羊主甚富，言不欲爲質，幸爲養買德郎。買德郎，冲小字也。及冲爲江州，出射，羊主於堂邊看，冲識之，謂曰：“我買德也。”遂厚報之。頃之，進監江荆豫三州之六郡軍事、南中郎將、假節，[1]州郡如故。

[1]監江荆豫三州之六郡軍事：即監數郡諸軍事，江州、荆州、豫州三州轄下共六個郡的軍事行政長官，位低於都督。

在江州凡十三年而温薨。孝武帝詔冲爲中軍將軍、都督揚江豫三州軍事、揚豫二州刺史、假節。[1]時詔賻温錢、布、漆、蠟等物，[2]而不及大殮。冲上疏陳温素懷每存清儉，且私物足舉凶事，求還官庫。詔不許，冲猶固執不受。初，温執權，大辟之罪皆自己决。冲既莅事，上疏以爲生殺之重，古今所慎，凡諸死罪，先上，須報。冲既代温居任，則盡忠王室。[3]或勸冲誅除時望，專執權衡，冲不從。

[1]孝武帝：宋本無"帝"字。　中軍將軍：官名，西晋時統左右衛、前後左右驍騎等宿衛七營禁軍，主管京師及朝廷警衛。泰始四年（268）罷，置北軍中候代其職。後爲將軍名號，與鎮軍將軍、撫軍將軍並爲三名號將軍，不統禁兵。三品。　都督揚江豫三州軍事：即都督數州諸軍事，上述三州最高軍事行政長官。　揚：揚州，三國魏、吴各置揚州，魏治所在壽春縣（今安徽省壽縣），吴治所在建業縣（今江蘇省南京市）。西晋統一後復合，治所在建鄴縣（今江蘇省南京市）。

[2]賻：送給喪家的布帛、錢財等。

[3]則盡忠王室：宋本無"則"字。

謝安以時望輔政，爲群情所歸，冲懼逼，寧康三年，乃解揚州，[1]自求外出。桓氏黨與以爲非計，莫不扼腕苦諫，郗超亦深止之。[2]冲皆不納，處之澹然，不以爲恨，忠言嘉謀，每盡心力。於是改授都督徐兗豫青揚五州之六郡軍事、車騎將軍、徐州刺史，[3]以北中郎府并中軍，[4]鎮京口，[5]假節。又詔冲及謝安並加侍中，以甲杖五十人入殿。時丹楊尹王藴以后父之重昵于安，[6]安意欲出藴爲方伯，乃復解冲徐州，直以車騎將軍都督豫江二州之六郡軍事，[7]自京口遷鎮姑熟。[8]

[1]揚州：揚，宋本作“楊”。

[2]郗超：字景興，本書卷六七有傳。郗，原本、宋本、殿本作“郄”，據中華本改。

[3]都督徐兗豫青揚五州之六郡軍事：即都督數郡諸軍事，上述五州轄下共六個郡的最高軍事行政長官。　車騎將軍：官名，魏晋南北朝時位次於驃騎將軍，在諸名號將軍之上，多作爲軍府名號，以加授大臣及重要州郡長官。二品，開府位從公者一品。

[4]北中郎府：北中郎將府。　中軍：軍事編制，相對外軍而言，即朝廷軍隊。

[5]京口：地名，即今江蘇省鎮江市。

[6]丹楊：楊，原本、殿本作“陽”，宋本作“楊”，據宋本改。　王藴：字叔仁，本書卷九三有傳。

[7]都督豫江二州之六郡軍事：即都督數郡諸軍事，上述二州轄下共六個郡的最高軍事行政長官。

[8]姑熟：地名，即姑熟城，又名南州城，在今安徽省當塗縣西北。熟，宋本作“孰”。

既而苻堅寇凉州，冲遣宣城内史朱序、豫州刺史桓伊率衆向壽陽，[1]淮南太守劉波泛舟淮泗，[2]乘虚致討，以救涼州，乃表曰：

氐賊自并東胡，醜類實繁，而蜀漢寡弱，西涼無備，斯誠暴與疾顛，祗速其亡。然而天未剿絶，屢爲國患。臣聞勝於無形，功立事表，伐謀之道，兵之上略。況此賊陸梁，[3]終必越逸。北狄陵縱，常在秋冬。今日月迅邁，高風行起，臣輒較量畿甸，守衛重複，又淮泗通流，長江如海，荆楚偏遠，密邇寇仇，方城、漢水無天險之實，而過備之重勢在西門。[4]

[1]桓伊：字叔夏，本書卷八一有傳。

[2]劉波：東晋人，任冠軍將軍、前將軍等職。　淮泗：地區名，淮水和泗水流域。

[3]況：宋本無此字。　陸梁：囂張，猖獗。

[4]西門：指荆州。

臣雖凡庸，識乏武略，然猥荷重任，思在投袂。[1]請率所統，徑進南郡，[2]與征西將軍臣豁參同謀猷。賊若果驅犬羊，送死沔漢，庶仰憑正順，因致人利，一舉乘風，掃清氛穢，不復重勞王師，有事三秦，[3]則先帝盛業永隆於聖世，宣武遺志無恨於在昔。[4]如其懾憚皇威，闚闟計屈，則觀兵伺釁，更議進取，振旅旋旆，遲速唯宜。伏願陛下覽臣所陳，特垂聽許。

[1]投袂：甩袖。形容激動奮發。《左傳・宣公十四年》："楚子

聞之，投袂而起。”

［2］南郡：治所在江陵縣（今湖北省江陵縣）。

［3］三秦：項羽三分關中，封章邯爲雍王、司馬欣爲塞王、董翳爲翟王，合稱三秦。其地相當於今陝西省關中地區及甘肅省東部。

［4］宣武：指桓温。桓温謚號宣武侯，故言。

詔答曰：“醜類違天，比年縱肆，梁益不守，河西傾喪。[1]每惟宇内未一，憤嘆盈懷。將軍經略深長，思算重復，忠國之誠，形于義旨。覽省未周，以感以慨。寇雖乘間竊利，而以無道臨之，黷武窮凶，虐用其衆，滅亡之期，勢何得久！然備豫不虞，軍之善政。輒詢于群后，敬從高算。想與征西協參令圖，嘉謀遠猷，[2]動静以聞。”會張天錫陷没，於是罷兵。俄而豁卒，遷都督江荆梁益寧交廣七州揚州之義成雍州之京兆司州之河東軍事、領護南蠻校尉、荆州刺史、持節，[3]將軍、侍中如故。又以其子嗣爲江州刺史。冲將之鎮，帝餞於西堂，[4]賜錢五十萬。又以酒三百四十石、牛五十頭犒賜文武。謝安送至溧洲。[5]

［1］河西：地區名，今甘肅、青海二省之間黄河南段以西地區，即河西走廊、湟水流域一帶。

［2］嘉謀：嘉，宋本作“加”。

［3］都督江荆梁益寧交廣七州揚州之義成雍州之京兆司州之河東軍事：即都督數州諸軍事，江、荆、梁、益、寧、交、廣等七州以及揚州轄下義成、雍州轄下京兆、司州轄下河東等三郡的最高軍事行政長官。　持節：官員外出持有皇帝授予的節杖，代表高等權

威，常用於軍事長官出征。

［4］西堂：太極殿西堂。《景定建康志》卷二一《城闕志·古宫殿》："太極殿，建康宫内正殿也。晋初造以十二間，象十二月。至梁武帝改製十三間，象閏焉。高八丈，長二十七丈，廣十丈，内外並以錦石爲砌次。東有太極東堂七間，西有太極西堂七間。"

［5］溧洲：又作洌洲，位於今江蘇省南京市江寧區西長江中。溧，原本、殿本作"漂"，宋本作"溧"，據宋本改。

冲既到江陵，時苻堅强盛，冲欲移阻江南，乃上疏曰："自中興以來，荆州所鎮，隨宜迴轉。臣亡兄温以石季龍死，[1]經略中原，因江陵路便，即而鎮之。事與時遷，勢無常定。且兵者詭道，示之以弱，今宜全重江南，輕戍江北。南平孱陵縣界，[2]地名上明，田土膏良，可以資業軍人。在吴時樂鄉城以上四十餘里，[3]北枕大江，西接三峽。[4]若狂狡送死，則舊郢以北堅壁不戰，接會濟江，路不云遠，乘其疲墮，撲翦爲易。臣司存閫外，[5]輒隨宜處分。"於是移鎮上明，[6]使冠軍將軍劉波守江陵，[7]諮議參軍楊亮守江夏。[8]詔以荆州水旱饑荒，又冲新移草創，歲運米三十萬斛以供軍資，須年豐乃止。

［1］石季龍：即石虎，字季龍，本書卷一〇六有載記。

［2］孱陵縣：治所在今湖北省公安縣西北。

［3］樂鄉城：三國吴陸抗築，位於今湖北省松滋市東北長江南岸。

［4］三峽：長江三峽即瞿塘峽、巫峽、西陵峽。位於今重慶市奉節縣與湖北省宜昌市之間。

［5］閫外：朝廷之外。

［6］上明：即上明城，東晋太元二年（377）以後爲荆州州治。位於今湖北省松滋市西北長江南岸。

［7］劉波：劉，宋本作“釗”。

［8］諮議參軍：官名，兩晋時大將軍府、丞相府、公府、位從公府、州軍府均有置者，掌顧問謀議。　楊亮：東晋弘農（今河南省靈寶市）人，任諮議參軍、輔國將軍、梁州刺史等職。

堅遣其將苻融寇樊、鄧，[1]石越寇魯陽，[2]姚萇寇南鄉，[3]韋鍾寇魏興，所在陷没。冲遣江夏相劉奭、南中郎將朱序擊之，而奭畏懦不進，序又爲賊所擒。冲深自咎責，上疏送章節，請解職，不許。遣左衛將軍張玄之詣冲諮謀軍事。冲率前將軍劉波及兄子振威將軍石民、冠軍將軍石虔等伐苻堅，拔堅筑陽。[4]攻武當，[5]走堅兖州刺史張崇。堅遣慕容垂、毛當寇鄧城，[6]苻熙、石越寇新野。[7]冲既憚堅衆，又以疾疫，還鎮上明。表以“夏口，江沔衝要，密邇强寇，兄子石民堪居此任，輒版督荆江十郡軍事、振武將軍、襄城太守。[8]尋陽北接强蠻，西連荆郢，亦一任之要。今府州既分，請以王薈補江州刺史”。詔從之。時薈始遭兄劭喪，將葬，辭不欲出。於是衛將軍謝安更以中領軍謝輶代之。[9]冲聞之而怒，上疏以爲輶文武無堪，求自領江州，帝許之。冲使石虔伐堅襄陽太守閻震，擒之，及大小帥二十九人，送于京都，詔歸冲府。以平震功，封次子謙宜陽侯。堅使其將郝貴守襄陽，[10]冲使揚威將軍朱綽討之，遂焚燒沔北田稻，拔六百餘户而還。又遣上庸太守郭寶伐堅魏興太守褚垣、上庸太守段方,[11]並降之。新城太守麴常遁走,[12]三郡皆平。詔賜錢百萬，袍表千端。

[1]苻融：字博休，本書卷一一四有載記。　樊：樊城，地名，在今湖北省襄陽市樊城區。　鄧：縣名，治所在今河南省鄧州市。

[2]石越：十六國前秦人，任屯騎校尉、平州刺史、驍騎將軍、太子左衛率、領護鮮卑中郎將等職。

[3]姚萇：字景茂，本書卷一一六有載記。　南鄉：縣名，治所在今河南省淅川縣舊淅川縣城南原丹江南岸。

[4]筑陽：縣名，治所在今湖北省谷城縣北。

[5]武當：縣名，治所在今湖北省丹江口市西北。

[6]毛當：十六國前秦人，任鎮軍將軍、前禁將軍、鎮西將軍、梁州刺史等職。　鄧城：縣名，治所在今湖北省襄陽市西北。

[7]苻熙：十六國前秦人，任使持節、都督雍州雜戎諸軍事、鎮東大將軍、雍州刺史等職，封廣平公。

[8]督荆江十郡軍事：即督數郡諸軍事，上述二州轄下共十個郡的軍事行政長官，位次於都督和監。

[9]謝輶：東晋人，任中領軍、會稽内史等職。

[10]堅使其將郝貴守襄陽：中華本校勘記："勞校：《孝武紀》作'都貴'。按：《通鑑》一〇四亦作'都貴'。疑'郝''都'形近誤。"

[11]上庸：郡名，東漢建安二十二年（217）置，治所在上庸縣（今湖北省竹山縣西南四十里堵水北岸）。

[12]新城：郡名，曹魏黄初元年（220）改房陵郡置，治所在房陵縣（今湖北省房縣）。

初，冲之西鎮，以賊寇方强，故移鎮上明，謂江東力弱，正可保固封疆，自守而已。又以將相異宜，自以德望不逮謝安，故委之内相，而四方鎮扞，以爲己任。又與朱序款密。俄而序没於賊，冲深用愧惋。既而苻堅盡國内侵，冲深以根本爲慮，乃遣精鋭三千來赴京都。謝安謂三千人不足以爲損益，[1]而欲外示閑暇，聞軍在近，固不聽。報云："朝廷處分已定，兵革無闕，西藩宜以爲防。"時安已遣兄子玄及桓伊等諸軍，[2]冲謂不足以爲廢興，召佐吏，對之嘆曰："謝安乃有廟堂之量，不閑將略。今大敵垂至，方游談不暇，雖遣諸不經事少年，衆又寡弱，天下事可知，吾其左衽矣！"俄而聞堅破，大勛克舉，又知朱序因以得還，冲本疾病，加以慚耻，發病而卒，時年五十七。[3]贈太尉，[4]本官如故，謚曰宣穆。賻錢五十萬，布五百匹。

[1]謝安：謝，宋本作"謂"。

[2]玄：謝玄，字幼度，本書卷七九有傳。

[3]時年五十七：原本、殿本"七"下有"歲"字，宋本無，據宋本删。

[4]太尉：官名，曹操爲丞相後，太尉府屬官歸相府，晋時太尉雖爲八公之一、三公之首，實爲名譽宰相，多爲大臣加官。一品。

冲性儉素，而謙虚愛士。嘗浴後，其妻送以新衣，冲大怒，促令持去。其妻復送之，而謂曰："衣不經新，何緣得故！"冲笑而服之。命處士南陽劉驎之爲長史，[1]驎之不屈，親往迎之，禮之甚厚。又辟處士長沙鄧粲爲别駕，[2]備禮盡恭。粲感其好賢，乃起應命。初，郗鑒、庾亮、庾翼臨終皆有表,[3]樹置親戚,唯冲獨與謝安書云:"妙靈、靈寶尚小,亡兄寄託不終,以此爲恨!"言不及私,論者益嘉之。及喪下江陵,士女老幼皆臨江瞻送,號哭盡哀。後玄篡位,追贈太傅、宣城王。有七子:嗣、謙、脩、崇、弘、羡、怡。

[1]處士:閑居不仕之人。 劉驎之:字子驥,本書卷九四有傳。

[2]長沙:郡名,治所在臨湘縣(今湖南省長沙市)。 鄧粲:本書卷八二有傳。 别駕:官名,别駕從事、别駕從事史省稱。州部佐官,因從刺史行部,别乘傳車,故稱。位居州吏之右。

[3]郗鑒:字道徽,本書卷六七有傳。郗,原本、宋本、殿本作"郄",據中華本改。 庾翼:字稚恭,本書卷七三有傳。

嗣,字恭祖。少有清譽,與豁子石秀並爲桓氏子侄之冠。冲既代豁西鎮,詔以嗣督荆州之三郡豫州之四郡軍事、建威將軍、江州刺史。[1]莅事簡約,修所住齋,應作版檐,[2]嗣命以茅代之,版付船官。轉西陽、襄城二郡太守,鎮夏口。後領江夏相,卒官。追贈南中郎將,謚曰靖。子胤嗣。

[1]督荆州之三郡豫州之四郡軍事:即督數郡諸軍事,荆州轄下三個郡以及豫州轄下四個郡的軍事行政長官,位低於都督和監。

[2]版檐:版,原本、殿本作"板",宋本作"版",據宋本改。

胤,字茂遠。少有清操,雖奕世華貴,[1]甚以恬退見稱。初拜秘書丞,[2]累遷中書郎、秘書監。[3]玄甚欽愛之,遷中書令。[4]玄篡位,爲吏部尚書,隨玄西奔。玄死,歸降。詔曰:“夫善著則祚遠,勛彰故事殊。以宣孟之忠,[5]蒙後晋國;子文之德,[6]世嗣獲存。故太尉沖,昔藩陝西,[7]忠誠王室。諸子染凶,自貽罪戮。念沖遺勤,用悽于懷。其孫胤宜見矜宥,以獎爲善。可特全生命,徙于新安。”[8]及東陽太守殷仲文、永嘉太守駱球等謀反,[9]陰欲立胤爲玄嗣,事覺,伏誅。

[1]奕世:奕,宋本作“弈”。

[2]秘書丞:官名,秘書監次官。負責典籍圖書的管理和整理,爲清要之官,多由士族高門擔任。六品。

[3]秘書監:官名,秘書省長官,掌管藝文圖籍、課試署吏,統著作局,掌國史修撰並管理中外三閣圖書。三品。

[4]中書令:官名,掌收納尚書奏事、傳達皇帝詔旨。三國魏文帝初年分秘書置中書省,設中書監和中書令,職權甚重。三品。

[5]宣孟:趙盾,亦稱趙宣子、宣子、趙孟。春秋時晋國人,趙衰之子。晋襄公任中軍帥,執掌國政。

[6]子文:春秋時楚國人,任令尹。生前有功於楚國。子文的孫子箴尹克黄出使齊國,回國經過宋國時,聽到了子越椒叛亂被殺的消息。隨從認爲不能回國。克黄説背棄國君的使命,以後無人收留。於是回到楚國,主動到司法官那裏受囚禁。楚莊王想到子文治理楚國的功績,認爲如果讓子文没有後代,將無以勸人爲善。於是讓克黄官復原職,更改他的名字爲“生”。事見《左傳·宣公四年》。

[7]陝西:所謂陝西,用西周初周公旦、召公奭分陝而治的典故,周公治陝以東,召公治陝以西。此指東晋重鎮荆州。

[8]新安:縣名,治所在今河南省澠池縣東。

[9]東陽：郡名，治所在長山縣（今浙江省金華市）。　殷仲文：本書卷九九有傳。　永嘉：郡名，治所在永寧縣（今浙江省温州市）。　騂球：球，原本、宋本作"駃"，殿本作"驟"，據中華本校勘記改。

謙，字敬祖，詳正有器望。初以父功封宜陽縣開國侯，累遷輔國將軍、吴國内史。[1]孫恩之亂，[2]謙出奔無錫。[3]徵拜尚書，驃騎大將軍元顯引爲諮議參軍，[4]轉司馬。元興初，朝廷將伐玄，[5]以桓氏世在陝西，謙父冲有遺惠於荆楚，懼人情向背，乃用謙爲持節、都督荆益寧梁四州諸軍事、西中郎將、荆州刺史、假節，[6]以安荆楚。

[1]輔國將軍：輔，宋本作"補"。　吴國：郡國名，治所在吴縣（今江蘇省蘇州市）。

[2]孫恩：字靈秀，本書卷一〇〇有傳。

[3]無錫：縣名，治所在今江蘇省無錫市。

[4]驃騎大將軍：官名，魏晋制度，驃騎將軍爲重號將軍，僅次於大將軍，高於諸名號將軍，本不需加"大"字。然兩晋時將軍名號越授越濫，遂又增置此號，居諸名號將軍之首。多加於權臣元老，以示尊崇。開府置僚屬，不領兵。二品，開府位從公者一品。

[5]伐玄：伐，宋本作"代"。

[6]都督荆益寧梁四州諸軍事：上述四州最高軍事行政長官。

玄既用事，以謙爲尚書左僕射，[1]領吏部，[2]加中軍將軍。謙兄弟顯列，玄甚倚杖之，而内不能善也。改封謙爲寧都侯，拜尚書令，[3]加散騎常侍。遷侍中、衛將軍、開府、録尚書事。[4]玄篡位，復領揚州刺史，[5]本官如故，封新安王。

［1］尚書左僕射：官名，尚書省次官，輔助尚書令執行政務，参議大政，諫諍得失，監察糾彈百官。有時尚書省不置令，祇設左、右僕射，此時左僕射居右僕射之上。三品。

［2］吏部：官名，此爲吏部尚書。三國魏時爲尚書省吏部曹長官，位居列曹尚書之上。三品。

［3］尚書令：官名，秦漢時爲尚書署長官。秩位雖低，權力甚重。魏晋時沿置，爲尚書省長官，綜理全國政務，参議大政，爲高級政務長官。三品。

［4］録尚書事：官名，初爲職銜名，重臣加此名義始得總知國事，綜理政務，成爲真宰相。魏晋多以公卿權重者居之，總領尚書省政務，凡重號將軍、刺史皆得命曹授用，位在三公之上。

［5］揚州刺史：揚，宋本作“楊”。

及桓振作亂，謙保護乘輿，[1]頗有功焉。然而暗懦，尤不可以造事。初，勸振率軍下戰，以守江陵。[2]振既輕謙用事，故不從。及振敗，謙奔於姚興。[3]先是，譙縱稱藩於姚興，[4]縱與盧循通使，[5]潛相影響，乃表興請謙共順流東下。興問謙，謙曰：“臣門著恩荆楚，從弟玄末雖篡位，[6]皆是逼迫，人神所明。今臣與縱東下，百姓自應駭動。”興曰：“小水不容大舟，若縱才力足以濟事，亦不假君爲鱗翼。宜自求多福。”遂遣之。謙至蜀，欲虚懷引士，縱疑之，乃置謙於龍格，使人守之。謙向諸弟泣曰：“姚主言神矣！”後與縱引譙道福俱下，謙於道占募，百姓感冲遺惠，投者二萬人。劉道規破謙,[7]斬之。

[1]乘輿：指皇帝。

[2]以守江陵：以，宋本作“已”。

[3]姚興：字子略，本書卷一一七有載記。

[4]譙縱：巴西南充（今四川省南充市）人，本書卷一〇〇有傳。

[5]盧循：字于先，小名元龍，本書卷一〇〇有傳。

[6]玄末雖簒位：末雖，原本作“雖未”，殿本作“雖謂”，宋本作“末雖”，據宋本乙正。

[7]劉道規：字道則，劉裕少弟，東晉末任振武將軍、義昌太守，隨劉裕征桓玄，破孫恩，屢立戰功。死後追封臨川王。

脩，字承祖。尚簡文帝女武昌公主，歷吏部郎，稍遷左衛將軍。王恭將伐譙王尚之,[1]先遣何澹之、孫無終向句容。[2]脩以左衛領振武將軍，與輔國將軍陶無忌距之。脩次句容。俄而恭敗，無終遣書求降。脩既旋軍,[3]而楊佺期已至石頭,[4]時朝廷無備，内外崩駭。脩進説曰：“殷、桓之下，専恃王恭，恭既破滅，莫不失色。今若優詔用玄，玄必内喜，則能制仲堪、佺期,[5]使並順命。”朝廷納之。以脩爲龍驤將軍、荆州刺史、假節,[6]權領左衛文武之鎮。又令劉牢之以千人送之。[7]轉仲堪爲廣州。脩未及發，而玄等盟於尋陽，求誅牢之。尚之并訴仲堪無罪，獨被降黜。於是詔復仲堪荆州。御史中丞江績奏脩承受楊佺期之言,[8]交通信命，宣傳不盡，以爲身計，疑誤朝算，請收付廷尉。特詔免官。尋代王凝之爲中護軍。[9]頃之，玄破仲堪、佺期，詔以脩爲征虜將軍、江州刺史。尋復爲中護軍。

［1］王恭：字孝伯，本書卷八四有傳。　譙王尚之：司馬尚之，字伯道，本書卷三七有傳。

［2］何澹之：東晉人，先後任王恭參軍，桓玄龍驤將軍、游擊將軍，後投奔後秦姚興。　孫無終：東晉晉陵（今江蘇省常州市）人，以勇猛入北府軍，任冠軍將軍、輔國將軍等職。　句容：縣名，治所在今江蘇省句容市。

［3］旋軍：軍，原本、殿本作“車”，宋本作“軍”，據宋本改。

［4］楊佺期：本書卷八四有傳。

［5］仲堪：殷仲堪，本書卷八四有傳。

［6］龍驤將軍：官名，高級軍事將領。三品。

［7］劉牢之：字道堅，本書卷八四有傳。

［8］御史中丞：官名，御史大夫副手，掌監察、執法，爲京師顯官，職權甚重。四品。御，殿本作“刺”。

［9］王凝之：王羲之之子，本書卷八〇有傳。　中護軍：官名，掌武官選舉，與中領軍同掌禁軍。曹魏四品，晉三品。

玄執政，以脩都督六州、右將軍、徐兗二州刺史、假節。[1]尋進撫軍將軍，[2]加散騎常侍。玄篡，以爲撫軍大將軍，[3]封安成王。劉裕義旗起，[4]斬之。

［1］都督六州：即都督六州諸軍事，六州最高軍事行政長官。

［2］撫軍將軍：官名，三國蜀漢、孫吳皆置，爲加官，以示權重。晉沿置，與中軍將軍、鎮軍將軍並爲三名號將軍。三品。

［3］撫軍大將軍：官名，三國魏文帝始置，皇帝出征，總管留守事。晉二品，開府位從公者一品。

[4]劉裕：字德輿，小名寄奴，彭城（今江蘇省徐州市）人，南朝宋開國皇帝。世居京口，初爲東晋冠軍司馬，後被劉牢之任爲參軍。歷任鎮軍將軍、都督十六州諸軍事，官至相國，受封宋王。元熙二年（420）代晋稱帝。卒謚武皇帝，廟號高祖。

徐寧者，[1]東海郯人也。[2]少知名，爲輿縣令。時廷尉桓彝稱有人倫鑒識，彝嘗去職，至廣陵尋親舊，[3]還遇風，停浦中，累日憂悒，因上岸，見一室宇，有似廨署，訪之，云是輿縣。彝乃造之。寧清惠博涉，相遇欣然，因留數夕。彝大賞之，結交而別。至都，謂庾亮曰："吾爲卿得一佳吏部郎。"語在《彝傳》。即遷吏部郎、左將軍、江州刺史，卒官。

[1]徐寧者：殿本無"者"字。

[2]東海：郡名，治所在郯縣（今山東省郯城縣北）。　郯：縣名，治所在今山東省郯城縣北。

[3]廣陵：郡名，治所在廣陵縣（今江蘇省揚州市西北蜀岡上）。

史臣曰：澆風潛煽，[1]醇源浸竭，遺道德於情性，顯忠信於名教。首陽絶節，[2]求仁而得仁；泗上微言，[3]朝聞而夕死。原軫免胄，[4]懔然於往策；季路絶纓，[5]邈矣於前志。况交霜雪於杪歲，晦風雨於將晨，嗜響或以變其音，貞柯罕能全其性。桓茂倫抱中和之氣，懷不撓之節，邁周、庾之清塵，[6]遵許、郭之遐軌。[7]懼臨危於取免，知處死之爲易，揚芬千載之上，[8]淪骨九泉之下。仁者之勇，不其然乎！至夫基構迭污隆，龍蛇俱山澤，冲逡巡於内輔，豁陵厲於上游，虔振北門之威，秀坦西陽之務，外有扞城之用，裹無末大之嫌，求之名臣，抑亦可算。而温爲亢極之資，玄遂履霜之業，是知敬仲之美不息檀臺之亂，[9]寧俞之忠無救弈棋之禍。[10]子文之不血食，悲夫！

[1]醨風：澆薄之風。

[2]首陽絶節：指伯夷、叔齊餓死首陽山以保氣節之事。絶，殿本作“高”。

[3]泗上微言：指孔子學説。春秋時孔子在泗上講學授徒，後常以“泗上”指學術之鄉。

[4]原軫免冑：《左傳·僖公三十三年》載，狄人討伐晋國，晋侯在箕打敗了狄人軍隊。“先軫曰：‘匹夫逞志於君而無討，敢不自討乎？’免冑入狄師，死焉。狄人歸其元，面如生。”

[5]季路絶纓：衛靈公死，出公立。出公即位十二年後，蕢聵與孔悝作亂，與其徒襲攻出公。出公逃到魯國，而蕢聵入立，是爲莊公。在這場動亂中，人們紛紛外逃，子路却隻身進城，與叛軍搏鬥。搏鬥中，子路的帽子帶被打斷，子路曰：“君子死而冠不免。”遂結纓而死。事見《史記》卷六七《仲尼弟子列傳》。

[6]邁周、庾之清塵：周、庾指周顗和庾亮。因桓彝“少與庾亮深交，雅爲周顗所重”，故言。

[7]許、郭：許劭和郭林宗。二人皆爲東漢“清議”領袖人物。

[8]揚芬千載之上：揚，原本、宋本作“楊”，殿本作“揚”，據殿本改。

[9]敬仲：即春秋時齊國管仲。　檀臺之亂：齊簡公時，陳成子和闞止不和，有人勸齊簡公祗能二者取其一，簡公不聽。後陳成子見闞止日益得到國君寵信，害怕於己不利，便趁簡公在檀臺與婦

人飲酒之時，將簡公拘禁，殺死了闞止。

[10]寧俞之忠無救弈棋之禍：寧俞，寧武子，春秋時衛國人，以忠於國君著稱。後來，寧武子後代寧喜圖謀幫助衛獻公復位，太叔文子説寧子看待國君還不如下棋，將無免於災禍。下棋的人舉棋不定，就不能戰勝他的對手。何况安置國君而不能決定，必定不能免於禍難。九代相傳的卿族，一舉而被滅亡，很可悲。弈，殿本作“奕”。

贊曰：矯矯宣城，貞心莫陵。身隨露夭，名與雲興。虔豁重世，冲秀雙美。國賴英臣，家推才子。振武謙文，尋邑爲群。歸之篡亂，曷足以云。[1]

[1]曷足以云：云，殿本作“示”。

晋書　卷七五

列傳第四十五

王湛

王湛，字處冲，司徒渾之弟也。[2]少有識度。身長七尺八寸，龍顙大鼻，少言語。初有隱德，人莫能知，兄弟宗族皆以爲癡，其父昶獨異焉。[3]遭父喪，居于墓次。服闋，[4]闔門守静，[5]不交當世，冲素簡淡，器量隤然，[6]有公輔之望。

[1]原本、宋本、殿本總目録及卷首目録均無“堅子啓”，據中華本目録及正文補。

[2]司徒：官名，西漢哀帝元壽二年（前1）改丞相爲大司徒，東漢光武帝時改名爲司徒，東漢末又改爲丞相。三國魏恢復三公制，改丞相爲司徒，管理民政。兩晋沿制，爲八公之一，在太尉之

下、司空之上。與丞相通職，一般不並置，爲名譽宰相。一品。渾：王渾，字玄冲，本書卷四二有傳。

[3]昶：王昶，三國時太原晋陽（今山西省太原市西南）人，字文舒。歷任曹魏太子文學、洛陽典農、兖州刺史、揚烈將軍等職。參與平定毌丘儉、諸葛誕反叛有功，官至司空。

[4]服闋：守喪期滿除去孝服。

[5]闔門：闔，殿本作“閤”。

[6]隤然：隨和柔順。

兄子濟輕之，[1]所食方丈盈前，不以及湛。湛命取菜蔬，對而食之。濟嘗詣湛，見床頭有《周易》，問曰：“叔父何用此爲？”湛曰：“體中不佳時，脱復看耳。”[2]濟請言之。湛因剖析玄理，微妙有奇趣，皆濟所未聞也。濟才氣抗邁，於湛略無子侄之敬。既聞其言，不覺慄然，心形俱肅。遂留連彌日累夜，自視缺然，乃嘆曰：“家有名士，三十年而不知，濟之罪也。”既而辭去，湛送至門。濟有從馬絶難乘，濟問湛曰：“叔頗好騎不？”湛曰：“亦好之。”因騎此馬，姿容既妙，迴策如縈，善騎者無以過之。又濟所乘馬，甚愛之，湛曰：“此馬雖快，然力薄不堪苦行。近見督郵馬當勝，[3]但芻秣不至耳。”濟試養之，而與己馬等。[4]湛又曰：“此馬任重方知之，平路無以别也。”於是當蟻封内試之，[5]濟馬果躓，而督郵馬如常。濟益嘆異，還白其父，曰：“濟始得一叔，乃濟以上人也。”武帝亦以湛爲癡，每見濟，輒調之曰：“卿家癡叔死未？”濟常無以答。及是，帝又問如初，濟曰：“臣叔殊不癡。”因稱其美。帝曰：

“誰比?”濟曰:“山濤以下,[6]魏舒以上。”[7]時人謂湛上方山濤不足,下比魏舒有餘。湛聞曰:“欲處我於季孟之間乎?”

[1]濟:王濟,字武子,本書卷四二有傳。

[2]脱復看耳:或者可以再看看。脱,或許,或者。

[3]督郵:官名,郡府屬吏。本名督郵書掾,或謂督郵曹掾,省稱郵掾、督郵。掌督送郵書,此外還代表郡守督查諸縣、宣達教令,兼及按擊盜賊、點録囚徒、催繳租賦等。不由朝廷任命,守相自辟,職權甚重。督郵分部,有二部、三部、四部、五部不等。其職名或冠以東、西、南、北、中,或稱五部督郵。

[4]而與己馬等:而,殿本作“當”。

[5]蟻封:凹凸不平的坡道。葛洪《抱朴子·酒誡》:“或奔車走馬赴坑谷,而不憚以九折之阪爲蟻封。”

[6]山濤:字巨源,本書卷四三有傳。

[7]魏舒:字陽元,本書卷四一有傳。

湛少仕歷秦王文學、太子洗馬、尚書郎、太子中庶子,[1]出爲汝南内史。[2]元康五年卒,年四十七。子承嗣。

[1]秦王:司馬柬,字弘度,本書卷六四有傳。　文學:官名,魏晋太子、諸王及世子均置,掌各級教育文事。　太子洗馬:官名,東宫屬官。掌太子圖籍、經書,太子出行則前導威儀。七品。　尚書郎:官名。東漢之制,取孝廉中之有才能者入尚書臺,在皇帝左右處理政務,初入臺稱守尚書郎中,滿一年稱尚書郎,滿三年稱侍郎。魏晋以後尚書各曹有侍郎、郎中等官,綜理職務,通稱爲尚書郎。六品。　太子中庶子:官名,太子侍從,掌侍從、奏事、

諫議等。五品。太，宋本作“大”。

[2]汝南：郡名，西晋治所在新息縣（今河南省息縣西南），東晋移治懸瓠城（今河南省汝南縣）。　内史：官名，西晋武帝太康十年（289）改諸王國相爲内史，掌管民政。五品。周家禄《晋書校勘記》認爲：“晋制，以郡爲國，内史治民事，若郡太守。國除爲郡，復稱太守。然二名往往混淆，史家亦互稱之。”

承，字安期。清虚寡欲，無所修尚。言理辯物，[1]但明其指要而不飾文辭，有識者服其約而能通。弱冠知名。[2]太尉王衍雅貴異之，[3]比南陽樂廣焉。[4]

[1]言理辯物：言，宋本作“書”。

[2]弱冠：指男子二十歲時。《禮記·曲禮上》：“二十曰弱，冠。”年少爲弱，待至二十，即爲成年，舉行冠禮。

[3]太尉：官名，曹操爲丞相後，太尉府屬官歸相府，晋時太尉雖爲八公之一、三公之首，實爲名譽宰相，多爲大臣加官。一品。　王衍：字夷甫，本書卷四三有傳。

[4]南陽：郡名，治所在宛縣（今河南省南陽市）。　樂廣：字彦輔，本書卷四三有傳。

永寧初，爲驃騎參軍。[1]值天下將亂，乃避難南下。遷司空從事中郎。[2]豫迎大駕，賜爵藍田縣侯。遷尚書郎，不就。東海王越鎮許，[3]以爲記室參軍，[4]雅相知重，敕其子毗曰：“夫學之所益者淺，體之所安者深。閑習禮度，不如式瞻儀形；諷味遺言，不若親承音旨。王參軍人倫之表，汝其師之。”在府數年，見朝政漸替，辭以母老，求出。越不許。久之，遷東海太守，[5]政尚清静，不爲細察。小吏有盗池中魚者，[6]綱紀推之，[7]承曰："文王之囿與衆共之，[8]池魚復何足惜邪!"有犯夜者，爲吏所拘，承問其故，答云：[9]"從師受書，不覺日暮。"承曰："鞭撻寧越以立威名，[10]非政化之本。"使吏送令歸家。其從容寬恕若此。

[1]驃騎參軍：官名，驃騎將軍府參軍。驃騎將軍，官名，西漢時爲重號將軍，東漢以後，居諸名號將軍之首，僅作爲軍府名號加授大臣或重要州郡長官。二品，開府位從公者一品。參軍，官名，亦作參軍事，謂參謀軍事。兩晋公府、軍府皆置。

[2]司空：官名，魏晋南北朝爲名譽宰相，多爲大臣加官。晋八公之一，位在三公之末。一品。　從事中郎：官名，東漢時爲大將軍屬官，地位較高。魏晋時爲將軍府或公府屬官。六品。此爲司空府從事中郎。

[3]東海王越：司馬越，字元超，本書卷五九有傳。　許：即許昌縣，治所在許昌城（今河南省許昌市東）。

[4]記室參軍：官名，又稱記室參軍事。西晋始置，爲記室曹長官，掌文書表奏。

[5]東海：郡名，治所在郯縣（今山東省郯城縣北）。

[6]小吏：吏，宋本作"利"。

[7]綱紀：公府及州郡主簿。

[8]文王之囿與衆共之：《孟子·梁惠王下》載，齊宣王問曰："文王之囿方七十里，有諸?"孟子對曰："於傳有之。"曰："若是其大乎?"曰："民猶以爲小也。"曰："寡人之囿方四十里，民猶以爲大，何也?"曰："文王之囿方七十里，芻蕘者往焉，雉兔者往焉。與民同之，民以爲小，不亦宜乎！臣始至於境，問國之大禁，然後敢入。臣聞郊關之内，有囿方四十里，殺其麋鹿者如殺人之罪。則是方四十里爲阱於國中，民以爲大，不亦宜乎?"

［9］答云：云，殿本作“曰”。

［10］寧越：《世説新語·政事》劉孝標注引《吕氏春秋》：“寧越者，中牟鄙人也。苦耕稼之勞，謂其友曰：‘何爲可以免此苦也？’其友曰：‘莫如學也。學，三十歲，則可以達矣。’寧越曰：‘請以十五歲。人將休，吾不敢休；人將卧，吾不敢卧。’學十五歲而爲周威公之師也。”

尋去官，東渡江。是時道路梗澀，人懷危懼，承每遇艱險，處之夷然，雖家人近習，不見其憂喜之色。既至下邳，[1]登山北望，嘆曰：“人言愁，我始欲愁矣。”及至建鄴，[2]爲元帝鎮東府從事中郎，[3]甚見優禮。承少有重譽，而推誠接物，盡弘恕之理，故衆咸親愛焉。渡江名臣王導、衛玠、周顗、庾亮之徒皆出其下，[4]爲中興第一。年四十六卒，朝野痛惜之。自昶至承，世有高名，論者以爲祖不及孫，孫不如父。[5]子述嗣。

［1］下邳：縣名，治所在今江蘇省睢寧縣古邳鎮東。

［2］建鄴：地名，即今江蘇省南京市。

［3］鎮東：官名，即鎮東將軍。東漢建安年間置，與鎮西、鎮南、鎮北將軍合稱四鎮將軍，多爲持節都督，出鎮方面。曹魏二品。晋三品，加持節都督者二品。

［4］王導：字茂弘，本書卷六五有傳。　衛玠：字叔寶，本書卷三六有傳。　周顗：字伯仁，本書卷六九有傳。　庾亮：字元規，本書卷七三有傳。

［5］孫不如父：如，殿本作“及”。

述，字懷祖。少孤，事母以孝聞。安貧守約，不求聞達。性沉静，每坐客馳辨，異端競起，而述處之恬如也。少襲父爵。年三十，尚未知名，人或謂之癡。司徒王導以門地辟爲中兵屬。[1]既見，無他言，惟問以江東米價。[2]述但張目不答。導曰："王掾不癡，人何言癡也？"嘗見導每發言，一坐莫不贊美，述正色曰："人非堯舜，何得每事盡善！"導改容謝之。謂庾亮曰："懷祖清貞簡貴，不減祖父，但曠淡微不及耳。"

[1]中兵屬：官名，司徒府屬官，隸屬中兵曹。

[2]江東：江，原本、宋本、殿本作"在"，據中華本改。

康帝爲驃騎將軍，召補功曹，[1]出爲宛陵令。[2]太尉、司空頻辟，又除尚書吏部郎，[3]並不行。歷庾冰征虜長史。[4]時庾翼鎮武昌，[5]以累有妖怪，又猛獸入府，欲移鎮避之。述與冰箋曰：

竊聞安西欲移鎮樂鄉，[6]不審此爲算邪，將是情邪？[7]若謂爲算，則彼去武昌千有餘里，數萬之衆造創移徙，[8]方當興立城壁，公私勞擾。若信要害之地，所宜進據，猶當計移徙之煩，權二者輕重，況此非今日之要邪！方今强胡陸梁，[9]當蓄力養鋭，而無故遷動，自取非算。又江州當泝流數千，[10]供繼軍府，力役增倍，疲曳道路。且武昌實是江東鎮戍之中，非但扞禦上流而已。急緩赴告，駿奔不難。若移樂鄉，遠在西陲，一朝江渚有虞，不相接救。方岳取重將，故當居要害之地，爲内外形勢，使闚鬩之心不知所向。若是情邪，則天道玄遠，鬼神難言，妖祥吉凶，誰知其故！是以達人君子直道而行，不以情失。昔秦忌“亡胡”之讖，[11]卒爲劉、項之資；周惡“檿弧”之謡，[12]而成褒姒之亂。[13]此既然矣。歷觀古今，鑒其遺事，妖異速禍敗者，蓋不少矣。禳避之道，苟非所審，且當擇人事之勝理，思社稷之長計，斯則天下幸甚，令名可保矣。

［1］功曹：官名，即功曹史。郡縣屬官，職掌人事，參與郡縣政務。兩晋時，不開府將軍、太子二傅、特進、郡縣皆置。

［2］宛陵：縣名，治所在今安徽省宣城市。

［3］尚書吏部郎：官名，尚書省吏部曹長官通稱。亦稱郎中，資深者可轉侍郎。屬吏部尚書，主管官吏選任、銓叙、調動事務，對五品以下官吏之任免有建議權。六品。

［4］庾冰：字季堅，本書卷七三有傳。　征虜：即征虜將軍，既是武官名，也作爲高級文職官員的加官。三品。　征虜長史：官名，征虜將軍府長史。掌顧問參謀，爲所在官署掾屬之長。七品。

［5］庾翼：字稚恭，本書卷七三有傳。　武昌：郡名，治所在武昌縣（今湖北省鄂州市鄂城區）。

［6］安西：指安西將軍庾翼。　樂鄉：縣名，治所在今湖北省鍾祥市西北。

［7］將是情邪：是，殿本作“爲”。

［8］造創：殿本乙作“創造”。

［9］陸梁：横行，猖獗。

［10］江州：治所在南昌縣（今江西省南昌市）。

［11］“亡胡”之讖：《史記》卷六《秦始皇本紀》：“燕人盧生使入海還，以鬼神事，因奏録圖書，曰‘亡秦者胡也’。始皇乃使將軍蒙恬發兵三十萬人北擊胡，略取河南地。”亡，原本、宋本作

“忘”，殿本作“亡”，據殿本改。

［12］“檿弧”之謡：《史記》卷四《周本紀》：“宣王之時童女謡曰：‘檿弧箕服，實亡周國。’於是宣王聞之，有夫婦賣是器者，宣王使執而戮之。逃於道，而見鄉者後宮童妾所棄妖子出於路者，聞其夜啼，哀而收之，夫婦遂亡，奔於褒。褒人有罪，請入童妾所棄女子者於王以贖罪。棄女子出於褒，是爲褒姒。當幽王三年，王之後宮見而愛之，生子伯服，竟廢申后及太子，以褒姒爲后，伯服爲太子。太史伯陽曰：‘禍成矣，無可奈何！’”

［13］褒姒：周幽王妃子。褒國（今陝西省漢中市西北褒城鎮東）人，姒姓。深得幽王寵愛，廢自己太子宜臼，立褒姒子伯服爲太子。相傳幽王爲博其一笑，以烽火戲諸侯，引起諸侯不滿。

若安西盛意已耳，[1]不能安於武昌，但得近移夏口，[2]則其次也。樂鄉之舉，咸謂不可。願將軍體國爲家，固審此舉。

時朝議亦不允，翼遂不移鎮。

［1］已耳：耳，殿本作“爾”。本卷下文“甚不宜耳”“若其不耳”同。

［2］夏口：即沔口，位於今湖北省武漢市，漢江入長江之口。

述出補臨海太守，[1]遷建威將軍、會稽内史。[2]莅政清肅，終日無事。母憂去職。服闋，代殷浩爲揚州刺史，[3]加征虜將軍。初至，主簿請諱。[4]報曰：“亡祖先君，名播海内，遠近所知；内諱不出門；餘無所諱。”尋加中書監，[5]固讓，經年不拜。復加征虜將軍，進都督揚州徐州之琅邪諸軍事、衛將軍、并冀幽平四州大中正，[6]刺史如故。尋遷散騎常侍、尚書令，[7]將軍如故。

[1]臨海：郡名，三國吴置，治所在臨海縣（今浙江省臨海市），尋移置章安縣（今浙江省臨海市東南）。

[2]建威將軍：官名，領兵征戰，曹魏、孫吴、西晋皆置。四品。　會稽：郡名，治所在山陰縣（今浙江省紹興市）。

[3]殷浩：字深源，本書卷七七有傳。　揚州：三國魏、吴各置揚州，魏治所在壽春縣（今安徽省壽縣），吴治所在建業縣（今江蘇省南京市）。西晋統一後復合，治所在建鄴縣（今江蘇省南京市）。

[4]主簿：官名，開府屬官，典領文書籍簿，省録衆事，職權甚重。

[5]中書監：官名，中書省長官之一。三國魏文帝初年分秘書置中書省，長官爲中書監、中書令。掌收納奏章、草擬詔令。平常不分高下，入朝時監略高於令。三品。

[6]都督揚州徐州之琅邪諸軍事：揚州以及徐州轄下琅邪郡等地區的最高軍事行政長官。揚州，宋本作“楊州”。　衛將軍：官名，魏晋時位在名號將軍之上，多爲軍府名號，加給大臣、重要州郡長官。二品，開府位從公者一品。　并：并州，治所在晋陽縣（今山西省太原市西南）。　冀：冀州，三國魏治所在信都縣（今河北省衡水市冀州區），西晋移治房子縣（今河北省高邑縣西南）。　幽：幽州，治所在薊縣（今北京市西南）。　平：平州，治所在襄平縣（今遼寧省遼陽市）。　大中正：州一級評定士人品第的官員。

[7]散騎常侍：官名，三國魏文帝黄初年間置，侍從皇帝左右，諫諍得失，顧問應對，與侍中等共平尚書奏事。也用作宰相、諸公等加官，入宫議政。三品。　尚書令：官名，秦漢時爲尚書署長官。秩位雖低，權力甚重。魏晋時沿置，爲尚書省長官，綜理全國

政務，參議大政，爲高級政務長官。三品。

述每受職，不爲虚讓，其有所辭，必於不受。至是，子坦之諫，以爲故事應讓。述曰："汝謂我不堪邪？"坦之曰："非也。但克讓自美事耳。"述曰："既云堪，何爲復讓！人言汝勝我，定不及也。"坦之爲桓温長史，[1]温欲爲子求婚於坦之。及還家省父，而述愛坦之，雖長大，猶抱置膝上。坦之因言温意。述大怒，遽排下，曰："汝竟癡邪！詎可畏温面而以女妻兵也。"坦之乃辭以他故。温曰："此尊君不肯耳。"遂止。簡文帝每言述才既不長，直以真率便敵人耳。謝安亦嘆美之。[2]

[1]桓温：字元子，本書卷九八有傳。
[2]謝安：字安石，本書卷七九有傳。

初，述家貧，求試宛陵令，頗受贈遺，而修家具，爲州司所檢，有一千三百條。王導使謂之曰："名父之子不患無禄，屈臨小縣，甚不宜耳。"述答曰："足自當止，時人未之達也。"比後屢居州郡，清潔絶倫，禄賜皆散之親故，宅宇舊物不革於昔，始爲當時所嘆。但性急爲累。嘗食鷄子，以箸刺之，不得，便大怒擲地。鷄子圓轉不止，便下床以屐齒踏之，又不得。瞋甚，掇内口中，齧破而吐之。既躋重位，每以柔克爲用。謝奕性粗，[1]嘗忿述，極言駡之。述無所應，面壁而已。居半日，奕去，始復坐。人以此稱之。

[1]謝奕：字無奕，本書卷七九有傳。奕，原本、宋本作“弈”，殿本作“奕”，據殿本改。本卷下文此人名同。

太和二年，以年迫懸車，上疏乞骸骨，曰：“臣曾祖父魏司空昶白箋於文皇帝曰：‘昔與南陽宗世林共爲東宫官屬。[1]世林少得好名，州里瞻敬。及其年老，汲汲自勵，恐見廢棄，時人咸共笑之。若天假其壽，致仕之年，不爲此公婆娑之事。’[2]情旨慷慨，深所鄙薄。雖是箋書，乃實訓誡。臣忝端右，[3]而以疾患禮敬廢替，猶謂可有差理。日復一日，而年衰疾痼，永無復瞻華幄之期。乞奉先誡，歸老丘園。”不許。述竟不起。三年卒，時年六十六。

[1]宗世林：宗承，三國時南陽人，字世林。與曹操同時，而甚薄其爲人，不與之交。及曹操爲司空，總朝政，從容問宗曰：“可以交未？”答曰：“松柏之志猶存。”

[2]婆娑：奔波勞碌。

[3]端右：指宰輔重臣。亦特指尚書令。

初，桓温平洛陽，議欲遷都，朝廷憂懼，將遣侍中止之。[1]述曰：“温欲以虚聲威朝廷，非事實也。但從之，自無所至。”事果不行。又議欲移洛陽鐘虡，[2]述曰：“永嘉不競，暫都江左。[3]方當蕩平區宇，旋軫舊京。若其不耳，宜改遷園陵，不應先事鐘虡。”温竟無以奪之。追贈侍中、驃騎將軍、開府，[4]謚曰穆，以避穆帝，改曰簡。子坦之嗣。

[1]侍中：官名，東漢建安中與給事黄門侍郎出入禁中，省尚書事。曹魏時爲門下之侍中省長官，常侍衛皇帝左右，掌顧問應對、諫諍糾察、平議奏事、駁奏異議等，權力甚重。三品。

[2]鐘虡：挂編鐘的架子。

[3]江左：江東。因自北方視之，江東在左，江西在右，故稱。

[4]開府：開設府署，辟置僚屬。魏晋時常以此作爲對高級官員的寵待。

坦之，字文度。弱冠與郗超俱有重名，[1]時人爲之語曰：[2]"盛德絶倫郗嘉賓，江東獨步王文度。"嘉賓，超小字也。僕射江虨領選，[3]將擬爲尚書郎。坦之聞曰："自過江來，尚書郎正用第二人，何得以此見擬！"虨遂止。簡文帝爲撫軍將軍，[4]辟爲掾。[5]累遷參軍、從事中郎，仍爲司馬，[6]加散騎常侍。出爲大司馬桓温長史。[7]尋以父憂去職。服闋，徵拜侍中，襲父爵。時卒士韓帳逃亡歸首，云"失牛故叛"。有司劾帳偷牛，考掠服罪。坦之以爲帳束身自歸，而法外加罪，懈怠失牛，事或可恕，加之木石，理有自誣，宜附罪疑從輕之例，遂以見原。海西公廢，領左衛將軍。[8]

[1]郗超：字景興，本書卷六七有傳。郗，原本、宋本、殿本作"郄"，據中華本改。本卷下文此人名同。

[2]時人：當時人。

[3]僕射：官名，即尚書僕射。秦漢爲尚書令副貳，東漢建安四年（199）分置左、右，爲尚書省次官。三品。　江虨：字思玄，本書卷五六有傳。

[4]撫軍將軍：官名，三國蜀漢、孫吴皆置，爲加官，以示權

重。晋沿置，與中軍將軍、鎮軍將軍並爲三名號將軍。三品。

［5］辟爲掾：掾，殿本作“椽”。

［6］司馬：官名，此爲撫軍將軍府司馬。軍府高級幕僚，掌參讚軍務、管理府内武職，位僅次於長史。七品。

［7］大司馬：官名，八公之一，位在上公之下、大將軍及三公之上，高級將帥，多爲大臣加官。一品。

［8］左衛將軍：官名，三國魏咸熙二年（265），司馬炎即晋王位，分中衛將軍爲左、右衛將軍。掌佽飛虎賁及前驅、由基、强弩三部司馬，屬下還有虎賁、羽林、上騎、異力、命中共五部督，負責宫禁侍衛。西晋屬中軍將軍，後屬領軍將軍。爲禁衛軍主要統帥之一，權任很重。四品。

坦之有風格，尤非時俗放蕩，不敦儒教，頗尚刑名學，著《廢莊論》曰：

荀卿稱莊子“蔽於天而不知人”，[1]楊雄亦曰“莊周放蕩而不法”，[2]何晏云“鬻莊軀，放玄虚，而不周乎時變”。[3]三賢之言，遠有當乎！夫獨構之唱，[4]唱虚而莫和；無感之作，義偏而用寡。動人由於兼忘，應物在乎無心。孔父非不體遠，以體遠故用近；顔子豈不具德，[5]以德備故膺教。[6]胡爲其然哉？不獲已而然也。

［1］荀卿：戰國末趙國人，名况，字卿。漢人避宣帝諱，亦稱孫卿。思想家，現存《荀子》一書傳世。

［2］楊雄：即揚雄，西漢蜀郡成都（今四川省成都市）人，字子雲。成帝時任侍郎、給事黄門。古代文學家，善辭賦。

［3］何晏：三國魏南陽宛（今河南省南陽市）人，字平叔，玄

學家。曹爽親信，官至尚書，典選舉，司馬懿政變後被殺。

[4]夫：宋本作“天”。本卷下文“使夫敦禮以崇化”同。

[5]顔子：顔回，孔子弟子，名回，字子淵，亦稱顔淵。早卒。

[6]膺教：承宣教化。

夫自足者寡，故理懸於羲農；[1]徇教者衆，故義申於三代。道心惟微，人心惟危，吹萬不同，[2]孰知正是！雖首陽之情，[3]三黜之智，[4]摩頂之甘，[5]落毛之愛，[6]枯槁之生，[7]負石之死，[8]格諸中庸，[9]未入乎道，而况下斯者乎！先王知人情之難肆，懼違行以致訟，悼司徹之貽悔，[10]審褫帶之所緣，[11]故陶鑄群生，謀之未兆，每攝其契，而爲節焉。使夫敦禮以崇化，日用以成俗，誠存而邪忘，利損而競息，成功遂事，百姓皆曰我自然。蓋善暗者無怪，故所遇而無滯，執道以離俗，孰逾於不達！語道而失其爲者，非其道也；辯德而有其位者，非其德也。言默所未究，况揚之以爲風乎！[12]且即濠以尋魚，想彼之我同；[13]推顯以求隱，理得而情昧。[14]若夫莊生者，望大庭而撫契，[15]仰彌高於不足，寄積想於三篇，恨我懷之未盡，其言譎詭，[16]其義恢誕。君子内應，從我游方之外，衆人因藉之，[17]以爲弊薄之資。[18]然則天下之善人少，不善人多，莊生之利天下也少，害天下也多。故曰魯酒薄而邯鄲圍，[19]莊生作而風俗頽。禮與浮雲俱征，[20]僞與利蕩並肆，人以克己爲耻，士以無措爲通，時無履德之譽，俗有蹈義之愆。驟語賞罰不可以造次，屢稱無爲不可與適變。雖可用於天下，不足以用天下。

[1]羲農：伏羲氏和神農氏。

[2]吹萬不同：風吹萬竅，發出各種音響。《莊子·齊物論》："夫吹萬不同，而使其自己也。"成玄英疏："風唯一體，竅則萬殊。"

[3]首陽之情：《莊子·駢拇》："伯夷死名於首陽之下，盜跖死利於東陵之上。二人者，所死不同，其於殘生傷性均也，奚必伯夷之是而盜跖之非乎！"

[4]三黜：三次被罷官。《論語·微子》："柳下惠爲士師，三黜。人曰：'子未可以去乎？'曰：'直道而事人，焉往而不三黜？'"清人何焯《義門讀書記》："如柳下惠三黜之後而居魯，孔子當靈公、出公之時，未反魯而居衛是也。則惟有不居其位，則進退自如，足以歸潔其身矣。"

[5]摩頂之甘：甘心不辭辛苦，捨己爲人。摩頂，即摩頂放踵。《孟子·盡心上》："墨子兼愛，摩頂放踵利天下，爲之。"摩，原本、宋本、殿本作"磨"，據中華本改。

[6]落毛之愛：落发出家。

[7]枯槁之生：窮困潦倒的生活。《莊子·天下》："雖然，墨子真天下之好也，將求之不得也，雖枯槁不舍也。"

[8]負石之死：《莊子·讓王》："瞀光辭曰：'廢上，非義也；殺民，非仁也；人犯其難，我享其利，非廉也。吾聞之曰，非其義者，不受其禄，無道之世，不踐其土。况尊我乎！吾不忍久見也。'乃負石而自沉於廬水。"

[9]格諸中庸：用中庸的標準衡量。

[10]貽悔：留下悔恨。

[11]褫帶：閑適，歡快。

［12］揚之以爲風：揚，宋本作“楊”。

［13］想彼之我同：《莊子·秋水》：“莊子與惠子游於濠梁之上。莊子曰：‘儵魚出游從容，是魚之樂也。’惠子曰：‘子非魚，安知魚之樂？’莊子曰：‘子非我，安知我不知魚之樂？’惠子曰：‘我非子，固不知子矣；子固非魚也，子之不知魚之樂，全矣。’莊子曰：‘請循其本。子曰汝安知魚樂云者，既已知吾知之而問我，我知之濠上也。’”

［14］理得而情昧：得理而失情。

［15］望大庭而撫契：《莊子·胠篋》：“子獨不知至德之世乎？昔者容成氏、大庭氏、伯皇氏、中央氏、栗陸氏、驪畜氏、軒轅氏、赫胥氏、尊盧氏、祝融氏、伏犧氏、神農氏，當是時也，民結繩而用之。”撫契，結繩記事。

［16］譎詭：殿本乙作“詭譎”。

［17］衆人因藉之：原本、宋本無“之”字，殿本有，據殿本補。

［18］弊薄：宋本“薄”下有小字夾文“一作悪”三字。

［19］魯酒薄而邯鄲圍：《莊子·胠篋》：“魯酒薄而邯鄲圍。”陸德明《釋文》：“許慎注《淮南》云：‘楚會諸侯，魯趙俱獻酒於楚王，魯酒薄而趙酒厚。楚之主酒吏求酒於趙，趙不與。吏怒，乃以趙厚酒易魯薄酒奏之。楚王以趙酒薄，故圍邯鄲也。’”後因以喻事情的輾轉相因，互相牽連。

［20］浮雲：雲，宋本作“人”。

昔漢陰丈人修渾沌之術，［1］孔子以爲識其一不識其二，莊生之道，無乃類乎！與夫如愚之契，何殊間哉！若夫利而不害，［2］天之道也；爲而不争，聖之德也。群方所資而莫知誰氏，在儒而非儒，非道而有道，彌貫九流，玄同彼我，萬物用之而不既，亹亹日新而不朽，昔吾孔老固已言之矣。

［1］漢陰丈人：《太平御覽》卷五〇九《逸民部》引嵇康《高士傳》："漢陰丈人者，楚人也。子貢適楚，見丈人爲圃，入井抱甕而灌，用力甚多。子貢曰：'有機於此，後重前輕，名曰桔槔，用力寡而見功多。'丈人作色曰：'聞之吾師，有機事者，必有機心；機心存於胸，則純白不備。'子貢愕然，慚不對。有間，丈人曰：'子奚爲？'曰：'孔丘之徒也。'丈人曰：'子非博學以疑聖智，獨弦歌以買聲名於天下者乎？方且亡汝神氣，墮汝形體，何暇治天下乎？子往矣，勿妨吾事！'"丈，宋本作"文"。

［2］若夫：至於。

又領本州大中正。簡文帝臨崩，詔大司馬温依周公居攝故事。坦之自持詔入，於帝前毁之。帝曰："天下，儻來之運，卿何所嫌！"[1]坦之曰："天下，宣元之天下，陛下何得專之！"帝乃使坦之改詔焉。

［1］卿何所嫌：你有什么可怨恨的。

温薨，坦之與謝安共輔幼主，遷中書令，[1]領丹楊尹。[2]俄授都督徐兖青三州諸軍事、北中郎將、徐兖二州刺史，[3]鎮廣陵。[4]將之鎮，上表曰：

臣聞人君之道，以孝敬爲本，臨御四海，以委任爲貴。恭順無爲，則盛德日新；親杖賢能，則政道邕睦。昔周成、漢昭，並以幼年纂承大統。當時天下未爲無難，終能顯揚祖考，保安社稷，蓋尊尊親親，信納大臣之所致也。

[1]中書令：官名，掌收納尚書奏事、傳達皇帝詔旨。三國魏文帝初年分秘書置中書省，設中書監和中書令，職權甚重。三品。

[2]丹楊尹：官名，東晋京城所在郡府長官，掌京城行政諸務並詔獄，亦稱“京尹”。三品。楊，殿本作“陽”。本卷下文此地名同。

[3]都督徐兖青三州諸軍事：上述三州最高軍事行政長官。北中郎將：官名，與東、西、南中郎將並稱四中郎將，統兵征戰，權職甚重。四品。 徐：徐州，治所在彭城縣（今江蘇省徐州市）。兖：兖州，魏晋時期治所在廩丘縣（今山東省鄆城縣西北），西晋惠帝末，兖州闔境淪没於石勒。東晋元帝僑置兖州，治京口（今江蘇省鎮江市）。

[4]廣陵：郡名，治所在廣陵縣（今江蘇省揚州市西北蜀岡上）。

伏惟陛下誕奇秀之姿，禀生知之量，春秋尚富，涉道未曠，方須訓導以成天德。皇太后仁淑之體，過於三母，[1]先帝奉事積年，每稱聖明。臣願奉事之心，便當自同孝宗；太后慈愛之隆，亦不必異所生。[2]琅邪王、餘姚主及諸皇女，[3]宜朝夕定省，[4]承受教誨，導習儀刑，以成景仰恭敬之美，不可以屬非至親，自爲疏疑。昔肅祖崩殂，成康幼冲，事無大小，必諮丞相導，所以克就聖德，實此之由。今僕射臣安、中軍臣冲，[5]人望具瞻，社稷之臣。且受遇先帝，綢繆繾綣，[6]並志竭忠貞，盡心盡力，歸誠陛下，以報先帝。愚謂周旋舉動，皆應諮此二臣。二臣之於陛下，則周之旦奭，[7]漢之霍光，[8]顯宗之於王導。冲雖在外，路不云遠，事容信宿，必宜參詳，然後情聽獲盡，庶事可畢。

［1］三母：指周代三位賢母。《後漢書》卷一〇《皇后紀上·和熹鄧皇后》："有虞二妃，周室三母，修行佐德，思不逾閾。"李賢注："三母，謂后稷母姜嫄，文王母大任，武王母大姒也。"

［2］亦不必異所生：中華本校勘記："周校：'必不'誤倒。"

［3］餘姚主：主，殿本作"王"。

［4］朝夕定省：早晚向父母問安。

［5］今：原本、宋本作"令"，殿本作"今"，據殿本改。　中軍：官名，中軍將軍，西晋時統左右衛、前後左右驍騎等宿衛七營禁軍，主管京師及朝廷警衛。泰始四年（268）罷，置北軍中候代其職。後爲將軍名號，與鎮軍將軍、撫軍將軍並爲三名號將軍，不統禁兵。三品。　冲：桓冲，字幼子，本書卷七四有傳。

［6］綢繆繾綣：纏綿縈繞難解難分。

［7］旦奭：西周周公旦和召公奭。

［8］霍光：西漢河東平陽（今山西省臨汾市西南）人，字子孟，霍去病異母弟。爲武帝所親信，武帝臨終，任其爲大司馬大將軍，封博陸侯，與金日磾等人輔佐少主。昭帝繼位後，誅除上官桀，先立後廢昌邑王劉賀，專擅朝政前後長達二十年。期間輕徭薄賦，與民休息，社會較安定。

又天聽雖聰，不啓不廣；群情雖忠，不引不盡。宜數引侍臣，詢求讜言。平易之世，有道之主猶尚誡懼，日昃不倦；[1]况今艱難理盡，慮經安危，祖宗之基繫之陛下，不可不精心務道，以申先帝堯舜之風。可不敬修至德，以保宣元天地之祚？

表奏，帝納之。

[1]日昃：太陽偏西。比喻勤勞。昃，原本、宋本作“昊”，殿本作“昃”，據殿本改。

初，謝安愛好聲律，期功之慘，[1]不廢妓樂，頗以成俗。坦之非而苦諫之。安遺坦之書曰：“知君思相愛惜之至。僕所求者聲，謂稱情義，無所不可爲，復聊以自娱耳。[2]若絜軌迹，崇世教，非所擬議，亦非所屑。常謂君粗得鄙趣者，猶未悟之濠上邪！[3]故知莫逆，未易爲人。”坦之答曰：“具君雅旨，此是誠心而行，獨往之美，然恐非《大雅》《中庸》之謂。意者以爲人之體韵猶器之方圓，方圓不可錯用，體韵豈可易處！各順其方，以弘其業，則歲寒之功必有成矣。吾子少立德行，體議淹允，加以令地，優游自居，僉曰之談，咸以清遠相許。至於此事，實有疑焉。公私二三，莫見其可。以此爲濠上，悟之者得無鮮乎！[4]且天下之寶，故爲天下所惜，天下之所非，何爲不可以天下爲心乎？想君幸復三思。”書往反數四，安竟不從。

[1]期功：古代喪服的名稱。期，服喪一年。功，按關係親疏分大功和小功，大功服喪九月，小功服喪五月。亦用以指五服之内的宗親。

[2]復聊以自娱：復聊，殿本乙作“聊復”。

[3]猶未悟之濠上邪：指莊子在濠水與惠子討論魚之樂之事。

[4]得無：表示推測，恐怕。

坦之又嘗與殷康子書論公謙之義曰：

夫天道以無私成名，二儀以至公立德。立德存乎至公，[1]故無親而非理；成名在乎無私，故在當而忘我。此天地所以成功，聖人所以濟化。由斯論之，公道體於自然，故理泰而愈降；謙義生於不足，故時弊而義著。故大禹、咎繇稱功言惠而成名於彼，[2]孟反、范燮殿軍後入而全身於此。[3]從此觀之，則謙公之義固以殊矣。

[1]立德存乎至公：乎，宋本作“以”。

[2]咎繇：即皋陶，相傳爲堯舜時人，生於曲阜，偃姓。被舜命爲管理刑獄之官。　成名：名，殿本作“功”。

[3]孟反：又作孟之反、孟之側、孟側。《左傳·哀公十一年》：齊魯兩軍開戰，魯國右軍奔逃，齊軍追趕。陳瓘、陳莊徒步渡過泗水。“孟之側後入以爲殿，抽矢策其馬，曰：‘馬不進也。’”杜預注：“不欲伐善。”意思是孟之側不想自誇其殿後掩護大軍之功。　范燮：又稱士燮、范文子。春秋時人，晋國大夫。《左傳·成公二年》：晋楚鄢陵之戰，晋軍大勝，班師回國。士燮最後進入國都。他父親士會責怪他回來得晚，作爲父親他盼望兒子回來。士燮解釋，軍隊得勝回來，國人高興地迎接，如果先回來，一定特别引人注目，這是代替主帥享受這份榮譽，所以不敢先回來。

夫物之所美，己不可收；人之所貴，我不可取。誠患人惡其上，衆不可蓋，故君子居之，而每加損焉。隆名在於矯伐，[1]而不在於期當；[2]匿迹在於違顯，[3]而不在於求是。於是謙光之義與矜競而俱生，卑挹之義與夸伐而並進。由親譽生於不足，未若不知之有餘；良藥效於瘳疾，未若無病之爲貴矣。

［1］矯伐：弄虚作假誇大功勞。

［2］期當：適當，恰如其分。

［3］違顯：避免顯露。

夫乾道確然，示人易矣；坤道隤然，[1]示人簡矣。二象顯於萬物，兩德彰於群生，豈矯枉過直而失其所哉！由此觀之，則大通之道公坦於天地，謙伐之義險巇於人事。[2]今存公而廢謙，則自伐者託至公以生嫌，自美者因存黨以致惑。此王生所謂同貌而實異，不可不察者也。然理必有源，教亦有主。苟探其根，則玄指自顯；若尋其末，[3]弊無不至。豈可以嫌似而疑至公，弊貪而忘於諒哉！

康子及袁宏並有疑難，[4]坦之標章摘句，[5]一一申而釋之，莫不厭服。又孔嚴著《通葛論》，[6]坦之與書贊美之。其忠公慷慨，標明賢勝，皆此類也。

［1］隤然：柔順隨和。

［2］險巇：崎嶇險惡。

［3］若尋其末：末，宋本作“未”。

［4］袁宏：字彦伯，本書卷九二有傳。

［5］標章摘句：分析章句。標，原本、宋本、殿本作“摽”，據中華本改。本卷下文“標明賢勝”同。

［6］孔嚴：字彭祖，本書卷七八有傳。

初，坦之與沙門竺法師甚厚，[1]每共論幽明報應，便要先死者當報其事。後經年，師忽來云："貧道已死，罪福皆不虛。惟當勤修道德，以升濟神明耳。"言訖不見。坦之尋亦卒，時年四十六。臨終，與謝安、桓沖書，言不及私，惟憂國家之事，[2]朝野甚痛惜之。追贈安北將軍，[3]謚曰獻。

[1]沙門：僧人。

[2]惟：宋本作"帷"。

[3]安北將軍：官名，東漢建安年間置，與安東、安南、安西將軍合稱四安將軍，爲出鎮某一地區的軍事長官，或作爲刺史等兼理軍務的加官，權任頗重。三品，加持節都督者二品。

禕之，字文邵。少知名，尚尋陽公主，歷中書侍郎。[1]年未三十而卒，贈散騎常侍。

[1]中書侍郎：官名，三國魏文帝黄初初年設中書省，在長官中書監、中書令以下有通事郎，後增設中書郎，亦稱中書侍郎。掌草擬詔書，外出執行重要使命等。五品。

坦之四子：愷、愉、國寶、忱。

愷，字茂仁，愉，字茂和，並少踐清階。愷襲父爵，愉稍遷驃騎司馬，[1]加輔國將軍。[2]愷太元末爲侍中，領右衛將軍，[3]多所獻替。[4]兄弟貴盛，當時莫比。

[1]驃騎司馬：官名，驃騎將軍府高級幕僚。掌參讚軍務、管理府内武職，位僅次於長史。六品。

[2]輔國將軍：官名，屬將軍名號，三國兩晋皆置。三品。

[3]右衛將軍：官名，三國魏咸熙二年（265），司馬炎即晋王位，分中衛將軍爲左、右衛將軍。掌攸飛虎賁及前驅、由基、强弩三部司馬，屬下還有虎賁、羽林、上騎、異力、命中共五部督，負責宫禁侍衛。西晋屬中軍將軍，後屬領軍將軍。爲禁衛軍主要統帥之一，權任很重。四品。

[4]獻替：即獻可替否，進獻可行者，廢去不可行者。

及王恭等討國寶，[1]愷、愉並請解職。以與國寶異生，又素不協，故得免禍。國寶既死，出愷爲吴郡内史，[2]愉爲江州刺史、都督豫州四郡、輔國將軍、假節。[3]未幾，徵愷爲丹楊尹。及桓玄等至江寧，[4]愷領兵守石頭。[5]俄而玄等走，復爲吴郡。病卒，追贈太常。[6]

[1]王恭：字孝伯，本書卷八四有傳。

[2]吴郡：治所在吴縣（今江蘇省蘇州市）。

[3]都督豫州四郡：即都督豫州四郡諸軍事，豫州轄下四個郡的最高軍事行政長官。

[4]桓玄：字敬道，本書卷九九有傳。　江寧：縣名，治所在今江蘇省南京市江寧區。

[5]守石頭：頭，殿本作“城”。

[6]太常：官名，漢代稱奉常，本掌禮樂宗廟、社稷祭祀，魏晋時此職掌歸尚書裁定，太常成爲閑職。三品。

愉至鎮，未幾，殷仲堪、桓玄、楊佺期舉兵應王恭，[1]乘流奄至。愉既無備，惶遽奔臨川，[2]爲玄所得。玄盟于尋陽，[3]以愉置壇所，愉甚耻之。及事解，除會稽内史。玄篡位，以爲尚書僕射。劉裕義旗建，[4]加前將軍。[5]愉既桓氏婿，父子寵貴，又嘗輕侮劉裕，心不自安，潛結司州刺史温詳，[6]謀作亂，事泄，被誅，子孫十餘人皆伏法。

[1]殷仲堪：本書卷八四有傳。　楊佺期：本書卷八四有傳。

[2]臨川：郡名，治所在臨汝縣（今江西省撫州市臨川區西）。

[3]尋陽：縣名，治所在今湖北省黄梅縣西南。

[4]劉裕：字德輿，小名寄奴，彭城（今江蘇省徐州市）人，南朝宋開國皇帝。世居京口，初爲東晋冠軍司馬，後被劉牢之任爲參軍。歷任鎮軍將軍、都督十六州諸軍事，官至相國，受封宋王。元熙二年（420）代晋稱帝。卒謚武皇帝，廟號高祖。

[5]前將軍：官名，漢代重號將軍之一，與左、右、後將軍並爲上卿。魏晋時常設，權位較兩漢時漸低，僅爲武官名號，略高於一般雜號將軍，不典禁兵，不與朝政。三品。

[6]司州：此爲東晋僑置州，治所在襄陽（今湖北省襄陽市）。（參見胡阿祥《東晋南朝僑州郡縣與僑流人口研究》，第162頁）　温詳：東晋人，歷任司州刺史、濟北太守、潁川太守等職。

國寶，少無士操，不修廉隅。[1]婦父謝安惡其傾側，每抑而不用。除尚書郎。國寶以中興膏腴之族，惟作吏部，[2]不爲餘曹郎，甚怨望，固辭不拜。從妹爲會稽王道子妃，[3]由是與道子游處，遂間毁安焉。

[1]廉隅：端方之行。

[2]吏部：結合下文“不爲餘曹郎”之語，可知此處吏部爲吏部郎。吏部郎，即尚書吏部郎。

[3]道子：司馬道子，字道子，本書卷六四有傳。

及道子輔政，以爲秘書丞。[1]俄遷琅邪内史，[2]領堂邑太守，[3]加輔國將軍。入補侍中，遷中書令、中領軍，[4]與道子持威權，扇動内外。中書郎范寧，[5]國寶舅也，儒雅方直，疾其阿諛，勸孝武帝黜之。國寶乃使陳郡袁悦之因尼支妙音致書與太子母陳淑媛，[6]説國寶忠謹，宜見親信。帝知之，託以他罪殺悦之。國寶大懼，遂因道子譖毁寧，寧由是出爲豫章太守。[7]及弟忱卒，國寶自表求解職迎母，并奔忱喪。詔特賜假，而盤桓不時進發，[8]爲御史中丞褚粲所奏。[9]國寶懼罪，衣女子衣，託爲王家婢，詣道子告其事。道子言之於帝，故得原。後驃騎參軍王徽請國寶同讌，國寶素驕貴使酒，怒尚書左丞祖台之，[10]攘袂大呼，以盤醆樂器擲台之，台之不敢言，復爲粲所彈。詔以國寶縱肆情性，甚不可長，台之懦弱，非監司體，並坐免官。頃之，復職，愈驕蹇不遵法度。起齋侔清暑殿，帝惡其僭侈。國寶懼，遂諂媚於帝，而頗疏道子。道子大怒，嘗於内省面責國寶，以劍擲之，舊好盡矣。

[1]秘書丞：官名，秘書監次官。負責典籍圖書的管理和整理，爲清要之官，多由士族高門擔任。六品。

[2]琅邪：封國名，治所在今山東省臨沂市。

[3]堂邑：郡名，東晋僑置郡，治所在堂邑縣（今江蘇省南京市六合區東）。安帝時改爲秦郡。

[4]中領軍：官名，東漢建安中曹操改領軍置。與中護軍皆典

禁兵，屬丞相府。三品。

[5]中書郎：官名，隸屬中書令。掌草擬詔書、外出執行重要使命等。亦作爲中書通事郎、中書侍郎的省稱。五品。

[6]陳淑媛：即安帝母陳太后，本書卷三二有傳。

[7]豫章：郡名，治所在南昌縣（今江西省南昌市）。

[8]盤桓：逗留不進。

[9]御史中丞：官名，御史大夫副手，掌監察、執法，爲京師顯官，職權甚重。四品。

[10]尚書左丞：官名，尚書省佐官，位次尚書，居尚書右丞上。與右丞共掌尚書都省庶務，率諸都令史監督稽核諸尚書曹、郎曹政務。左丞又掌督録近道文書章奏，監察糾彈尚書令、僕射、尚書等文武百官，號稱“監司”，權勢甚重。六品。

是時王雅亦有寵，[1]薦王珣於帝。[2]帝夜與國寶及雅宴，帝微有酒，令召珣，將至，國寶自知才出珣下，恐至，傾其寵，因曰：“王珣當今名流，不可以酒色見。”帝遂止，而以國寶爲忠。將納國寶女爲琅邪王妃，未婚，而帝崩。

[1]王雅：字茂達，本書卷八三有傳。

[2]王珣：字元琳，本書卷六五有傳。

安帝即位，國寶復事道子，進從祖弟緒爲琅邪内史，亦以佞邪見知。道子復惑之，[1]倚爲心腹，並爲時之所疾。國寶遂參管朝權，威震内外。遷尚書左僕射，[2]領選，加後將軍、丹楊尹，[3]道子悉以東宫兵配之。

[1]惑之：惑，宋本作“感”。

[2]尚書左僕射：官名，尚書省次官，輔助尚書令執行政務，參議大政，諫諍得失，監察糾彈百官。有時尚書省不置令，衹設左右僕射，此時左僕射居右僕射之上。三品。

[3]後將軍：官名，漢代爲重號將軍，與前、左、右將軍並爲上卿。魏晋以後權位漸低，僅爲將軍名號，略高於一般雜號將軍。三品。

時王恭與殷仲堪並以才器，[1]各居名藩。恭惡道子、國寶亂政，屢有憂國之言。道子等亦深忌憚之，將謀去其兵。未及行，而恭檄至，以討國寶爲名，國寶惶遽不知所爲。緒説國寶，令矯道子命，召王珣、車胤殺之，[2]以除群望，因挾主相以討諸侯。國寶許之。珣、胤既至，而不敢害，反問計於珣。珣勸國寶放兵權以迎恭，國寶信之。語在《珣傳》。又問計於胤，胤曰："南北同舉，而荆州未至，若朝廷遣軍，恭必城守。昔桓公圍壽陽，[3]彌時乃克。若京城未拔，而上流奄至，君將何以待之？"國寶尤懼，遂上疏解職，詣闕待罪。既而悔之，詐稱詔復其本官，欲收其兵距王恭。

[1]時王恭：宋本“時”下有“王恭配之”四字。

[2]車胤：字武子，本書卷八三有傳。

[3]桓公：桓温。　壽陽：縣名，治所在今安徽省壽縣東南。

道子既不能距諸侯，欲委罪國寶，乃遣譙王尚之收國寶，[1]付廷尉，[2]賜死，并斬緒於市，以謝王恭。國寶貪縱聚斂，不知紀極，後房伎妾以百數，天下珍玩充滿其室。及王恭伏法，詔追復國寶本官。元興初，桓玄得志，表徙其家屬於交州。[3]

[1]譙王尚之：司馬尚之，字伯道，本書卷三七有傳。

[2]廷尉：官名，中央最高司法審判機構長官，負責會審朝中有罪文武大臣，覆核審决郡國疑獄等。三品。

[3]交州：又稱交阯，公元前2世紀初南越王趙佗置，後屬西漢。東漢改爲交州，治所在番禺縣（今廣東省廣州市）。三國時移治龍編縣（今越南社會主義共和國河北省仙游縣東）。

忱，字元達。弱冠知名，與王恭、王珣俱流譽一時。歷位驃騎長史。嘗造其舅范寧，與張玄相遇，[1]寧使與玄語。玄正坐斂衽，待其有發，[2]忱竟不與言，玄失望便去。寧讓忱曰："張玄，吴中之秀，何不與語？"忱笑曰："張祖希欲相識，自可見詣。"寧謂曰："卿風流俊望，真後來之秀。"忱曰："不有此舅，焉有此甥！"既而寧使報玄，玄束帶造之，始爲賓主。

[1]張玄：張玄之，字祖希，吴郡太守張澄之孫。少以學顯，歷吏部尚書，出爲冠軍將軍、吴興太守。會稽内史謝玄同時之郡，論者以爲南北之望。玄之名亞謝玄，時亦稱南北二玄，卒於郡。

[2]待其有發：有，殿本作"所"。

太元中，出爲荆州刺史、都督荆益寧三州軍事、建武將軍、假節。[1]忱自恃才氣，放酒誕節，慕王澄之爲人，[2]又年少居方伯之任，談者憂之。及鎮荆州，威風肅然，殊得物和。桓玄時在江陵，[3]既其本國，且奕葉故義,[4]常以才雄駕物。忱每裁抑之。玄嘗詣忱，通人未出,[5]乘輿直進。忱對玄鞭門幹,[6]玄怒，去之，忱亦不留。嘗朔日見客，仗衛甚盛，玄言欲獵，借數百人，忱悉給之，玄憚而服焉。

[1]荆州：三國時曹魏治所在新野縣（今河南省新野縣），孫吴治所在江陵縣（今湖北省江陵縣），西晋統一後治所在江陵縣（今湖北省江陵縣）。　都督荆益寧三州軍事：即都督數州諸軍事，上述三州最高軍事行政長官。　建武將軍：官名，東漢末曹操置，統兵征伐。四品。　假節：假以節杖。指大臣臨時持節出巡，爲權臣掌軍、秉政的地位象徵和政治待遇。

[2]王澄：字平子，本書卷四三有傳。

[3]江陵：縣名，治所在今湖北省江陵縣。

[4]奕葉故義：奕，原本、宋本作“弈”，殿本作“奕”，據殿本改。

[5]通人：通禀消息的人。

[6]門幹：官名，守門的吏役。

性任達不拘，末年尤嗜酒，一飲連月不醒，或裸體而游，每嘆三日不飲，便覺形神不相親。婦父嘗有慘,[1]忱乘醉吊之，婦父慟哭，忱與賓客十許人，連臂被髮裸身而入，繞之三匝而出。其所行多此類。數年卒官，追贈右將軍,[2]謚曰穆。

[1]婦父嘗有慘：嘗，原本、宋本、殿本作“常”，通“嘗”，此據中華本改。

[2]右將軍：官名，漢代重號將軍之一，與前、左、後將軍並

爲上卿。魏晋時常設，權位漸低，僅爲武官名號，略高於一般雜號將軍。三品。

綏，字彦猷。少有美稱，厚自矜邁，[1]實鄙而無行。愉爲殷、桓所捕，綏未測存亡，在都有憂色，居處飲食，每事貶降，時人每以爲“試守孝子”。[2]

[1]厚自矜邁：邁，原本、宋本作“遇”，殿本作“邁”，據殿本改。

[2]每以爲：爲，殿本作“謂”。

桓玄之爲太尉，綏以桓氏甥甚見寵待，爲太尉右長史。[1]及玄篡，遷中書令。劉裕建義，以爲冠軍將軍。[2]其家夜中梁上無故有人頭墮於床，而流血滂沱。俄拜荆州刺史、假節。坐父愉之謀，與弟納並被誅。

[1]太尉右長史：官名，太尉府置長史，分左、右，領府中各曹。六品。太，宋本作“大”。

[2]冠軍將軍：官名，曹魏、孫吴、西晋皆置。西晋時領營兵。三品。

初，綏與王謐、桓胤齊名，[1]爲後進之秀。謐位官既極，保身而終。胤以從坐誅，聲稱猶全。綏身死，名論殆盡，亦以薄行矜峭而尚人故也。自昶父漢雁門太守澤已有名稱，[2]忱又秀出，綏亦著稱，八葉繼軌，軒冕莫與爲比焉。

[1]王謐：字稚遠，本書卷六五有傳。　桓胤：字茂遠，本書卷七四有傳。

[2]雁門：郡名，治所在廣武縣（今山西省代縣西南）。　名稱：名聲。

嶠，字開山。祖默，魏尚書。[1]父佑，以才智稱，爲楊駿腹心。[2]駿之排汝南王亮，[3]退衛瓘，[4]皆佑之謀也。位至北軍中候。[5]嶠少有風尚，并司二州交辟，不就。永嘉末，携其二弟避亂渡江。時元帝鎮建鄴，教曰："王佑三息始至，名德之冑，[6]並有操行，宜蒙飾叙。且可給錢三十萬、布三百匹、米五十斛、親兵二十人。"[7]尋以嶠參世子東中郎軍事，[8]不就。愍帝徵拜著作郎，[9]右丞相南陽王保辟，[10]皆以道險不行。元帝作相，以爲水曹屬，[11]除長山令，[12]遷太子中舍人，[13]以疾不拜。王敦請爲參軍，[14]爵九原縣公。

[1]尚書：官名，東漢尚書臺六曹各置尚書，秩六百石。魏晋出爲朝官，分掌尚書省諸曹，品秩提高。三品。

[2]楊駿：字文長，本書卷四〇有傳。

[3]汝南王亮：司馬亮，字子翼。本書卷五九有傳。

[4]衛瓘：字伯玉，本書卷三六有傳。

[5]北軍中候：官名，掌監屯騎校尉、越騎校尉、步兵校尉、長水校尉、射聲校尉所領北軍五營。魏晋時增設禁軍兵力，由地位更高的中領軍統轄，北軍五營作用漸輕，北軍中候置省無常，常與中領軍並置。五品。

[6]名德之冑：冑，宋本作“胄”。

[7]布三百匹：布，殿本作“帛”。

[8]参世子東中郎軍事：即東中郎將府參軍事。參軍事，亦作參軍，謂參謀軍事。兩晋公府、軍府皆置。

[9]著作郎：官名，三國時爲著作局長官，隸屬中書省。西晋時著作局别自置省，長官仍爲著作郎，改隸屬秘書省。西晋後亦稱大著作郎、大著作、著作，掌國史及起居注的修撰。兩晋南北朝時爲清要之官，多由有名望的文學之士擔任，也用司空、侍中、尚書等官典領。職閑位重，南朝時多爲貴族起家官。六品。

[10]右丞相：官名，此爲臨時分置，爲權臣專設之名號，非實際處理政務的宰相。　南陽王保：司馬保，字景度，司馬模之子，本書卷三七有傳。

[11]水曹屬：官名。諸公、王府及將軍府中均設水曹，水曹屬爲該曹長官。東晋以後以參軍事爲長官。

[12]長山：縣名，治所在今浙江省金華市。

[13]太子中舍人：官名，簡稱太子中舍、中舍人、中舍。東宫屬官，其中有才學者與中庶子共掌東宫文翰及奏事文書，侍從規諫太子。位在太子中庶子下、太子洗馬上。六品。

[14]王敦：字處仲，本書卷九八有傳。

敦在石頭，欲禁私伐蔡洲荻，[1]以問群下。時王師新敗，士庶震懼，莫敢異議。嶠獨曰："中原有菽，庶人采之。百姓不足，君孰與足！若禁人樵伐，未知其可。"敦不悦。敦將殺周顗、戴若思，[2]嶠於坐諫曰："濟濟多士，文王以寧。安可戮諸名士，以自全生！"敦大怒，欲斬嶠，賴謝鯤以免。[3]敦猶銜之，黜爲領軍長史。[4]敦平後，除中書侍郎，兼大著作，[5]固辭。轉越騎校尉，[6]頻遷吏部郎、御史中丞、秘書監，[7]領本州大中正。

[1]欲禁私伐蔡洲荻：洲，原本、宋本、殿本作“州”，據中華本校勘記改。

[2]戴若思：戴淵，本書卷六九有傳。

[3]謝鯤：字幼輿，本書卷四九有傳。

[4]黜：殿本作“出”。　領軍長史：官名，領軍將軍府長史。掌軍府顧問參謀，爲所在官署掾屬之長。七品。

[5]大著作：著作郎别稱。六品。

[6]越騎校尉：官名，西漢北軍八校尉之一，東漢五校尉之一，隸屬北軍中候。魏晋以後隸屬中領軍（領軍將軍）。四品。

[7]秘書監：官名，秘書省長官，掌管藝文圖籍、課試署吏，統著作局，掌國史修撰並管理中外三閣圖書。三品。

咸和初，朝議欲以嶠爲丹楊尹。嶠以京尹望重，不宜以疾居之，求補廬陵郡，[1]乃拜嶠廬陵太守。以嶠家貧，無以上道，賜布百匹，錢十萬。尋卒官，謚曰穆。子淡嗣，歷位右衛將軍、侍中、中護軍、尚書、廣州刺史。[2]淡子度世，驍騎將軍。[3]

[1]廬陵郡：治所在石陽縣（今江西省吉水縣東北）。

[2]中護軍：官名，掌武官選舉，與中領軍同掌禁軍。曹魏四品，晋三品。　廣州：治所在番禺縣（今廣東省廣州市）。

[3]驍騎將軍：官名，三國魏爲内軍將領，統營兵。兩晋與領軍、護軍、左右衛、游擊諸將軍合稱六軍，擔當宿衛之任，是護衛宫廷的主要將領。四品。

袁悦之，字元禮，[1]陳郡陽夏人也。[2]父朗，給事中。[3]悦之能長短説，甚有精理。始爲謝玄參軍，[4]爲玄所遇，丁憂去職。服闋，還都，止賫《戰國策》,[5]言天下要惟此書。後甚爲會稽王道子所親愛，每勸道子專覽朝權,[6]道子頗納其説。俄而見誅。

[1]袁悦之，字元禮：中華本校勘記："《王恭傳》、《世説·讒險》及注引《袁世譜》並無'之'字。"

[2]陳郡：治所在陳縣（今河南省周口市淮陽區）。　陽夏：縣名，治所在今河南省太康縣。

[3]給事中：官名，爲加官，所加爲三公、將軍、中書監令、博士、郎等。常侍從皇帝左右，諫諍糾彈，爲中朝要職。五品。

[4]謝玄：字幼度，本書卷七九有傳。

[5]止：殿本作"上"。

[6]每勸道子專覽朝權：中華本校勘記："《通志》一二七'覽'作'攬'。"

祖台之，字元辰，范陽人也。[1]官至侍中、光禄大夫。[2]撰《志怪》，書行於世。

[1]范陽：縣名，治所在今河北省定興縣西南固城鎮。

[2]光禄大夫：官名，三公等大臣告老回家即拜此職，或作爲在朝顯職的加官。三品，開府位從公者一品。

荀崧

荀崧，字景猷，潁川臨潁人，[1]魏太尉彧之玄孫也。[2]父頵，羽林右監、安陵鄉侯，[3]與王濟、何劭爲拜親之友。[4]崧志操清純，雅好文學。齠齔時，[5]族曾祖顗見而奇之，[6]以爲必興頵門。[7]弱冠，太原王濟甚相器重，[8]以方其外祖陳郡袁侃，謂侃弟奥曰："近見荀監子，清虚名理，當不及父，德性純粹，是賢兄輩人也。"其爲名流所賞如此。[9]

[1]潁川：郡名，治所在許昌縣（今河南省許昌市東）。潁，原本、宋本作"穎"，殿本作"潁"，據殿本改。本卷下文此地名同。　臨潁：縣名，治所在今河南省臨潁縣西北。中華本校勘記："勞校：《魏志·荀彧傳》云潁陰人。按：本書《荀勖傳》亦曰潁陰人。"

[2]彧：荀彧，東漢末潁川潁陰（今河南省許昌市）人，字文若。曹操重要謀士，歷任奮武司馬、鎮東司馬、侍中、光禄大夫參丞相軍事。因反對曹操進爵國公，爲曹操忌恨，被迫自殺。

[3]羽林右監：官名，東漢置羽林左、右監，屬光禄勛。三國魏省左監，唯置右監，掌宿衛。晋唯置羽林左監。十六國西凉亦置。五品。

[4]何劭：字敬祖，何曾子，本書卷三三有傳。　拜親之友：拜見朋友的父母，相當於結拜兄弟。

[5]齠齔：指童年。

[6]顗：荀顗，字景倩，本書卷三九有傳。

[7]必興顔門：使顔之家門興旺。

[8]太原：郡名，治所在晋陽縣（今山西省太原市西南）。

[9]爲名流所賞：賞，宋本作"賢"。

泰始中，詔以崧代兄襲父爵，補濮陽王允文學。[1]與王敦、顧榮、陸機等友善。[2]趙王倫引爲相國參軍。[3]倫篡，轉護軍司馬、給事中，[4]稍遷尚書吏部郎、太弟中庶子，[5]累遷侍中、中護軍。

[1]濮陽王允：司馬允，字欽度，本書卷六四有傳。

[2]顧榮：字彦先，本書卷六八有傳。　陸機：字士衡，本書卷五四有傳。

[3]趙王倫：司馬倫，字子彝，本書卷五九有傳。　相國參軍：官名，相國府僚屬。參軍，亦作參軍事，謂參謀軍事。兩晋公府、軍府皆置。

[4]護軍司馬：官名，護軍府高級幕僚。掌參讚軍務、管理府内武職，位僅次於長史。六品。

[5]尚書吏部郎：吏，宋本作“文”。　太弟中庶子：相當於太子中庶子。成都王司馬穎爲皇太弟，故稱。

王彌入洛，[1]崧與百官奔于密，[2]未至而母亡。賊追將及，同旅散走，崧被髮從車，守喪號泣。賊至，棄其母尸于地，奪車而去。崧被四創，氣絶，至夜方蘇。葬母于密山。服闋，族父藩承制，[3]以崧監江北軍事、南中郎將、後將軍、假節、襄城太守。[4]時山陵發掘，崧遣主簿石覽將兵入洛，修復山陵。以勛進爵舞陽縣公，遷都督荆州江北諸軍事、平南將軍，[5]鎮宛，[6]改封曲陵公。爲賊杜曾所圍。[7]石覽時爲襄城太守，崧力弱食盡，使其小女灌求救於覽及南中郎將周訪。[8]訪即遣子撫率兵三千人會石覽，[9]俱救崧。賊聞兵至，散走。崧既得免，乃遣南陽中部尉王國、劉願等潛軍襲穰縣，[10]獲曾從兄僞新野太守保，[11]斬之。

[1]王彌：本書卷一〇〇有傳。

[2]密：縣名，治所在今河南省新密市東南。

[3]藩：荀藩，字大堅，本書卷三九有傳。　承制：秉承皇帝

旨意便宜行事。

［4］監江北軍事：江北地區軍事行政長官，位低於都督。　南中郎將：官名，與東、西、北中郎將並稱四中郎將，統兵征戰，權職甚重。四品。　襄城：縣名，治所在今河南省許昌市襄城縣。

［5］都督荆州江北諸軍事：荆州轄下江北地區最高軍事行政長官。　平南將軍：官名，與平東、平西、平北將軍合稱四平將軍。多持節都督或監某一地區的軍事，有時作爲刺史等地方官員監理軍務的加官。三品，加持節都督者二品。

［6］宛：縣名，治所在今河南省南陽市。

［7］杜曾：西晋新野（今河南省新野縣）人，始爲新野王司馬歆鎮南參軍，有勇力。永嘉之亂中任胡亢竟陵太守，後殺胡亢，併其衆，自號南中郎將。後被周訪打敗，被殺。

［8］灌：荀灌，本書卷九六有傳。　周訪：字士達，本書卷五八有傳。

［9］撫：周撫，字道和，本書卷五八有傳。

［10］穰縣：治所在今河南省鄧州市。

［11］新野：縣名，治所在今河南省新野縣。　太守：太，宋本作“大”。

元帝踐阼，徵拜尚書僕射，使崧與刁協共定中興朝儀。[1]從弟馗早亡，二息序、廞，年各數歲，崧迎與共居，恩同其子。太尉、臨淮公荀顗國胤廢絶，朝廷以崧屬近，欲以崧子襲封。崧哀序孤微，乃讓封與序，論者稱焉。轉太常。時方修學校，簡省博士，置《周易》王氏、《尚書》鄭氏、《古文尚書》孔氏、《毛詩》鄭氏、《周官》《禮記》鄭氏、《春秋》《左傳》杜氏服氏、《論語》《孝經》鄭氏博士各一人，[2]凡九人，[3]其《儀禮》《公羊》《穀梁》及鄭《易》皆省不置。崧以爲不可，乃上疏曰：

自喪亂以來，儒學尤寡，今處學則闕朝廷之秀，仕朝則廢儒學之俊。昔咸寧、太康、永嘉之中，侍中、常侍、黄門通洽古今、行爲世表者，[4]領國子博士。一則應對殿堂，奉酬顧問；二則參訓門子，[5]以弘儒訓；三則祠、儀二曹及太常之職，[6]以得質疑。今皇朝中興，美隆往初，宜憲章令軌，祖述前典。世祖武皇帝應運登禪，崇儒興學。經始明堂，[7]營建辟雍，[8]告朔班政，鄉飲大射。[9]西閣東序，[10]《河》《圖》秘書禁籍。臺省有宗廟太府金墉故事，太學有石經古文先儒典訓。[11]賈、馬、鄭、杜、服、孔、王、何、顔、尹之徒，[12]章句傳注衆家之學，置博士十九人。九州之中，師徒相傳，學士如林，猶選張華、劉寔居太常之官，[13]以重儒教。

[1]刁協：字玄亮，本書卷六九有傳。　朝儀：朝，殿本作“禮”。

[2]博士：學官，國子博士、太學博士或太常博士泛稱，教授儒學。六品。

[3]凡九人：凡，宋本作“几”。

[4]常侍：官名，散騎常侍、散騎中常侍、通直散騎常侍、員外散騎常侍等官的簡稱。三品。　黄門：官名，宫中小黄門、中黄門、黄門令統稱，均爲宦官。

[5]門子：門，殿本作“國”。

［6］三則：三，宋本作“二”。

［7］明堂：本爲皇帝舉行朝會、祭祀、養老、教學等大典的建築，魏晋南北朝時期主要爲祭祀場所。

［8］辟雍：西周天子所設大學。東漢以後，爲行鄉飲酒、大射或祭祀之禮的地方。漢班固《白虎通·辟雍》：“天子立辟雍何？辟雍，所以行禮、樂宣德化也。辟者，璧也，象璧圓，以法天也。雍者，壅之以水，象教化流行也。辟之言積也，積天下之道德；雍之爲言壅也，天下之儀則。故謂之辟雍也。”

［9］鄉飲：鄉飲酒，古代舉行的一種敬老儀式。《儀禮·鄉飲酒禮》賈公彦疏引漢鄭玄《三禮目録》：“諸侯之鄉大夫三年大比，獻賢者能者於其君，以禮賓之，與之飲酒。於五禮屬嘉禮。” 大射：古代禮儀，通過此禮擇士以舉行祭祀。《周禮·天官·司裘》：“王大射，則共虎侯、熊侯、豹侯，設其鵠；諸侯則共熊侯、豹侯；卿大夫則共麋侯，皆設其鵠。”鄭玄注：“大射者，爲祭祀射，王將有郊廟之事，以射擇諸侯及群臣與邦國所貢之士可以與祭者。射者可以觀德行，其容體比於禮，其節比於樂而中多者，得與於祭。”

［10］東序：相傳爲夏代的大學。也是國老養老之所。《禮記·王制》：“夏后氏養國老於東序。”鄭玄注：“東序、東膠亦大學，在國中王宫之東。”

［11］太學：古代設於京城的最高學府，主要從事儒學教育。

［12］賈：賈逵，東漢扶風平陵（今陝西省咸陽市西北）人，字景伯。古文經學家，少承家學，習古文經，兼通五家《穀梁》之説。明帝時拜爲郎，與班固並校秘書，應對左右。章帝時奉詔講學於白虎觀及雲臺。 馬：馬融，東漢扶風茂陵（今陝西省興平市東北）人，字季長。少有俊才，博通經籍。歷任校書郎、東觀典校秘書、議郎、武都太守、南郡太守。著述極豐，世稱通儒。遍注《詩》《書》《禮》《易》等儒家經籍，門下出鄭玄、盧植等當世名儒。 鄭：鄭玄，東漢北海高密（今山東省高密市西南）人，字康成，著名經學家。師事古文經學家馬融，兼通今古經文，破兩家門

户，遍注群經，自成一家之言。　杜：杜預，字元凱，本書卷三四有傳。　服：服虔，東漢滎陽（今河南省滎陽市東北）人，字子慎，初名重，又名祇，後改爲虔。靈帝時任九江太守。以經學論著稱世。　孔：孔安國，字安國，本書卷七八有傳。　王：王肅，三國魏東海郯（今山東省郯城縣北）人，字子雍。著名經學家，司馬昭岳父。歷任散騎黄門侍郎、散騎常侍、領秘書監、崇文觀祭酒、廣平太守等職。　何：何休，東漢任城樊（今山東省濟寧市兖州區）人，字邵公。精於今文諸經，提出“公羊三世”説，使《公羊春秋》成爲有條理之今文經學。　顔：西漢人顔安樂，《公羊春秋》傳人，稱顔氏《公羊學》，與左氏、穀梁三家並立。　尹：尹敏，東漢南陽堵陽（今河南省方城縣東）人，字幼季。歷任郎中、長陵令、諫議大夫等職。初習歐陽《尚書》，後受古文《尚書》，兼治《毛詩》《春秋穀梁傳》《春秋左氏傳》。爲兼通今古文經學大師。

[13]張華：字茂先，本書卷三六有傳。　劉寔：字子真，本書卷四一有傳。

《傳》稱“孔子没而微言絶，七十二子終而大義乖”。[1]自頃中夏殄瘁，講誦遏密，[2]斯文之道，將墮于地。陛下聖哲龍飛，恢崇道教，樂正雅頌，於是乎在。江揚二州，先漸聲教，學士遺文，於今爲盛。然方疇昔，猶千之一。臣學不章句，才不弘通，方之華實，儒風殊邈。思竭駑駘，[3]庶增萬分。願斯道隆於百世之上，搢紳咏於千載之下。

[1]“孔子没而微言絶”句：語見《漢書》卷三〇《藝文志》：“昔仲尼没而微言絶，七十子喪而大義乖。”

[2]遏密：停止。

［3］駑駘：劣馬。比喻才能低劣。

伏聞節省之制，皆三分置二。博士舊置十九人，今《五經》合九人，準古計今，猶未能半，宜及節省之制，以時施行。今九人以外，猶宜增四。願陛下萬機餘暇，[1]時垂省覽。宜爲鄭《易》置博士一人，鄭《儀禮》博士一人，《春秋公羊》博士一人，《穀梁》博士一人。

［1］萬機：機，殿本作“幾”。

昔周之衰，下陵上替，上無天子，下無方伯，善者誰賞，惡者誰罰，孔子懼而作《春秋》。諸侯諱妒，懼犯時禁，是以微辭妙旨，義不顯明，故曰："知我者其惟《春秋》，罪我者其惟《春秋》。"時左丘明、子夏造膝親受，[1]無不精究。孔子既没，微言將絶，於是丘明退撰所聞，而爲之傳。其書善禮，多膏腴美辭，張本繼末，以發明經意，信多奇偉，學者好之。稱公羊高親受子夏，立於漢朝，辭義清俊，斷决明審，董仲舒之所善也。[2]穀梁赤師徒相傳，暫立於漢世。向、歆，[3]漢之碩儒，猶父子各執一家，莫肯相從。其書文清義約，諸所發明，或是《左氏》《公羊》所不載，亦足有所訂正。是以《三傳》並行於先代，通才未能孤廢。今去聖久遠，其文將墮，與其過廢，寧與過立。臣以爲《三傳》雖同曰《春秋》，而發端異趣，案如三家異同之説，[4]

此乃義則戰争之場，辭亦劍戟之鋒，於理不可得共。博士宜各置一人，以博其學。[5]

元帝詔曰："崧表如此，皆經國之務，爲政所由。息馬投戈，猶可講藝，今雖日不暇給，豈忘本而遺存邪！可共博議者詳之。"議者多請從崧所奏。詔曰："《穀梁》膚淺，不足置博士，餘如奏。"會王敦之難，不行。

[1]左丘明：春秋末魯國人，一説姓左名丘明，一説姓左丘名明。曾任魯國太史。著《左氏春秋》，爲中國第一部完整的編年史。　子夏：春秋末晋國温（今河南省温縣西南）人，卜氏，名商，字子夏，孔子學生。孔子死後，到魏國西河講學，李悝、商鞅、吴起皆其門人。其後學成爲儒家分派之一，稱"子夏之儒"。

[2]董仲舒：西漢廣川（今河北省景縣西南廣川鎮）人，少治《春秋》。景帝時任博士，武帝時任江都王相、中大夫。提出"罷黜百家、獨尊儒術"，被武帝采納。主治《公羊春秋》學，宣傳天人感應。

[3]向：劉向，字子政，西漢沛（今江蘇省沛縣）人，楚元王四世孫。曾任諫大夫、散騎宗正給事、光禄大夫等職。撰有《五經通義》《洪範五行傳》等，均已佚。另撰有《列女傳》《説苑》《新序》等存世。　歆：劉歆，字子駿，後改名秀，字穎叔，西漢沛（今江蘇省沛縣）人，劉向之子。漢成帝至平帝時歷任黄門郎、中壘校尉、侍中太中大夫、騎都尉、五原太守、涿郡太守、右曹太中大夫、京兆尹等職。新莽朝被拜爲國師。因謀殺王莽失敗自殺。

[4]案如三家異同之説：如，殿本作"知"。

[5]以博其學：中華本校勘記："《宋書·禮志一》、《通典》五三引'博'並作'傳'，疑是。"

敦表以崧爲尚書左僕射。及帝崩，群臣議廟號，王敦遣使謂曰：“豺狼當路，梓宮未反，[1]祖宗之號，宜别思詳。”崧議以爲“禮，祖有功，宗有德。元皇帝天縱聖哲，光啓中興，德澤侔於太戊，[2]功惠邁于漢宣，臣敢依前典，上號曰中宗”。既而與敦書曰：“承以長蛇未翦，[3]别詳祖宗。先帝應天受命，以隆中興；中興之主，寧可隨世數而遷毀！敢率丹直，詢之朝野，上號中宗。卜日有期，不及重請，專輒之愆，所不敢辭。”初，敦待崧甚厚，[4]欲以爲司空，於此銜之而止。

[1]梓宮：指皇帝的棺材。

[2]太戊：殷商王，名密，太庚之子。太戊是廟號。在位期間以伊陟爲相，使殷商振興。太，原本、宋本作“大”，殿本作“太”，據殿本改。

[3]長蛇未翦：翦，殿本作“剪”。

[4]待崧甚厚：待，殿本作“侍”。

太寧初，[1]加散騎常侍，後領太子太傅。[2]以平王敦功，更封平樂伯。坐使威儀爲猛獸所食，免職。後拜金紫光禄大夫、録尚書事，[3]散騎常侍如故。遷右光禄大夫、開府儀同三司，[4]録尚書如故。又領秘書監，給親兵百二十人。年雖衰老，而孜孜典籍，世以此嘉之。

[1]太寧：太，宋本、殿本作“大”。

[2]太子太傅：官名，與太子少傅並稱二傅，三國時並攝東宫事務，與尚書、東曹並掌太子、諸侯官署選舉。西晋時下設丞、功曹、主簿等屬官。三品。

[3]金紫光禄大夫：官名，對光禄大夫加金章紫綬。禄賜、班

位、車服、佩玉等皆與特進同。二品。　録尚書事：官名，初爲職銜名，重臣加此名義始得總知國事，綜理政務，成爲真宰相。魏晋多以公卿權重者居之，總領尚書省政務，凡重號將軍、刺史皆得命曹授用，位在三公之上。

[4]右光禄大夫：官名，齊王曹芳正始元年（240）在光禄大夫上增置左、右，位在光禄大夫上。在朝顯職的加官，或授予年老有病致仕者，或授予死者。西晋時禄賜與特進同。二品，開府位從公者一品。　開府儀同三司：官名，三國魏始置。爲大臣加號，意謂與太尉、司徒、司空三司待遇相同，許開設府署，任命僚屬。

蘇峻之役，[1]崧與王導、陸曄共登御床擁衛帝，[2]及帝被逼幸石頭，崧亦侍從不離帝側。賊平，帝幸温嶠舟，[3]崧時年老病篤，猶力步而從。咸和三年薨，[4]時年六十七。贈侍中，謚曰敬。

[1]蘇峻：字子高，本書卷一〇〇有傳。

[2]陸曄：字士光，本書卷七七有傳。

[3]温嶠：字太真，本書卷六七有傳。

[4]咸和三年薨：中華本校勘記："上文云'帝幸温嶠舟，崧猶力步而從'，此事在咸和四年二月，則崧死固當在其後。'三年'之'三'字疑誤。"

其後著作郎虞預與丞相王導箋曰：[1]"伏見前秘書、光禄大夫荀公，生於積德之族，少有儒雅之稱，歷位内外，在貴能降。蘇峻肆虐，乘輿失幸，公處嫌忌之地，有累卵之危，朝士爲之寒心，論者謂之不免。而公將之以智，險而不懾，扶侍至尊，繾綣不離。[2]雖無扶迎之勛，宜蒙守節之報。且其宣慈之美，早彰遠近，朝野之望，許以臺司，雖未正位，已加儀同。至守終純固，名定闔棺，而薨卒之日，直加侍中。生有三槐之望，[3]没無鼎足之名，寵不增於前秩，榮不副於本望，此一時愚智所慷慨也。今承大弊之後，淳風頹散，苟有一介之善，宜在旌表之例，而况國之元老，志節若斯者乎！”不從。升平四年，崧改葬，詔賜錢百萬，布五千匹。有二子：蕤、羨。蕤嗣。

[1]虞預：字叔寧，本書卷八二有傳。

[2]繾綣不離：纏綿不分。

[3]三槐：《周禮·秋官·朝士》：“面三槐，三公位焉。”因以三槐喻三公。

蕤，字令遠。起家秘書郎，[1]稍遷尚書左丞。蕤有儀操風望，雅爲簡文帝所重。時桓温平蜀，朝廷欲以豫章郡封温。蕤言於帝曰：“若温復假王威，北平河洛，修復園陵，將何以加此！”於是乃止。轉散騎常侍、少府，[2]不拜，出補東陽太守。[3]除建威將軍、吴國内史。[4]卒官。子籍嗣位，至散騎常侍、大長秋。[5]

[1]秘書郎：官名，秘書令屬官，掌管文書機要，亦掌整理典籍、考核舊文。六品。

[2]少府：官名，掌管宫廷手工業。三品。

[3]東陽：郡名，治所在長山縣（今浙江省金華市）。

[4]吴國：郡國名，治所在吴縣（今江蘇省蘇州市）。

[5]大長秋：官名，宣達皇后旨意，領受皇帝詔命。魏晋南北

朝時領諸宦者，管理宫闈。三品。

羨，字令則。清和有準。纔年七歲，遇蘇峻難，隨父在石頭，峻甚愛之，恒置膝上。羨陰白其母，曰："得一利刀，子足以殺賊。"母掩其口，曰："無妄言！"年十五，將尚尋陽公主，羨不欲連婚帝室，仍遠遁去。監司追，不獲已，乃出尚公主，[1]拜駙馬都尉。[2]弱冠，與琅邪王洽齊名，[3]沛國劉惔、太原王濛、陳郡殷浩並與交好。[4]

[1]尚公主：原本、宋本無"公"字，殿本有，據殿本補。

[2]駙馬都尉：官名，與奉車都尉、騎都尉並稱三都尉，多用於宗室、外戚、功臣子、貴族、近臣的加官，亦用於尚公主者。六品。

[3]王洽：字敬和，本書卷六五有傳。

[4]太原：太，宋本作"大"。　王濛：字仲祖，本書卷九三有傳。

驃騎將軍何充出鎮京口，[1]請爲參軍。穆帝又以爲撫軍參軍，[2]徵補太常博士，[3]皆不就。後拜秘書丞、義興太守。[4]征北將軍褚裒以爲長史。[5]既到，裒謂佐吏曰："荀生資逸群之氣，將有冲天之舉，諸君宜善事之。"尋遷建威將軍、吴國内史。除北中郎將、徐州刺史、監徐兖二州揚州之晋陵諸軍事、假節。[6]殷浩以羨在事有能名，故居以重任。時年二十八，中興方伯，未有如羨之少者。羨至鎮，發二州兵，使參軍鄭襲戍淮陰。[7]羡尋北鎮淮陰，[8]屯田于東陽之石鱉。[9]尋加監青州諸軍事，[10]又領兖州刺史，鎮下邳。羡自鎮來朝，時蔡謨固讓司徒，[11]不起，中軍將軍殷浩欲加大辟，以問於羡。羡曰："蔡公今日事危，明日必有桓文之舉。"[12]浩乃止。

[1]何充：字次道，本書卷七七有傳。　京口：地名，即今江蘇省鎮江市。

[2]撫軍參軍：官名，撫軍將軍府屬官。參軍，亦作參軍事，謂參謀軍事。兩晋公府、軍府皆置。

[3]太常博士：官名，秦漢時博士名義上屬太常，備諮詢顧問。魏晋時由於國子博士、太學博士專掌經學傳授、參議禮儀制度，遂别置太常博士，掌引導乘輿、擬議王公以下謚號、參議朝廷禮儀典章。六品。

[4]義興：郡名，治所在陽羡縣（今江蘇省宜興市）。

[5]征北將軍：官名，與征東、征西、征南將軍合稱四征將軍。三國魏、蜀、吴及兩晋皆置，出鎮方面，地位顯要。三品，加持節都督者二品。　褚裒：字季野，本書卷九三有傳。

[6]監徐兖二州揚州之晋陵諸軍事：徐州、兖州以及揚州轄下晋陵郡軍事行政長官，位次於都督。

[7]淮陰：縣名，治所在今江蘇省淮安市淮陰區西南。

[8]鎮淮陰：陰，殿本作"陽"。

[9]石鱉：石鱉城，位於今江蘇省寶應縣西南。

[10]監青州諸軍事：青州地區軍事行政長官，位次於都督。

[11]蔡謨：字道明，本書卷七七有傳。

[12]桓：齊桓公，春秋時齊國國君，名小白，僖公之子，襄公之弟。公元前 685 至前 643 年在位。爲公子時因國家内亂出走至莒，襄公死後被迎回立爲國君。在位時任用管仲，改革内政，國力

漸强。九合諸侯，尊王攘夷，成爲春秋五霸之首。　文：晋文公，名重耳，晋獻公之子，因受迫害而流亡在外十九年，歷盡艱難險阻。回國即位後改革朝政，加强軍備，國力漸强，終成春秋五霸之一。

及慕容儁攻段蘭於青州，[1]詔使羨救之。儁將王騰、趙盤寇琅邪、鄄城，[2]北境騷動。羨討之，擒騰，盤迸走。軍次琅邪，而蘭已没，羨退還下邳，留將軍諸葛攸、高平太守劉莊等三千人守琅邪，[3]參軍戴逯、蕭鍇二千人守泰山。[4]是時，慕容蘭以數萬衆屯汴城，[5]甚爲邊害。羨自光水引汶通渠，[6]至于東阿以征之，[7]臨陣，斬蘭。帝將封之，羨固辭不受。

[1]慕容儁：字宣英，本書卷一一〇有載記。　段蘭：中華本校勘記："《校文》：當從《穆紀》及《載記》作'段龕'，下同。按：《通鑑》一〇〇亦作'龕'。蘭已死於永和六年。"

[2]鄄城：縣名，治所在今山東省鄄城縣北。

[3]高平：郡名，治所在昌邑縣（今山東省巨野縣南）。

[4]泰山：郡名，治所在奉高縣（今山東省泰安市東）。

[5]汴城：中華本校勘記："《斠注》：《通鑑》胡注曰：'汴'當作'卞'。《惜抱軒筆記》曰：魯郡有卞縣，與汶水東阿近，故右軍有一帖云，荀侯定居下邳，復遣兵取卞城，正指此事。"

[6]自光水引汶通渠：中華本校勘記："《水經》汶水、泗水及洙水注、《讀史方輿紀要》並作'洸水'，汶水支流也。"

[7]東阿：縣名，治所在今山東省陽穀縣阿城鎮。

先是，石季龍死，[1]胡中大亂，羨撫納降附，甚得衆心。以疾篤解職。後除右軍將軍,[2]加散騎常侍，讓不拜。升平二年卒,[3]時年三十八。帝聞之，嘆曰:“荀令則、王敬和相繼凋落，股肱腹心將復誰寄乎!”追贈驃騎將軍。

[1]石季龍：即石虎，石勒從子，本書卷一〇六有載記。

[2]右軍將軍：官名，與前軍、後軍、左軍將軍合稱四軍將軍，領營兵千人，掌宿衛。初屬中軍將軍，後屬領軍將軍。四品。

[3]升平二年卒：中華本校勘記:“‘二’當爲‘三’字之誤。勞、周、吴並有校。”

范汪

范汪，字玄平，雍州刺史晷之孫也。[1]父稚，早卒。汪少孤貧，六歲過江，依外家新野庾氏。荆州刺史王澄見而奇之,[2]曰:“興范族者，必是子也。”年十三，喪母，居喪盡禮，親鄰哀之。及長，好學。外氏家貧，無以資給，汪乃廬于園中，布衣蔬食，然薪寫書，寫畢，誦讀亦遍，遂博學多通，善談名理。[3]

[1]雍州：治所在姑臧縣（今甘肅省武威市）。東漢建安十八年（213）移治長安縣（今陝西省西安市西北）。 晷：范晷，字彦長，本書卷九〇有傳。

[2]王澄：澄，宋本作“登”。

[3]名理：談論名與理的關係。

弱冠，至京師，屬蘇峻作難，王師敗績，汪乃遁逃西歸。庾亮、温嶠屯兵尋陽，時行李斷絶，莫知峻之虛實，咸恐賊强，未敢輕進。及汪至，嶠等訪之，汪曰："賊政令不一，貪暴縱横，滅亡已兆，雖强易弱。朝廷有倒懸之急，宜時進討。"嶠深納之。是日，護軍、平南二府禮命交至，始解褐，[1]參護軍事。賊平，賜爵都鄉侯。復爲庾亮平西參軍，[2]從討郭默，[3]進爵亭侯。辟司空郗鑒掾，[4]除宛陵令。復參亮征西軍事，[5]轉州别駕。[6]汪爲亮佐吏十有餘年，甚相欽待。轉鷹揚將軍、安遠護軍、武陵内史，[7]徵拜中書侍郎。

[1]解褐：指出仕任官。

[2]平西參軍：官名，平西將軍府屬官。參軍，亦作參軍事，謂參謀軍事。兩晋公府、軍府皆置。

[3]郭默：本書卷六三有傳。

[4]郗鑒：字道徽，本書卷六七有傳。郗，原本、宋本、殿本作"郄"，據中華本改。本卷下文此字同。　掾：官名，此指司空掾，司空府屬官。

[5]參亮征西軍事：即征西將軍府參軍事。參軍事，亦作參軍，謂參謀軍事。兩晋公府、軍府皆置。

[6]别駕：官名，别駕從事、别駕從事史省稱。州部佐官，因從刺史行部，别乘傳車，故稱。位居州吏之右。

[7]鷹揚將軍：官名，雜號將軍中地位較高者，曾作爲荆州、兗州等州刺史的加官。五品。　安遠護軍：官名，魏晋時常隨征伐目的，置諸雜號，如征蜀護軍、平虜護軍、揚威護軍等，職如將軍，而地位稍遜同號將軍，資歷稍淺之統帥常授此。立將軍府，僚屬隨府主號輕重而定。四品。　武陵：郡名，治所在臨沅縣（今湖南省常德市）。

時庾翼將悉郢漢之衆以事中原,[1]軍次安陸,[2]尋轉屯襄陽。[3]汪上疏曰：

臣伏思安西將軍翼今至襄陽，倉卒攻討，凡百草創，安陸之調，不復爲襄陽之用。而玄冬之月，沔漢乾涸，皆當魚貫而行，排推而進。設一處有急，勢不相救。臣所至慮一也。又既至之後，桓宣當出。[4]宣往，實剪豺狼之林，招攜貳之衆，待之以至寛，御之以無法。田疇墾闢，生産始立，而當移之，必有嗷然，悔吝難測。臣所至慮二也。襄陽頓益數萬口，奉師之費，皆當出於江南。運漕之難，船人之力，不可不熟計。臣之所至慮三也。且申伯之尊,[5]而與邊將並驅。又東軍不進，殊爲孤懸。《兵書》云："知彼知此，百戰不殆。知彼不知此，一勝一負。"賊誠衰弊，然得臣猶在；我雖方隆，今實未暇。而連兵不解，患難將起。臣所至慮四也。

[1]郢漢：指今湖北省江陵縣以北至漢水一帶。

[2]安陸：縣名，治所在今湖北省雲夢縣。

[3]襄陽：縣名，治所在今湖北省襄陽市。

[4]桓宣：東晋人，本書卷八一有傳。

[5]申伯：周人，宣王大臣。姜姓，宣王舅父，受褒賞，改封於謝（今河南省南陽市南）。申國對鞏固南土穩定起到了重要作用。

翼豈不知兵家所患常在於此，顧以門户事任，憂責莫大，晏然終年，非心情所安，是以抗表輒行，畢命原野。以翼宏規經略，文武用命，忽遇釁會，大事便濟。然國家之慮，常以萬全，非至安至審，王者不舉。臣謂宜嚴詔諭翼，還鎮養鋭，以爲後圖。若少合聖聽，乞密出臣表，與車騎臣冰等詳共集議。[1]

[1]車騎臣冰：車騎將軍庾冰。車騎將軍，官名，魏晋南北朝時位次於驃騎將軍，在諸名號將軍之上，多作爲軍府名號，以加授大臣及重要州郡長官。二品，開府位從公者一品。

尋而驃騎將軍何充輔政，請爲長史。桓温代翼爲荆州，復以汪爲安西長史。[1]温西征蜀，委以留府。蜀平，進爵武興縣侯。而温頻請爲長史、江州刺史，皆不就。自請還京，求爲東陽太守。温甚恨焉。在郡大興學校，甚有惠政。頃之，召入，頻遷中領軍、本州大中正。時簡文帝作相，甚相親昵，除都督徐兖青冀四州揚州之晋陵諸軍事、安北將軍、徐兖二州刺史、假節。[2]

[1]安西長史：官名，安西將軍府長史。掌顧問參謀，爲所在官署掾屬之長。八品。

[2]都督徐兖青冀四州揚州之晋陵諸軍事：徐、兖、青、冀四州及揚州轄下晋陵郡最高軍事行政長官。

既而桓温北伐，令汪率文武出梁國，[1]以失期，[2]免爲庶人。朝廷憚温不敢執，談者爲之嘆恨。汪屏居吴郡，從容講肆，[3]不言枉直。後至姑孰，[4]見温。温時方起屈滯以傾朝廷，謂汪遠來詣己，傾身引望，謂袁宏曰："范公來，可作太常邪？"汪既至，纔坐，温謝其遠來意。汪實來造温，恐以趨時致損，[5]乃曰："亡兒瘞此，故來視之。"温殊失望而止。時年六十五，卒于家。贈散騎常侍，謚曰穆。長子康嗣，早卒。康弟寧，最知名。

[1]梁國：郡國名，治所在睢陽縣（今河南省商丘市）。

[2]失期：失，原本、宋本作"先"，殿本作"失"，據殿本改。

[3]講肆：肆，殿本作"肄"。

[4]姑孰：姑孰城，位於今安徽省當塗縣。孰，原本、宋本作"熟"，殿本作"孰"，據殿本改。

[5]恐：宋本作"人"。

寧，字武子。少篤學，多所通覽。簡文帝爲相，將辟之，爲桓温所諷，遂寢不行。故終温之世，兄弟無在列位者。

時以浮虚相扇，儒雅日替，寧以爲其源始於王弼、何晏，二人之罪深於桀紂，乃著論曰：

或曰："黄唐緬邈，[1]至道淪翳，濠濮輟咏，[2]風流靡託，争奪兆於仁義，是非成於儒墨。平叔神懷超絶，輔嗣妙思通微，振千載之頽綱，落周孔之塵網。斯蓋軒冕之龍門，濠梁之宗匠。[3]嘗聞夫子之論，以爲罪過桀紂，何哉？"

[1]黄唐緬邈：黄帝、唐堯時代已經很遥遠了。

[2]濠濮輟咏：《莊子》没有人讀了。濠、濮，二水名。莊子曾在濠水與惠子討論魚之樂。也曾在濮水釣魚，拒絶楚王徵召。此以濠濮指代《莊子》。

[3]濠梁：指濠上。梁，橋梁。莊子、惠子曾在濠水橋上討論魚之樂，後以濠梁喻隱士出世思想。濠，原本、宋本、殿本作“豪”，豪梁猶言豪横强暴，此據中華本改。

答曰：“子信有聖人之言乎？夫聖人者，德侔二儀，道冠三才，雖帝皇殊號，質文異尚，[1]而統天成務，曠代齊趣。王何蔑棄典文，不遵禮度，游辭浮説，波蕩後生，飾華言以翳實，騁繁文以惑世。搢紳之徒，翻然改轍，洙泗之風，[2]緬焉將墜。遂令仁義幽淪，儒雅蒙塵，禮壞樂崩，中原傾覆。古之所謂言僞而辯，[3]行僻而堅者，其斯人之徒歟！昔夫子斬少正於魯，[4]太公戮華士於齊，[5]豈非曠世而同誅乎！桀紂暴虐，正足以滅身覆國，爲後世鑒戒耳，豈能迴百姓之視聽哉！王何叨海内之浮譽，資膏梁之傲誕，[6]畫螭魅以爲巧，扇無檢以爲俗。鄭聲之亂樂，[7]利口之傾邦，[8]信矣哉！吾固以爲一世之禍輕，歷代之罪重，自喪之釁小，迷衆之愆大也。”

寧崇儒抑俗，率皆如此。

[1]異尚：尚，宋本作“制”。

[2]洙泗之風：儒家的醇厚之風。洙泗，洙水和泗水，孔子講學之地。泛指儒家。

[3]辯：宋本作“卞”。

[4]夫子斬少正於魯：《史記》卷四七《孔子世家》：“定公十四年，孔子年五十六，由大司寇行攝相事，有喜色。門人曰：‘聞君子禍至不懼，福至不喜。’孔子曰：‘有是言也。不曰樂其以貴下人乎？’於是誅魯大夫亂政者少正卯。”

[5]太公戮華士於齊：《韓非子·外儲說右上》：太公望東封於齊，齊東海上有居士曰狂矞、華士。二人立議説：“吾不臣天子，不友諸侯，耕作而食之，掘井而飲之，吾無求於人也。無上之名，無君之禄，不事仕而事力。”太公望至於營丘，便將二人誅殺。周公旦聽説後問爲什麽殺他們。太公望説不臣天子是無上，不友諸侯是不想被任用，自耕而食、掘井而飲是希望不被賞罰勸禁所拘束。不仕、不任、不忠，所以殺之。

[6]膏粱：粱，原本、宋本、殿本作“梁”，據中華本改。

[7]鄭聲：古代被斥爲淫聲。

[8]傾邦：傾，殿本作“覆”。

温薨之後，始解褐爲餘杭令，[1]在縣興學校，養生徒，潔己修禮，志行之士莫不宗之。期年之後，風化大行。自中興已來，崇學敦教，未有如寧者也。在職六年，遷臨淮太守，[2]封陽遂鄉侯。頃之，徵拜中書侍郎。在職多所獻替，有益政道。時更營新廟，博求辟雍、明堂之制，寧據經傳奏上，皆有典證。孝武帝雅好文學，甚被親愛，朝廷疑議，輒諮訪之。寧指斥朝士，直言無諱。

[1]餘杭：縣名，治所在今浙江省杭州市餘杭區西南餘杭鎮南苕溪南岸。

[2]臨淮：郡國名，治所在盱眙縣（今江蘇省盱眙縣東北）。

王國寶，寧之甥也，以諂媚事會稽王道子，懼爲寧所不容，乃相驅扇，因被疏隔。求補豫章太守，帝曰："豫章不宜太守，何急以身試死邪？"寧不信卜占，固請行。臨發，上疏曰："臣聞道尚虚簡，政貴平静，坦公亮於幽顯，流子愛於百姓，然後可以經夷嶮而不憂，[1]乘休否而常夷。先王所以致太平，如此而已。今四境晏如，烽燧不舉，而倉庾虚耗，[2]帑藏空匱。[3]古者使人，歲不過三日，今之勞擾，殆無三日休停，至有殘刑剪髪，[4]以要復除，[5]生兒不復舉養，鰥寡不敢妻娶。豈不怨結人鬼，感傷和氣。臣恐社稷之憂，積薪不足以爲喻。[6]臣久欲粗啓所懷，日復一日。今當永離左右，不欲令心有餘恨。請出臣啓事，付外詳擇。"帝詔公卿牧守普議得失，寧又陳時政曰：

古者分土割境，以益百姓之心；聖王作制，籍無黄白之别。[7]昔中原喪亂，流寓江左，庶有旋反之期，故許其挾注本郡。自爾漸久，人安其業，丘壟墳柏，皆已成行，雖無本邦之名，而有安土之實。今宜正其封疆，以土斷人户，明考課之科，[8]修閭伍之法。難者必曰："人各有桑梓，[9]俗自有南北。一朝屬户，長爲人隸，君子則有土風之慨，小人則懷下役之慮。"斯誠并兼者之所執，而非通理者之篤論也。古者失地之君，猶臣所寓之主，列國之臣，亦有違適之禮。隨會仕秦，[10]致稱《春秋》；樂毅宦燕，[11]見褒良史。且今普天之人，原其氏出，皆隨世遷移，何至於今而獨不可？

［1］經夷嶮：經，殿本作“輕”。

［2］倉庾虚耗：糧倉空虚。

［3］帑藏空匱：國庫空竭。

［4］殘刑剪髮：刑，殿本作“形”；剪，宋本作“翦”。

［5］以要復除：以要，殿本作“要求”。

［6］積薪：西漢文帝時賈誼上書説：“臣竊惟事勢，可爲痛哭者一，可爲流涕者二，可爲長太息者六，若其它背理而傷道者，難遍以疏舉。進言者皆曰天下已安已治矣，臣獨以爲未也。曰安且治者，非愚則諛，皆非事實知治亂之體者也。夫抱火厝之積薪之下而寢其上，火未及燃，因謂之安，方今之勢，何以異此！”語見《漢書》卷四八《賈誼傳》。

［7］籍無黄白之别：户籍没有黄白之分。東晉後開始分白籍和黄籍。《太平御覽》卷六〇六引《晋令》：“郡國諸户口黄籍，籍皆用一尺二寸札，已在官役者載名。”本書卷七《成帝紀》：“（咸康七年）實編户，王公已下皆正土斷白籍。”《資治通鑑》卷九六《晋紀》成帝咸康七年：“詔實王公以下至庶人皆正土斷白籍。”胡三省注：“時王公庶人多自北來，僑寓江左；今皆以土著爲斷，著之白籍也。白籍者，户口版籍也。”

［8］考課：古代考核官吏政績的制度。根據考核結果分别等差，决定升降賞罰。

［9］桑梓：指故鄉。

［10］隨會仕秦：隨會，春秋時晋國人。晋襄公去世後趙盾欲立在秦國的襄公弟弟雍，派隨會至秦迎。後晋立襄公子而反擊秦師，秦師敗，隨會奔秦。

［11］樂毅：戰國時靈壽（今河北省靈壽縣西北）人，魏將樂羊後代，燕昭王時入燕，帥聯軍大敗齊國，攻下齊國城邑七十多

座。後因燕惠王中反間計，樂毅遂離開燕國入趙國。

凡荒郡之人，星居東西，遠者千餘，近者數百，而舉召役調，皆相資須，期會差違，輒致嚴坐，人不堪命，叛爲盗賊。是以山湖日積，刑獄愈滋。今荒小郡縣，皆宜并合，不滿五千户，不得爲郡，不滿千户，不得爲縣。守宰之任，宜得清平之人。頃者選舉，惟以恤貧爲先，雖制有六年，而富足便退。又郡守長吏，牽置無常，或兼臺職，或帶府官。夫府以統州，州以監郡，郡以莅縣，如令互相領帖，則是下官反爲上司，賦調役使無復節限。且牽曳百姓，營起廨舍，東西流遷，人人易處，文書簿籍，少有存者。先之室宇，皆爲私家，後來新官，復應修立。其爲弊也，胡可勝言！

又方鎮去官，皆割精兵器仗以爲送，故米布之屬不可稱計。監司相容，初無彈糾。其中或有清白，亦復不見甄異。送兵多者至有千餘家，[1]少者數十户。既力入私門，復資官廪布。兵役既竭，枉服良人，牽引無端，以相充補。若是功勛之臣，則已享裂土之祚，豈應封外復置吏兵乎！謂送故之格宜爲節制，以三年爲斷。夫人性無涯，奢儉由勢。今并兼之士亦多不贍，非力不足以厚身，非禄不足以富家，是得之有由，而用之無節。蒱酒永日，馳騖卒年，一宴之饌，費過十金，麗服之美，不可貲算，盛狗馬之飾，營鄭衛之音，南畝廢而不墾，講誦闕而無聞，凡庸競馳，傲誕成俗。謂宜驗其鄉黨，[2]考其業尚，試其能否，然後升進。如此，匪惟家給人足，賢人豈不繼踵而至哉！

[1]至有千餘家：有，殿本作"於"。
[2]鄉黨：同鄉，鄉親。

官制謫兵，[1]不相襲代。頃者小事，便以補役，一愆之違，辱及累世，親戚傍支，罹其禍毒，户口減耗，亦由於此。皆宜料遣，[2]以全國信。禮，十九爲長殤，以其未成人也。十五爲中殤，以爲尚童幼也。今以十六爲全丁，則備成人之役矣。以十三爲半丁，所任非復童幼之事矣。豈可傷天理，違經典，困苦萬姓，乃至此乎！今宜修禮文，以二十爲全丁，十六至十九爲半丁，則人無夭折，生長滋繁矣。

帝善之。

[1]官制：官，殿本作"宫"。　謫兵：被處罰爲兵。
[2]料遣：審查釋放。

初，寧之出，非帝本意，故所啓多合旨。寧在郡又大設庠序，[1]遣人往交州采磬石，以供學用，改革舊制，不拘常憲。遠近至者千餘人，資給衆費，一出私禄。并取郡四姓子弟，[2]皆充學生，課讀《五經》。又起學臺，功用彌廣。江州刺史王凝之上言曰：[3]"豫章郡居此州之半。太守臣寧入參機省，出宰名郡，而肆其奢濁，[4]

所爲狼籍。郡城先有六門，寧悉改作重樓，復更開二門，合前爲八。私立下舍七所。臣伏尋宗廟之設，各有品秩，而寧自置家廟。又下十五縣，皆使左宗廟，右社稷，準之太廟，皆資人力，又奪人居宅，工夫萬計。寧若以古制宜崇，自當列上，而敢專輒，惟在任心。州既聞知，即符從事，制不復聽。而寧嚴威屬縣，惟令速立。[5]願出臣表下太常，議之禮典。”詔曰：“漢宣云：‘可與共治天下者，良二千石也。’若范寧果如凝之所表者，豈可復宰郡乎！”以此抵罪。子泰時爲天門太守，[6]棄官稱訴。帝以寧所務惟學，事久不判。會赦，免。

[1]庠序：學校。

[2]四姓子弟：名門貴族子弟。

[3]王凝之：《世説新語·言語》注引《王氏譜》：王凝之，字叔平，右將軍王羲之第二子。歷江州刺史、左將軍、會稽内史。信奉五斗米道。

[4]奢濁：驕矜貪鄙。

[5]惟令速立：速，殿本作“建”。

[6]天門：郡名，三國孫吴置，治所在漊中縣（今湖南省慈利縣），西晋治所在澧陽縣（今湖南省石門縣）。

初，寧嘗患目痛，就中書侍郎張湛求方，[1]湛因嘲之曰：“古方，宋陽里子少得其術，以授魯東門伯，魯東門伯以授左丘明，遂世世相傳。及漢杜子夏、鄭康成，[2]魏高堂隆，[3]晋左太沖，[4]凡此諸賢，並有目疾，得此方云：用損讀書一，減思慮二，專内視三，簡外觀四，旦晚起五，夜早眠六。凡六物熬以神火，下以氣簁，[5]蘊於胸中七日，然後納諸方寸。修之一時，近能數其目睫，遠視尺捶之餘。[6]長服不已，洞見墻壁之外。非但明目，乃亦延年。”既免官，家于丹楊，[7]猶勤經學，終年不輟。年六十三，卒于家。

[1]張湛：《世説新語·任誕》劉孝標注引《晋東宫官名》：“湛，字處度，高平人。”有《列子注》傳世。

[2]杜子夏：西漢茂陵（今陝西省咸陽市西）人，字子夏。先世居魏郡繁陽（今河南省内黄縣）。以孝廉爲郎，與車騎將軍王音、成都侯王商親善。歷任大司馬衛將軍主簿、凉州刺史。

[3]高堂隆：三國時泰山平陽（今山東省新泰市西北）人，字升平。東漢建安中任曹操丞相軍議掾，曹魏明帝時任給事中、駙馬都尉、陳留太守、散騎常侍等職。通四經三禮、天文曆法。

[4]左太冲：左思，字太冲，本書卷九二有傳。

[5]下以氣簁（shāi）：用氣篩動。

[6]尺捶：語本《莊子·天下》：“一尺之捶，日取其半，萬世不竭。”意爲可以分割到極小。

[7]丹楊：楊，原本、宋本、殿本皆作“陽”，據中華本改。

初，寧以《春秋穀梁氏》未有善釋，遂沉思積年，爲之集解。其義精審，爲世所重。既而徐邈復爲之注，[1]世亦稱之。

[1]徐邈：字仙民，本書卷九一有傳。

子泰，元熙中，爲護軍將軍。[1]

[1]護軍將軍：官名，東漢建安十二年（207）曹操改丞相府護軍爲中護軍，資重者可遷護軍將軍，典武官選舉，與中領軍同掌禁軍。曹魏時四品，西晋時三品。

堅，字子常。博學善屬文。永嘉中，避亂江東，拜佐著作郎、撫軍參軍。[1]討蘇峻，賜爵都亭侯。累遷尚書左丞。[2]

[1]佐著作郎：官名，三國時隸中書省，西晋時改隸秘書省，協助著作郎修撰國史及起居注，整理秘書省所藏典籍。七品。

[2]尚書左丞：左，殿本作“右”。

時廷尉奏殿中帳吏邵廣盗官幔三張，合布三十匹，有司正刑棄市。廣二子，宗年十三，雲年十一，黄幡撾登聞鼓乞恩，[1]辭求自没爲奚官奴，[2]以贖父命。尚書郎朱暎議以爲天下之人父，無子者少，一事遂行，便成永制，懼死罪之刑，於此而弛。堅亦同暎議。時議者以廣爲鉗徒，[3]二兒没入，既足以懲，艾使百姓知父子之道，[4]聖朝有垂恩之仁。可特聽減廣死罪爲五歲刑，宗等付奚官爲奴，而不爲永制。堅駁之曰：“自淳朴澆散，刑辟仍作，刑之所以止刑，殺之所以止殺。雖時有赦過宥罪，議獄緩死，未有行小不忍而輕易典刑者也。且既許宗等，宥廣以死，若復有宗比而不求贖父者，豈得不擯絶人倫，同之禽獸邪！案主者今奏云，惟特聽宗等而不爲永制。臣以爲王者之作，動關盛衰，嚬笑之間，尚慎所加，况於國典，可以徒虧！今之所以宥廣，正以宗等耳。人之愛父，誰不如宗？今既居然許宗之請，將來訴者，何獨匪民！特聽之意，未見其益；不以爲例，交興怨讟。此爲施一恩於今，而開萬怨於後也。”成帝從之，正廣死刑。後遷護軍長史，[5]卒官。

[1]黄幡檛（zhuā）登聞鼓乞恩：檛，殿本作“撾”。中華本校勘記：“《御覽》六四六引‘黄幡’上有‘操’字。”

[2]奚官奴：没入奚官的奴隸。奚官，官署名。掌守宮人疾病、罪罰、喪葬等事。多以犯罪者從坐之家屬爲之。《隋書·刑法志》：“母妻姊妹及應從坐棄市者，妻子女妾同補奚官爲奴婢。”

[3]鉗徒：被施鉗刑的人。

[4]艾使：艾，殿本作“又”。

[5]護軍長史：官名，護軍將軍府長史。掌顧問參謀，爲所在官署掾屬之長。七品。

子啓，字榮期，雖經學不及堅，而以才義顯於當世。[1]于時清談之士庾龢、韓伯、袁宏等，[2]並相知友。爲秘書郎，累居顯職，終於黄門侍郎。[3]父子並有文筆傳於世。

[1]當世：當，宋本作“黄”。

[2]庾龢：字道季，本書卷七三有傳。

[3]黄門侍郎：官名，魏晋時爲侍中省或門下省次官。侍從皇帝，顧問應對，多以重臣或外戚子弟擔任，位頗重要。五品。

劉惔

劉惔，字真長，沛國相人也。[1]祖宏，字終嘏，光禄勳。[2]宏兄粹，字純嘏，侍中。宏弟潰，[3]字冲嘏，吏部尚書。[4]並有名中朝。時人語曰："洛中雅雅有三嘏。"父耽，晋陵太守，[5]亦知名。

[1]沛國：治所在相縣（今安徽省濉溪縣西北）。　相：縣名，治所在今安徽省濉溪縣西北。

[2]光禄勳：官名，侍從皇帝左右，掌宫廷宿衛。西晋時兼掌原屬少府的一部分宫廷供御事務。三品。

[3]宏弟潰：原本、宋本、殿本無"宏"字，據中華本補。

[4]吏部尚書：官名，三國魏時爲尚書省吏部曹長官，位居列曹尚書之上。三品。

[5]晋陵：郡名，治所在京口（今江蘇省鎮江市）。

惔少清遠，有標奇，[1]與母任氏寓居京口，家貧，織芒屩以爲養，[2]雖蓽門陋巷，晏如也。人未之識，惟王導深器之。後稍知名，論者比之袁羊。[3]惔喜，還告其母。其母，聰明婦人也，謂之曰："此非汝比，勿受之。"又有方之范汪者。惔復喜，母又不聽。及惔年德轉升，論者遂比之荀粲。[4]尚明帝女廬陵公主。以惔雅善言理，簡文帝初作相，與王濛並爲談客，俱蒙上賓禮。時孫盛作《易象妙於見形論》，[5]帝使殷浩難之，不能屈。帝曰："使真長來，故應有以制之。"乃命迎惔。盛素敬服惔，及至，便與抗答，辭甚簡至，盛理遂屈。一坐撫掌大笑，[6]咸稱美之。

[1]標：宋本作"摽"。

[2]芒屩：草鞋。

[3]袁羊：《世説新語·言語》劉孝標注："袁羊，喬小字也。《袁氏家傳》曰：'喬，字彦升，陳郡人。父瑰，光禄大夫。喬歷尚書郎、江夏相。從桓温平蜀，封湘西伯、益州刺史。'"

[4]荀粲：三國魏潁川潁陰（今河南省許昌市）人，字奉倩。玄學家，與傅嘏齊名於世，主張"言不盡意"。

[5]孫盛：字安國，本書卷八二有傳。

[6]一坐：坐，殿本作"座"。

累遷丹楊尹。爲政清整，門無雜賓。時百姓頗有訟官長者，諸郡往往有相舉正，惔嘆曰："夫居下訕上，此弊道也。古之善政，司契而已，豈不以其敦本正源，鎮静流末乎！君雖不君，下安可以失禮。若此風不革，百姓將往而不反。"遂寢而不問。

性簡貴，與王羲之雅相友善。[1]郗愔有傖奴善知文章，[2]羲之愛之，每稱奴於惔。惔曰："何如方回邪？"羲之曰："小人耳，何比郗公！"惔曰："若不如方回，故常奴耳。"桓温嘗問惔："會稽王談更進邪？"惔曰："極進，然故第二流耳。"[3]温曰："第一復誰？"惔曰："故在我輩。"其高自標置如此。

[1]王羲之：字逸少，本書卷八〇有傳。　雅相友善：一向友好。

[2]郗愔：字方回，本書卷六七有傳。　傖奴：原籍爲北方的奴僕。

[3]然故第二流耳：二，原本、宋本、殿本作"三"，據中華本校勘記改。

惔每奇温才，而知其有不臣之迹。及温爲荆州，惔言於帝曰："温不可使居形勝地，其位號常宜抑之。"勸帝自鎮上流，而己爲軍司，[1]帝不納。又請自行，復不聽。及温伐蜀，時咸謂未易可制，惟惔以爲必克。或問其故。云："以蒱博驗之，[2]其不必得，則不爲也。恐温終專制朝廷。"及後竟如其言。嘗薦吴郡張憑，[3]憑卒爲美士，衆以此服其知人。

[1]軍司：官名，即軍師，因避司馬師諱，故改。爲軍府主要屬僚，佐主帥統軍隊，負有匡正監察主帥之責，地位很高，常繼任主帥。

[2]蒱博：風靡當時的賭博游戲。

[3]嘗：原本、宋本作"常"，通"嘗"，殿本作"嘗"，據殿本改。

尤好《老》《莊》，[1]任自然趣。疾篤，百姓欲爲之祈禱，家人又請祭神，惔曰："丘之禱久矣。"[2]年三十六，卒官。孫綽爲之誄云：[3]"居官無官官之事，處事無事事之心。"時人以爲名言。後綽嘗詣褚裒，言及惔，流涕曰："可謂人之云亡，邦國殄瘁。"[4]裒大怒曰："真長生平何嘗相比數，[5]而卿今日作此面向人邪！"其爲名流所敬重如此。

[1]《老》《莊》：殿本乙作"莊老"。

[2]丘之禱久矣：語出《論語・述而》：孔子疾病，其徒子路請禱。子曰："有諸?"子路對曰："有之；《誄》曰：'禱爾于上下神祇。'"子曰："丘之禱久矣。"

[3]孫綽：字興公，本書卷五六有傳。

[4]“人之云亡”句：語出《詩·大雅·瞻卬》。

[5]相比數：相提並論。

張憑

張憑，字長宗。祖鎮，蒼梧太守。[1]憑年數歲，鎮謂其父曰：“我不如汝有佳兒。”憑曰：“阿翁詎宜以子戲父邪！”[2]及長，有志氣，爲鄉閭所稱。舉孝廉，[3]負其才，自謂必參時彦。初，欲詣惔，鄉里及同舉者共笑之。既至，惔處之下坐，神意不接，憑欲自發而無端。會王濛就惔清言，有所不通，憑於末坐判之，言旨深遠，足暢彼我之懷，一坐皆驚。惔延之上坐，清言彌日，留宿至旦遣之。憑既還船，須臾，惔遣傳教覓張孝廉船，便召與同載，遂言之於簡文帝。帝召與語，嘆曰：“張憑勃窣爲理窟。”[4]官至吏部郎、御史中丞。

[1]蒼梧：郡名，治所在廣信縣（今廣西壯族自治區梧州市）。

[2]阿翁詎宜以子戲父邪：宋本無“詎”字，殿本“詎”作“豈”。

[3]孝廉：漢代選拔人才的科目。

[4]勃窣：才氣橫溢。　理窟：義理的淵藪。謂富於才學。

韓伯

韓伯，字康伯，潁川長社人也。[1]母殷氏，高明有行。家貧窶，伯年數歲，至大寒，母方爲作襦，令伯捉熨斗，而謂之曰：“且著襦，尋當作複褌。”[2]伯曰：“不復須。”母問其故。對曰：“火在斗中，而柄尚熱，今既著襦，下亦當煖。”母甚異之。及長，清和有思理，留心文藝。舅殷浩稱之曰：“康伯能自標置，[3]居然是出群之器。”潁川庾龢名重一時，少所推服，常稱伯及王坦之曰：“思理倫和，我敬韓康伯；志力强正，吾愧王文度。自此以還，吾皆百之矣。”

[1]長社：縣名，治所在今河南省長葛市東北。

[2]複褌：可絮綿的夾褲。

[3]標置：標，宋本作“摽”。

舉秀才，徵佐著作郎，並不就。簡文帝居藩，引爲談客，自司徒左西屬轉撫軍掾、中書郎、散騎常侍、豫章太守，[1]入爲侍中。陳郡周勰爲謝安主簿，[2]居喪廢禮，崇尚莊老，脱落名教。[3]伯領中正，不通勰，議曰：“拜下之敬，猶違衆從禮。情理之極，不宜以多比爲通。”[4]時人憚焉。識者謂：“伯可謂澄世所不能澄，而裁世所不能裁者矣，與夫容己順衆者，豈得同時而共稱哉！”[5]

[1]司徒左西屬：官名，司徒府僚屬，參掌左西曹。如掾闕則爲左西曹長官。　撫軍掾：官名，撫軍將軍屬吏。

[2]周勰：字彦和，本書卷五八有傳。

[3]脱落名教：輕慢名教。

[4]不宜以多比爲通：不應當以讚揚這類行爲爲通達。

[5]“識者謂”至“同時而共稱哉”：中華本此處不用引號，玩味此語似爲識者所説原話，宜用引號。

王坦之又嘗著《公謙論》，袁宏作論以難之。伯覽而美其辭旨，以爲是非既辯，誰與正之，遂作《辯謙》以折中曰：

夫尋理辯疑，必先定其名分所存。所存既明，則彼我之趣可得而詳也。夫謙之爲義，存乎降己者也。以高從卑，以賢同鄙，故謙名生焉。孤寡不穀，人之所惡，而侯王以自稱，降其貴者也。執御執射，衆之所賤，而君子以自目，降其賢者也。與夫山在地中之象，其致豈殊哉！捨此二者，而更求其義，雖南轅求冥，[1]終莫近也。

[1]南轅求冥：南轅北轍。冥，北海。

夫有所貴，故有降焉；夫有所美，故有謙焉。譬影響之與形聲，相與而立。道足者，忘貴賤而一賢愚；體公者，乘理當而均彼我。降挹之義，於何而生！則謙之爲美，固不可以語至足之道，涉乎大方之家矣。然君子之行己，必尚於至當，而必造乎匿善。至理在乎無私，而動之於降己者何？誠由未能一觀於能鄙，則貴賤之情立；非忘懷於彼我，則私己之累存。當其所貴在我則矜，值其所賢能之則伐。處貴非矜，而矜己者常有其貴；[1]言善非伐，而伐善者驟稱其能。是以知矜貴之傷德者，故宅心於卑素；悟驟稱之虧理者，故情存於不言。[2]情存於不言，則善斯匿矣；宅心於卑素，則貴斯降矣。夫所况君子之流，苟理有未盡，情有未夷，存我之理未冥於内，豈不同心於降挹洗之所滯哉！[3]體有而擬無者，聖人之德；有累而存理者，君子之情。雖所滯不同，其於遣情之累緣有弊而用，[4]降己之道由私我而存，一也。故懲忿窒欲，著於損象；卑以自牧，實繫謙爻。皆所以存其所不足，拂其所有餘者也。

[1]而矜己者：宋本作“矜而己者”。

[2]情存於不言：於，殿本作“乎”。

[3]豈不同心於降挹洗之所滯哉：中華本校勘記：“周校：句末有脱誤。”

[4]其於遣情之累緣有弊而用：情之累，原本、宋本作“之”，殿本作“情之累”，據殿本、中華本校勘記補“情”“累”二字。

王生之談，以至理無謙，近得之矣。云人有争心，善不可收，假後物之迹，[1]以逃動者之患，以語聖賢則可，施之於下斯者，豈惟逃患於外，亦所以洗心於内也。

[1]假後物之迹：借競争中落在後面的人的行爲。

轉丹楊尹、吏部尚書、領軍將軍。[1]既疾病，占候者云：“不宜此官。”朝廷改授太常，未拜，卒，時年四十九。即贈太常。子瑲，官至衡陽太守。[2]

[1]領軍將軍：官名，三國曹丕置，職掌同於中領軍，但任職者資位重於中領軍，簡稱領軍。爲禁衛軍最高統帥，常由皇帝親信

或宗室擔任。兩晋沿置。三品。

[2]衡陽：郡名，治所在湘南縣（今湖南省湘潭市西南）。

史臣曰：王湛門資臺鉉，[1]地處膏腴，識表鄰機，[2]才惟王佐。叶宣尼之遠契，玩道韋編；遵伯陽之幽旨，含虚牝谷。所謂天質不雕，合於大樸者也。[3]安期英姿挺秀，籍甚一時。朝野挹其風流，[4]人倫推其表燭。雖崇勛懋績有闕於旗常，素德清規足傳於汗簡矣。懷祖鑒局夷遠，冲衿玉粹。坦之墻宇凝曠，逸操金貞。騰諷庾之良箋，情嗤語怪；演《廢莊》之宏論，道焕崇儒。或寄重文昌，允釐於衮職；[5]或任華綸閣，密勿於王言。咸能克著徽音，[6]保其榮秩，美矣！國寶檢行無聞，坐升彼相，混暗識於心鏡，開險路於情田。于時疆埸多虞，憲章罕備，天子居綴旒之運，[7]人臣微覆餗之憂。[8]於是竊勢擁權，黷明王之彝典；[9]窮奢縱侈，假凶豎之餘威。綉桷雕楹，陵跨於宸極；[10]驪臺冶質，[11]充牣於帷房。亦猶犬彘腴肥，不知禍之將及。告盡私室，固其宜哉！荀景猷履孝居忠，無慚往烈；范玄平陳謀獻策，有會時機。崧則思業該通，緝遺經於已紊。汪則風飆直亮，抗高節於將顛。揚榷而言，俱爲雅士。劉、韓俊爽，標置軼群，[12]勝氣籠霄，飛談卷霧，並蘭芬菊耀，無絶於終古矣。

[1]門資臺鉉：出身宰輔重臣門第。

[2]識表鄰機：機，原本、宋本作“幾”，殿本作“機”，據殿本改。

[3]合於大樸：大，殿本作“太”。

[4]挹其風流：稱引他的灑脱風度。

[5]允釐於衮職：在三公之位上治理得當。

[6]咸：殿本作“或”。　徽音：猶德音。指令聞美譽。《詩·大雅·思齊》：“大姒嗣徽音，則百斯男。”鄭玄箋：“徽，美也。”

[7]綴旒：如旒之懸，比喻國勢垂危。旒，冠上垂珠。

[8]覆餗：因能力差而把事情辦糟。《易·鼎》：“鼎折足，覆公餗。”餗，鼎中的食物。覆餗，謂傾覆鼎中的珍饌。

[9]黷明王之彝典：玷污了明王的舊典。

[10]陵跨於宸極：凌駕於皇帝之上。

[11]驪臺：臺，殿本作“珍”。

[12]標置軼群：標，宋本作“摽”。

贊曰：處冲純懿，[1]是稱奇器。養素虚庭，同塵下位。雅道雖屈，高風不墜。猗歟後胤，世傳清德。帝室馳芬，士林揚則。國寶庸暗，託意驕奢。既豐其屋，終蔀其家。[2]荀、范令望，金聲遠暢。劉、韓秀士，珠談間起。異術同華，葳蕤青史。

[1]純懿：純，殿本作“絶”。

[2]終蔀其家：蔀，覆蓋。《易·豐》：“豐其屋，蔀其家。”《後漢書》卷六〇《蔡邕傳》：“欲豐其屋，乃蔀其家。”

晋書　卷七六

列傳第四十六

王舒 子允之　王廙 弟彬 彬子彪之 彬從兄棱　虞潭 孫嘯父 兄子騤　顧衆　張闓[1]

王舒

王舒，字處明，丞相導之從弟也。[2]父會，侍御史。[3]舒少爲從兄敦所知，[4]以天下多故，不營當時名，恒處私門，潛心學植。年四十餘，州禮命，太傅辟，[5]皆不就。及敦爲青州，[6]舒往依焉。時敦被徵爲秘書監，[7]以寇難路險，輕騎歸洛陽，委棄公主。時輜重金寶甚多，親賓無不競取，惟舒一無所眄，益爲敦所賞。

[1]“王舒”附傳“子允之”，原本總目録作“子充之”，卷首目録作“子允”；“王廙”附傳“彬從兄棱”，原本總目録及卷首目録未附於“王廙”下，而是單獨列傳，且“棱”作“稜”。以上皆依正文及中華本目録、中華本校勘記改。

[2]丞相：官名，原爲最高國務長官，魏晋時省置無常，或分

置左、右，或稱大丞相，多用來安置權臣。　導：王導，字茂弘，本書卷六五有傳。

[3]侍御史：官名，簡稱御史、侍御。御史臺屬官，曹魏時分掌治書、課第等八曹，尚書、符節等三臺。西晋時分掌吏、課第、直事、印、中都督、外都督、媒、符節、水、中壘、軍營、法、算十三曹。六品。

[4]敦：王敦，字處仲，本書卷九八有傳。

[5]太傅：官名，晋爲八公之一。位上公，太宰之下、太保之上。一品。

[6]青州：治所在臨淄縣（今山東省淄博市臨淄區）。

[7]秘書監：官名，秘書省長官，掌管藝文圖籍、課試署吏，統著作局，掌國史修撰並管理中外三閣圖書。三品。

及元帝鎮建康，[1]因與諸父兄弟俱渡江委質焉。參鎮東軍事，[2]出補溧陽令。[3]明帝之爲東中郎將，[4]妙選上佐，以舒爲司馬。[5]轉後將軍、宣城公裙裒諮議參軍，[6]遷軍司，[7]固辭不受。裒鎮廣陵，[8]復以舒爲車騎司馬。[9]頻領望府，咸稱明練。裒薨，遂代裒鎮，除北中郎將、監青徐二州軍事。[10]頃之，徵國子博士，[11]加散騎常侍，[12]未拜，轉少府。[13]太寧初，徙廷尉。[14]敦表舒爲鷹揚將軍、荆州刺史、領護南蠻校尉、監荆州沔南諸軍事。[15]及敦敗，王含父子俱奔舒，[16]舒遣軍逆之，並沉于江。進都督荆州、平西將軍、假節。[17]尋以陶侃代舒，[18]轉舒爲安南將軍、廣州刺史。[19]舒疾病，不樂越嶺，朝議亦以其有功，不應遠出，乃徙爲湘州刺史，[20]將軍、都督、持節如故。徵代鄧攸爲尚書僕射。[21]

[1]建康：地名，即今江蘇省南京市。

[2]參鎮東軍事：官名，鎮東將軍府參軍事。參軍事，亦作參軍，謂參謀軍事。兩晋公府、軍府皆置。

[3]溧陽：縣名，治所在今江蘇省溧陽市西北。

[4]東中郎將：官名，東、西、南、北四中郎將之一，統兵征伐，多有固定的轄區和治所。四品。

[5]司馬：官名，府署高級幕僚。掌參讚軍務、管理府内武職，位僅次於長史。魏晋南北朝時王府、公府、軍府、邊郡均置。八至六品。

[6]後將軍：官名，漢代爲重號將軍，與前、左、右將軍並爲上卿。魏晋以後權位漸低，高於一般雜號將軍。三品。　宣城公褚裒：中華本校勘記："錢大昕《諸史拾遺》：宣城公裒，元帝子也。此'褚'字蓋校書者妄增。按：錢説是。以各本皆如是，姑仍之。"　諮議參軍：官名，兩晋時大將軍府、丞相府、公府、位從公府、州軍府均有置者，掌顧問謀議。

[7]軍司：官名，即軍師，因避司馬師諱，故改。爲軍府主要屬僚，佐主帥統軍隊，負有匡正監察主帥之責，地位很高，常繼任主帥。

[8]廣陵：郡名，治所在廣陵縣（今江蘇省揚州市西北蜀岡上）。

[9]車騎司馬：官名，車騎將軍府司馬。府署高級幕僚，掌參讚軍務、管理府内武職，位僅次於長史。六品。

[10]北中郎將：官名，與東、西、南中郎將並稱四中郎將，統兵征戰，權職甚重。四品。　監青徐二州軍事：即監青徐二州諸軍事，上述二州軍事行政長官，位次於都督。

[11]國子博士：學官，教授儒學。六品。

[12]散騎常侍：官名，三國魏文帝黄初年間置，侍從皇帝左右，諫諍得失，顧問應對，與侍中等共平尚書奏事。也用作宰相、諸公等加官，入宫議政。三品。

［13］少府：官名，掌管宫廷手工業。三品。

［14］廷尉：官名，中央最高司法審判機構長官，負責會審朝中有罪文武大臣，覆核審決郡國疑獄等。三品。

［15］鷹揚將軍：官名，雜號將軍中地位較高者，曾作爲荆州、兖州等州刺史的加官。五品。　荆州：三國時曹魏治所在新野縣（今河南省新野縣），孫吴治所在江陵縣（今湖北省江陵縣），西晋統一後治所在江陵縣（今湖北省江陵縣）。　領：以地位較高的官員兼理較低的職務。　護南蠻校尉：官名，亦稱南蠻校尉，府鎮襄陽，東晋改鎮江陵。掌荆州及江州少數民族事務，統兵。四品。　監荆州沔南諸軍事：荆州轄下沔南地區軍事行政長官，位次於都督。

［16］王含：字處弘，王敦兄，歷任衛將軍、都督沔南諸軍事、領南蠻校尉、荆州刺史、征東將軍、都督揚州江西諸軍事等職，王敦兵敗後，被王舒沉江淹死。

［17］都督荆州：都督荆州諸軍事，荆州地區最高軍事行政長官。　平西將軍：官名，與平北、平南、平東將軍合稱四平將軍，權任很重，多持節都督或監某一地區的軍事，有時亦作爲刺史等地方官員兼理軍務的加官。三品，加持節都督者二品。　假節：假以節杖。指大臣臨時持節出巡，爲權臣掌軍、秉政的地位象徵和政治待遇。

［18］陶侃：字士行，本書卷六六有傳。

［19］轉舒爲：宋本無“轉”字，殿本“轉”作“遷”。　安南將軍：官名，東漢建安年間置，與安東、安北、安西將軍合稱四安將軍，爲出鎮某一地區的軍事長官，或作爲刺史等兼理軍務的加官，權任頗重。三品，加持節都督者二品。　廣州：治所在番禺縣（今廣東省廣州市）。

［20］湘州：治所在臨湘縣（今湖南省長沙市）。

［21］鄧攸：字伯道，本書卷九〇有傳。　尚書僕射：官名，秦漢爲尚書令副貳，東漢建安四年（199）分置左、右，爲尚書省次

官，三品。

時將徵蘇峻，[1]司徒王導欲出舒爲外援，[2]乃授撫軍將軍、會稽内史，[3]秩中二千石。舒上疏辭以父名，朝議以字同音異，於禮無嫌。舒復陳音雖異而字同，求换他郡。[4]於是改“會”字爲“鄶”。舒不得已而行。在郡二年而蘇峻作逆，乃假舒節都督，行揚州刺史事。[5]時吴國内史庾冰棄郡奔舒，[6]舒移告屬郡，[7]以吴王師虞駿爲軍司，御史中丞謝藻行龍驤將軍、監前鋒征討軍事，[8]率衆一萬，與庾冰俱渡浙江。前義興太守顧衆、護軍參軍顧颺等，[9]皆起義軍以應舒。舒假衆揚威將軍、督護吴中軍事，[10]颺監晋陵軍事，[11]於御亭築壘。[12]峻聞舒等兵起，乃赦庾亮諸弟，[13]以悦東軍。舒率衆次郡之西江，[14]爲冰、藻後繼。[15]冰、颺等遣前鋒進據無錫，[16]遇賊將張健等數千人，交戰，大敗，奔還御亭，復自相驚擾，冰、颺等並退于錢唐，[17]藻守嘉興。[18]賊遂入吴，燒府舍，掠諸縣，所在塗地。舒以輕進奔敗，斬二軍主者，免冰、颺督護，以白衣行事。更以顧衆督護吴晋陵軍，屯兵章埭。吴興太守虞潭率所領討健，屯烏苞亭，並不敢進。時暴雨大水，賊管商乘船旁出，襲潭及衆。潭等奔敗。潭還保吴興，衆退守錢唐。[19]舒更遣將軍陳孺率精鋭千人增戍海浦，[20]所在築壘。或勸舒宜還都，[21]使謝藻守西陵，[22]扶海立栅。舒不聽，留藻守錢唐，[23]使衆、颺守紫壁。[24]於是賊轉攻吴興，潭諸軍復退。賊復掠東遷、餘杭、武康諸縣。[25]舒遣子允之行揚烈將軍，[26]與將軍徐遜、陳孺及揚烈司馬朱燾，以精鋭三千，輕邀賊於武康，出其不意，遂破之，斬首數百級，賊悉委舟步走。允之收其器械，進兵助潭。時賊韓晃既破宣城，[27]轉入故鄣、長城。[28]允之遣朱燾、何準等擊之，戰於于湖。[29]潭以强弩射之，晃等退走，斬首千餘級，納降二千人。潭由是得保郡。是時臨海、新安諸山縣並反應賊，[30]舒分兵悉討平之。會陶侃等至京都，舒、潭等並以屢戰失利，移書盟府，自貶去節。侃遣使敦喻，不聽。及侃立行臺，[31]上舒監浙江東五郡軍事，[32]允之督護吴郡義興晋陵三郡征討軍事。[33]既而晃等南走，允之追躡於長塘湖，[34]復大破之。賊平，以功封彭澤縣侯，尋卒官，贈車騎大將軍、儀同三司，[35]謚曰穆。

[1]蘇峻：字子高，本書卷一〇〇有傳。

[2]司徒：官名，西漢哀帝元壽二年（前1）改丞相爲大司徒，東漢光武帝時改名爲司徒，東漢末又改爲丞相。三國魏恢復三公制，改丞相爲司徒，管理民政。兩晋沿制，爲八公之一，在太尉之下、司空之上。與丞相通職，一般不並置，爲名譽宰相。一品。

[3]撫軍將軍：官名，三國蜀漢、孫吴皆置，爲加官，以示權重。晋沿置，與中軍將軍、鎮軍將軍並爲三名號將軍。三品。　會稽：郡名，治所在山陰縣（今浙江省紹興市）。　内史：官名，西晋武帝太康十年（289）改諸王國相爲内史，掌管民政。五品。周家禄《晋書校勘記》認爲："晋制，以郡爲國，内史治民事，若郡太守。國除爲郡，復稱太守。然二名往往混淆，史家亦互稱之。"

[4]他郡：他，殿本作"它"。

[5]揚州：三國魏、吴各置揚州，魏治所在壽春縣（今安徽省壽縣），吴治所在建業縣（今江蘇省南京市）。西晋統一後復合，

治所在建鄴縣（今江蘇省南京市）。

［6］吴國：郡國名，治所在吴縣（今江蘇省蘇州市）。　庾冰：字季堅，本書卷七三有傳。

［7］屬郡：郡，殿本作“縣”。

［8］御史中丞：官名，御史大夫副手，掌監察、執法，爲京師顯官，職權甚重。四品。　行：兼攝官職。　龍驤將軍：官名，高級軍事將領。三品。　監前鋒征討軍事：前鋒征討部隊監軍，掌監視將帥，權勢頗重。

［9］義興：郡名，治所在陽羡縣（今江蘇省宜興市）。　護軍參軍：官名，護軍將軍府僚屬。參軍，亦作參軍事，謂參謀軍事。兩晋公府、軍府皆置。

［10］揚威將軍：官名，雜號將軍，領兵。四品。　督護吴中軍事：吴中地區軍事統帥。

［11］監晋陵軍事：即監晋陵諸軍事，晋陵地區軍事行政長官，位低於都督。

［12］御亭：地名，三國吴置，在今江蘇省蘇州市西北望亭鎮。

［13］庾亮：字元規，本書卷七三有傳。

［14］西江：地名，在今浙江省紹興市西。

［15］後繼：繼，原本、宋本作“計”，殿本作“繼”，據殿本改。

［16］無錫：縣名，治所在今江蘇省無錫市。

［17］錢唐：縣名，治所在今浙江省杭州市西靈隱山下。

［18］嘉興：縣名，治所在今浙江省嘉興市南。

［19］錢唐：原本、宋本無“唐”字，殿本有，據殿本補。

［20］海浦：位於今山東省博興縣東北濟水東流入海之處。

［21］或勸舒宜還都：中華本校勘記：“《册府》三五〇‘都’作‘郡’，疑是。”

［22］西陵：地名，在今江蘇省南京市南。

［23］留藻守錢唐：原本、宋本無“守”字，殿本有，據殿

本補。

［24］使衆、颺守紫壁：中華本校勘記：“《斠注》：《漢地理志》曰柴辟，故就李鄉。《讀史方輿紀要》云，闞駰曰，由拳故城今謂之柴辟，即古檇李也。或作‘紫壁’，誤。《顧衆傳》亦誤作‘紫壁’。”

［25］東遷：縣名，治所在今浙江省湖州市東東遷鎮。　餘杭：縣名，治所在今浙江省杭州市餘杭區西南餘杭鎮南苕溪南岸。　武康：縣名，治所在今浙江省德清縣千秋村。

［26］揚烈將軍：官名，統軍出鎮地方，或爲刺史加官。五品。

［27］宣城：縣名，治所在今安徽省南陵縣東青弋鎮。

［28］故鄣：縣名，治所在今浙江省安吉縣北安城鎮西北。　長城：縣名，治所在今浙江省長興縣東。

［29］于湖：縣名，治所在今安徽省當塗縣。

［30］臨海：縣名，治所在今浙江省臨海市。　新安：縣名，治所在今浙江省衢州市。

［31］行臺：臺省在外者。將帥出征時隨其所駐之地設立的代表中央的政務機構。

［32］監浙江東五郡軍事：即監浙江東五郡諸軍事，浙江東五郡軍事行政長官，位低於都督。

［33］督護吴郡義興晋陵三郡征討軍事：吴郡、義興、晋陵三郡征討軍隊的統帥。

［34］長塘湖：又名洮湖，即今江蘇省南部溧陽市、常州市金壇區之間的長蕩湖。湖，殿本作“西”。

［35］車騎大將軍：官名，西晋置，位在車騎將軍之上，多授予元老重臣，以示尊崇。開府置僚屬，一般不領兵。二品，開府位從公者一品。　儀同三司：官名，即開府儀同三司，三國魏始置。爲大臣加號，意謂與太尉、司徒、司空三司待遇相同，許開設府署，任命僚屬。

長子晏之，蘇峻時爲護軍參軍，被害。[1]晏之子崑之嗣。卒，子陋之嗣。宋受禪，國除。晏之弟允之最知名。

[1]被害：被，殿本作“遇”。

允之，字深猷。[1]總角，[2]從伯敦謂爲似己，恒以自隨，出則同輿，入則共寢。敦嘗夜飲，允之辭醉先卧。敦與錢鳳謀爲逆，[3]允之已醒，悉聞其言，慮敦或疑己，便於卧處大吐，衣面並污。鳳既出，敦果照視，見允之卧吐中，以爲大醉，不復疑之。時父舒始拜廷尉，允之求還定省，敦許之。至都，以敦、鳳謀議事白舒，舒即與導俱啓明帝。

[1]允之，字深猷：中華本校勘記：“《斠注》：《御覽》三九六、四三二引《晋中興書》作‘淵猷’。唐人避諱改‘深’。”

[2]總角：童年。

[3]錢鳳：字世儀，王敦鎧曹參軍。知王敦有不臣之心，因進邪説，遂相朋構，專弄威權，言成禍福。

舒爲荆州，允之隨在西府。及敦平，帝欲令允之仕，舒請曰：“臣子尚少，不樂早官。”帝許隨舒之會稽。及蘇峻反，允之討賊有功，封番禺縣侯，邑千六百户，除建武將軍、錢唐令，[1]領司鹽都尉。[2]舒卒，去職。既葬，除義興太守，以憂哀不拜。從伯導與其書曰：“太保、安豐侯以孝聞天下，[3]不得辭司隸；[4]和長與海内名士，[5]不免作中書令。[6]吾群從死亡略盡，子弟零落，遇汝如親，如其不爾，吾復何言！"允之固不肯就。咸和末，除宣城内史、監揚州江西四郡事、建武將軍，[7]鎮于湖。咸康中，進號西中郎將、假節。[8]尋遷南中郎將、江州刺史。[9]莅政甚有威惠。時王恬服闋，[10]除豫章郡。[11]允之聞之驚愕，以爲恬丞相子，應被優遇，不可出爲遠郡，乃求自解州，欲與庾冰言之。冰聞甚愧，即以恬爲吴郡，而以允之爲衛將軍、會稽内史。[12]未到，卒，年四十。謚曰忠。

子晞之嗣。卒，子肇之嗣。

[1]建武將軍：官名，東漢末曹操置，統兵征伐。四品。

[2]司鹽都尉：官名，掌鹽政，於産鹽地方設置。六品。鹽，殿本作"監"。

[3]太保：官名，史上屢次廢置，三國魏末年復置。晋爲八公之一，位上公，在太宰、太傅之下。安置元老重臣，無職掌。一品。此處指王祥，本書卷三三有傳。　安豐侯：即王戎，封安豐侯，本書卷四三有傳。

[4]司隸：官名，即司隸校尉。三國魏時先治弘農，後治河南，轄司州所屬河南、河東、河内、弘農、平陽五郡。掌監察京師、糾察京都百官。西晋沿置。三品。

[5]和長輿：和嶠，字長輿，本書卷四五有傳。

[6]中書令：官名，掌收納尚書奏事、傳達皇帝詔旨。三國魏文帝初年分秘書置中書省，設中書監和中書令，職權甚重。三品。

[7]監揚州江西四郡事：中華本校勘記："《舉正》：'四郡'下少'諸軍'二字。"

[8]西中郎將：官名，東漢末所置四中郎將之一。帥師征伐或

鎮守。曹魏、西晋多兼凉州刺史，東晋多兼豫州刺史。四品。

[9]南中郎將：官名，與東、西、北中郎將並稱四中郎將，統兵征戰，權職甚重。四品。　江州：治所在南昌縣（今江西省南昌市）。

[10]王恬：字敬豫，本書卷六五有傳。　服闋：守喪期滿除去孝服。

[11]豫章郡：治所在南昌縣（今江西省南昌市）。

[12]衛將軍：官名，魏晋時位在名號將軍之上，多爲軍府名號，加給大臣、重要州郡長官。二品，開府位從公者一品。

王廙

王廙，字世將，丞相導從弟，而元帝姨弟也。父正，尚書郎。[1]廙少能屬文，[2]多所通涉，工書畫，善音樂、射御、博弈、雜伎。[3]辟太傅掾，[4]轉參軍。[5]豫迎大駕，封武陵縣侯，拜尚書郎，出爲濮陽太守。[6]元帝作鎮江左，[7]廙棄郡過江。帝見之大悦，以爲司馬。頻守廬江、鄱陽二郡。[8]豫討周馥、杜弢，[9]以功累增封邑，除冠軍將軍，[10]鎮石頭，[11]領丞相軍諮祭酒。[12]王敦啓爲寧遠將軍、荆州刺史。[13]

[1]尚書郎：官名。東漢之制，取孝廉中之有才能者入尚書臺，在皇帝左右處理政務，初入臺稱守尚書郎中，滿一年稱尚書郎，滿三年稱侍郎。魏晋以後尚書各曹有侍郎、郎中等官，綜理職務，通稱爲尚書郎。六品。

[2]屬文：寫文章。

[3]弈：原本、宋本作“奕”，殿本作“弈”，據殿本改。

[4]太傅掾：官名，太傅府屬吏。

[5]參軍：官名，亦作參軍事，謂參謀軍事。兩晋公府、軍府皆置。

[6]濮陽：郡名，治所在濮陽縣（今河南省濮陽市西南）。

[7]江左：江東。因自北方視之，江東在左，江西在右，故稱。

[8]廬江：郡名，三國魏、吴於境内各置廬江郡，魏治所在六安縣（今安徽省六安市），吴治所在皖縣（今安徽省潜山市）。西晋合爲一，治舒縣（今安徽省廬江縣西南）。　鄱陽：郡名，治所在廣晋縣（今江西省鄱陽縣東北）。

[9]周馥：字祖宣，本書卷六一有傳。　杜弢：字景文，本書卷一〇〇有傳。

[10]冠軍將軍：官名，曹魏、孫吴、西晋皆置。西晋時領營兵。三品。

[11]石頭：石頭城，故址在今江蘇省南京市清涼山。

[12]丞相軍諮祭酒：官名，丞相府屬官。參謀軍事，位在軍府諸僚佐之上。

[13]寧遠將軍：官名，屬名號將軍。五品。

及帝即位，廙奏《中興賦》，上疏曰：

臣託備肺腑，幼蒙洪潤，[1]爰自齠齔，[2]至于弱冠，[3]陛下之所撫育，恩侔於兄弟，義同於交友，思欲攀龍鱗附鳳翼者，有年矣。是以昔忝濮陽，棄官遠迹，扶持老母，携將細弱，越長江歸陛下者，誠以道之所存，願託餘蔭故也。[4]天誘其願，遇陛下中興。當大明之盛，而守局遐外，不得奉瞻大禮，聞問之日，悲喜交集。昔司馬相如不得睹封禪之事，[5]慷慨發憤，况臣情則骨肉，服膺聖化哉！

[1]洪潤：大恩澤。

[2]齠齔：童年。

[3]弱冠：指男子二十歲時。《禮記·曲禮上》："二十曰弱，冠。"年少爲弱，待至二十，即爲成年，舉行冠禮。

[4]餘蔭故也：蔭，殿本作"庇"。

[5]司馬相如：西漢蜀郡成都（今四川省成都市）人，字長卿，少名犬子，後更名相如。文學家，所做《子虛賦》深受漢武帝賞識。

又臣昔嘗侍坐於先后，説陛下誕育之日，光明映室，白毫生於額之左，相者謂當王有四海。又臣以壬申歲見用爲鄱陽内史，七月，四星聚于牽牛。[1]又臣郡有枯樟更生。及臣後還京都，陛下見臣白兔，命臣作賦。時琅邪郡又獻甘露，陛下命臣嘗之。又驃騎將軍導向臣説晋陵有金鐸之瑞，[2]郭璞云必致中興。[3]璞之爻筮，雖京房、管輅不過也。[4]明天之曆數在陛下矣。

[1]牽牛：星宿名。二十八宿之一，玄武七宿的第二宿。有星六顆。

[2]驃騎將軍：官名，西漢時爲重號將軍，東漢以後，居諸名號將軍之首，僅作爲軍府名號加授大臣或重要州郡長官。二品，開府位從公者一品。　晋陵：郡名，治所在京口（今江蘇省鎮江市）。　鐸：軍中樂器，比鐲大的鈴。

[3]郭璞：字景純，本書卷七二有傳。

[4]京房：西漢東郡頓丘（今河南省清豐縣西南）人，字君明。本姓李。善治《易》。元帝時多次以灾異推論時政。後被中書

令石顯誹謗治罪，下獄死。著作甚多，《漢書》卷三〇《藝文志》著録其《孟氏京房》十一篇、《灾異孟氏京房》六十六篇、《京氏段嘉》十二篇。　管輅：三國魏平原（今山東省平原縣西南）人，字公明。喜天文，明《周易》，善卜筮。世人凡有灾難疾病，多求其爲之解。曾任曹魏少府丞。

　　臣少好文學，志在史籍，而飄放遐外，嘗與桀寇爲對。[1]臣犬馬之年四十三矣，未能上報天施，而訾負屢彰。[2]恐先朝露，填溝壑，令微情不得上達，謹竭其頑，獻《中興賦》一篇。雖未足以宣揚盛美，亦是詩人嗟嘆咏歌之義也。

文多不載。

[1]嘗：原本、宋本、殿本作"常"，通"嘗"，此據中華本改。

[2]訾負屢彰：屢有過失。

初，王敦左遷陶侃，使廙代爲荆州。將吏馬俊、鄭攀等上書請留侃，[1]敦不許。廙爲俊等所襲，奔于江安。賊杜曾與俊、攀北迎第五猗以距廙。[2]廙督諸軍討曾，又爲曾所敗。敦命湘州刺史甘卓、豫章太守周廣等助廙擊曾，[3]曾衆潰，廙得到州。廙性俊率，嘗從南下，旦自尋陽，[4]迅風飛帆，暮至都，倚舫樓長嘯，神氣甚逸。王導謂庾亮曰："世將爲傷時識事。"亮曰："正足舒其逸氣耳。"廙在州大誅戮侃時將佐，及徵士皇甫方回。[5]於是大失荆土之望，人情乖阻。帝乃徵廙爲輔國將軍，[6]加散騎常侍。以母喪去職。服闋，拜征虜將軍，[7]進左衛將軍。[8]

[1]將吏馬俊：中華本校勘記："《陶侃傳》《杜曾傳》作"馬儁"，《通鑑》八九、九一作'馬雋'。"

[2]杜曾：西晋新野（今河南省新野縣）人，始爲新野王司馬歆鎮南參軍，有勇力。永嘉之亂中任胡亢竟陵太守，後殺胡亢，併其衆，自號南中郎將。後被周訪打敗，被殺。 第五猗：愍帝時任侍中、征南大將軍、監荆梁益寧四州。受杜曾等迎奉，聚兵數萬。後被周訪斬殺。第，原本、宋本作"弟"，殿本作"第"，據殿本改。

[3]甘卓：字季思，本書卷七〇有傳。

[4]旦自：旦，宋本作"且"。 尋陽：縣名，治所在今湖北省黄梅縣西南。

[5]徵士：不接受朝廷徵聘的隱士。 皇甫方回：皇甫謐子，本書卷五一有傳。

[6]輔國將軍：官名，屬將軍名號，三國兩晋皆置。三品。

[7]征虜將軍：既是武官名，也作爲高級文職官員的加官。三品。

[8]左衛將軍：官名，三國魏咸熙二年（265），司馬炎即晋王位，分中衛將軍爲左、右衛將軍。掌佽飛虎賁及前驅、由基、强弩三部司馬，屬下還有虎賁、羽林、上騎、異力、命中共五部督，負責宫禁侍衛。西晋屬中軍將軍，後屬領軍將軍。爲禁衛軍主要統帥之一，權任很重。四品。

及王敦構禍，帝遣廙喻敦，既不能諫其悖逆，乃爲敦所留，受任助亂。敦得志，以廙爲平南將軍、領護南蠻校尉、荆州刺史。[1]尋病卒。帝猶以親故，深痛愍之。

喪還京都，皇太子親臨拜柩，如家人之禮。贈侍中、驃騎將軍，謚曰康。明帝與大將軍温嶠書曰："痛謝鯤未絶於口，[2]世將復至於此。並盛年俊才，不遂其志，痛切于心。廣明古多通，鯤遠有識致。[3]其言雖未足令人改聽，然味之不倦，近未易有也。坐相視盡，如何！"

[1]平南將軍：官名，與平東、平西、平北將軍合稱四平將軍。多持節都督或監某一地區的軍事，有時作爲刺史等地方官員監理軍務的加官。三品，加持節都督者二品。

[2]謝鯤：字幼輿，本書卷四九有傳。鯤，殿本作"琨"。

[3]遠有識致：遠，殿本作"達"。

子頤之嗣，仕至東海内史。[1]頤之弟胡之，字脩齡，弱冠有聲譽，歷郡守、侍中、丹楊尹。[2]素有風眩疾，發動甚數，而神明不損。石季龍死，[3]朝廷欲綏輯河洛，以胡之爲西中郎將、司州刺史、假節，[4]以疾固辭，未行而卒。子茂之亦有美譽，官至晋陵太守。子敬弘，義熙末爲尚書。[5]

[1]東海：郡名，治所在郯縣（今山東省郯城縣北）。

[2]侍中：官名，東漢建安中與給事黄門侍郎出入禁中，省尚書事。曹魏時爲門下之侍中省長官，常侍衛皇帝左右，掌顧問應對、諫諍糾察、平議奏事、駁奏異議等，權力甚重。三品。　丹楊尹：官名，東晋京城所在郡府長官，掌京城行政諸務並詔獄，亦稱"京尹"。三品。楊，殿本作"陽"。本卷下文此地名同。

[3]石季龍：即石虎，字季龍，本書卷一〇六有載記。

[4]司州：治所在洛陽縣（今河南省洛陽市東北）。

[5]尚書：官名，東漢尚書臺六曹各置尚書，秩六百石。魏晋出爲朝官，分掌尚書省諸曹，品秩提高。三品。

彬，字世儒。少稱雅正，弱冠，不就州郡之命。光禄大夫傅祗辟爲掾。[1]後與兄廙俱渡江，爲揚州刺史劉機建武長史。[2]元帝引爲鎮東賊曹參軍，[3]轉典兵參軍。[4]豫討華軼功，[5]封都亭侯。愍帝召爲尚書郎，以道險不就。遷建安太守，[6]徙義興内史，未之職，轉軍諮祭酒。[7]

[1]光禄大夫：官名，三公等大臣告老回家即拜此職，或作爲在朝顯職的加官。三品，開府位從公者一品。　傅祗：字子莊，本書卷四七有傳。

[2]揚州：揚，原本、宋本作“楊”，殿本作“揚”，據殿本改。　建武長史：官名，建武將軍府長史。掌顧問參謀，爲所在官署掾屬之長。七品。

[3]鎮東：官名，即鎮東將軍。東漢建安年間置，與鎮西、鎮南、鎮北將軍合稱四鎮將軍，多爲持節都督，出鎮方面。曹魏二品。晋三品，加持節都督者二品。　賊曹參軍：官名，西晋末鎮東大將軍府僚屬，賊曹長官。東晋沿置。賊曹一分爲三後，亦爲城局賊曹、長流賊曹、刑獄賊曹參軍之省稱。

[4]典兵參軍：官名，典兵曹長官。兵，殿本作“軍”。

[5]華軼：字彦夏，本書卷六一有傳。

[6]建安：郡名，治所在建安縣（今福建省建甌市南松溪南岸）。

[7]軍諮祭酒：官名，即軍師祭酒，晋朝避司馬師名諱而改。亦稱軍咨祭酒、軍謀祭酒、軍祭酒，諸軍府屬官，參謀軍事，位在軍府諸僚佐之上。

中興建，稍遷侍中。從兄敦舉兵入石頭，帝使彬勞之。會周顗遇害，[1]彬素與顗善，先往哭顗，甚慟。既而見敦，敦怪其有慘容，而問其所以。彬曰："向哭伯仁，情未能已。"敦怒曰："伯仁自致刑戮，且凡人遇汝，復何爲者哉！"彬曰："伯仁長者，君之親友，在朝雖無謇諤，[2]亦非阿黨，[3]而赦後加以極刑，所以傷惋也。"因勃然數敦曰："兄抗旌犯順，殺戮忠良，謀圖不軌，禍及門户。"音辭慷慨，聲淚俱下。敦大怒，厲聲曰："爾狂悖乃可至此，爲吾不能殺汝邪！"時王導在坐，爲之懼，勸彬起謝。彬曰："有脚疾已來，見天子尚欲不拜，何跪之有！此復何所謝！"敦曰："脚痛孰若頸痛？"[4]彬意氣自若，殊無懼容。後敦議舉兵向京師，彬諫甚苦。敦變色目左右，將收彬，彬正色曰："君昔歲害兄，今又殺弟邪？"先是，彬從兄豫章太守棱爲敦所害。[5]敦以彬親故容忍之。俄而以彬爲豫章太守。彬爲人樸素方直，乏風味之好，雖居顯貴，[6]常布衣蔬食。遷前將軍、江州刺史。[7]

[1]周顗：字伯仁，本書卷六九有傳。

[2]謇諤：正直敢説話。

[3]阿黨：結黨。

[4]頸：殿本作"頭"。

[5]彬從兄豫章太守棱爲敦所害：中華本此句後用逗號。汪維輝先生認爲，此處必須用句號。這一句是對王彬所説"君昔歲害兄"的補叙。"敦以彬親故容忍之"則是説的這一次。儘管"彬諫甚苦"，王敦還是因爲親屬的緣故而容忍他了。而依原標點"爲敦

所害”後用逗號，則容易讓人誤解是王敦殺了王稜後，因爲王彬是親屬的關係而當時留了他一條命。(参見汪維輝《〈晋書〉點校商兑》，《古籍整理研究學刊》1997 年第 1 期) 棱，原本、宋本、殿本作“稜”，據中華本校勘記改。本卷下同。

[6]顯貴：貴，殿本作“位”。

[7]前將軍：官名，漢代爲重號將軍，與後、左、右將軍並爲上卿。魏晋時常設，權位較兩漢時漸低，僅爲武官名號，略高於一般雜號將軍，不典禁兵，不與朝政。三品。

及敦死，王含欲投王舒，王應勸含投彬。含曰：“大將軍平素與江州云何，汝欲歸之?”應曰：“此乃所以宜往也。江州當人强盛時，能立同異，此非常人所及。睹衰厄，[1]必興愍惻。荆州守文，豈能意外行事!”含不從，遂共投舒，舒果沉含父子于江。彬聞應來，密具船以待之。既不至，深以爲恨。

[1]衰厄：厄，殿本作“危”。

敦平，有司奏彬及兄子安成太守籍之，[1]並是敦親，皆除名。詔曰：“司徒導以大義滅親，其後昆雖或有違，猶將百世宥之，况彬等公之近親。”乃原之。徵拜光禄勛，[2]轉度支尚書。[3]

[1]安成：郡名，治所在平都縣（今江西省安福縣東南）。

[2]光禄勛：官名，侍從皇帝左右，掌宫廷宿衛。西晋時兼掌原屬少府的一部分宫廷供御事務。三品。

[3]度支尚書：官名，尚書省度支曹長官，掌全國財富的收支

會計及事役、漕運、物價、屯田之政令。三品。

蘇峻平後，改築新宫，彬爲大匠。[1]以營創勛勞，賜爵關内侯，遷尚書右僕射。[2]卒官，年五十九。贈特進、衛將軍，[3]加散騎常侍，謚曰肅。長子彭之嗣，位至黄門郎。[4]次彪之，最知名。

[1]大匠：官名，即將作大匠。掌領徒隸修建宫室、宗廟、陵墓及其他土木工程。

[2]遷尚書右僕射：本書卷二四《職官志》載，尚書省若置僕射二，“則爲左右僕射，或不兩置，但曰尚書僕射。令闕，則左爲省主”。僕射以左爲主事，右僕射實爲副職或虚置。王彬死後加特進、衛將軍、散騎常侍，這兩個追贈的官職非常顯赫，顯然右僕射與王彬的地位不符。1965 年 1 月 19 日南京地區出土了一塊《興之夫婦墓誌》，經考證墓主王興之乃王彬之子。墓誌云“於先考散騎常侍、尚書左僕射、特進、衛將軍、都亭肅侯墓之左”。不久，興之墓旁又發現了王彬長女丹虎之墓，出土墓誌一塊，云“晋故散騎常侍、特進、衛將軍、尚書左僕射、都亭肅侯琅邪臨沂王彬之長女丹虎”，可證“尚書右僕射”爲“尚書左僕射”之訛。（參見沈海波《〈晋書〉勘誤一則》，《史學月刊》1989 年第 2 期）

[3]特進：官名，三國兩晋時表示有特殊地位，或用作安置閑退大臣。二品。

[4]黄門郎：官名，黄門侍郎或給事黄門侍郎的省稱。五品。

彪之，字叔武。[1]年二十，鬚鬢皓白，時人謂之王白鬚。初除佐著作郎、東海王文學。[2]從伯導謂曰：“選官欲以汝爲尚書郎，汝幸可作諸王佐邪！”彪之曰：“位之多少既不足計，自當任之於時。至於超遷，是所不願。”遂爲郎。鎮軍將軍、武陵王晞以爲司馬，[3]累遷尚書左丞、司徒左長史、御史中丞、侍中、廷尉。[4]

[1]彪之，字叔武：中華本校勘記：“《斠注》：《御覽》二一五引《晋中興書》、《淳化閣帖》七均作‘叔虎’。按：《御覽》五一三及《通志》一二八、《世説·人名譜》亦作‘叔虎’，‘武’蓋唐人避諱改。”

[2]佐著作郎：官名，三國時隸中書省，西晋改隸秘書省，協助著作郎修撰國史及起居注，整理秘書省所藏典籍。七品。　東海王：廢帝司馬奕，本書卷八有紀。　文學：官名，魏晋太子、諸王及世子均置，掌各級教育文事。

[3]鎮軍將軍：官名，三國時始置，西晋罷又復置。位在鎮軍大將軍下，與中軍將軍、撫軍將軍並爲三名號將軍，位比四鎮將軍。三品。　武陵王晞：司馬晞，字道叔，本書卷六四有傳。

[4]尚書左丞：官名，尚書省佐官，位次尚書，居尚書右丞上。與右丞共掌尚書都省庶務，率諸都令史監督稽核諸尚書曹、郎曹政務。左丞又掌督録近道文書章奏，監察糾彈尚書令、僕射、尚書等文武百官，號稱“監司”，權勢甚重。六品。　司徒左長史：司徒長史爲司徒府掾屬之長，佐司徒總管府内諸曹。分左、右，左高於右。六品。

時永嘉太守謝毅，[1]赦後殺郡人周矯，矯從兄球詣州訴寃。揚州刺史殷浩遣從事收毅，[2]付廷尉。彪之以球爲獄主，身無王爵，非廷尉所料，不肯受，與州相反覆。穆帝發詔令受之。彪之又上疏執據，時人比之張釋之。[3]時當南郊，[4]簡文帝爲撫軍，執政，訪彪之應有赦不。答曰："中興以來，郊祀往往有赦，愚意常謂非宜。何者？黎庶不達其意，將謂郊祀必赦，至此時，凶愚之輩復生心於僥倖矣。"遂從之。

[1]永嘉：郡名，治所在永寧縣（今浙江省温州市）。

[2]殷浩：字深源，本書卷七七有傳。

[3]張釋之：西漢南陽堵陽（今河南省方城縣東）人，字季。文帝時以貲爲騎郎。後補謁者，任謁者僕射，遷公車令。因以事劾奏太子，受文帝重視，拜爲太中大夫，又任廷尉。以用法持平著稱。

[4]南郊：祭祀天神禮儀。

轉吏部尚書。[1]簡文有命用秣陵令曲安遠補句容令，[2]殿中侍御史奚朗補湘東郡。[3]彪之執不從，曰："秣陵令三品縣耳，殿下昔用安遠，談者紛然。句容近畿，三品佳邑，豈可處卜術之人無才用者邪！湘東雖復遠小，所用未有朗比，談者謂頗兼卜術得進。殿下若超用寒悴，當令人才可拔。朗等凡器，實未足充此選。"

[1]吏部尚書：官名，三國魏時爲尚書省吏部曹長官，位居列曹尚書之上。三品。

[2]秣陵：縣名，東漢建安十七年（202）孫權改名建業縣，治所在今江蘇省南京市。　句容：縣名，治所在今江蘇省句容市。

[3]殿中侍御史：官名，亦稱殿中御史，隸屬御史臺，掌糾察宫殿中違法。六品。　湘東郡：三國孫吴置，治所在酃縣（今湖南省衡陽市東）。

太尉桓温欲北伐,[1]屢詔不許。温輒下武昌,[2]人情震懼。或勸殷浩引身告退,彪之言於簡文曰:"此非保社稷爲殿下計,皆自爲計耳。若殷浩去職,人情崩駭,天子獨坐。既爾,當有任其責者,非殿下而誰!"又謂浩曰:"彼抗表問罪,卿爲其首。事任如此,猜釁已構,欲作匹夫,豈有全地邪?[3]且當静以待之。令相王與手書,示以款誠,陳以成敗,當必旋旆。若不順命,即遣中詔。如復不奉,乃當以正義相裁。無故匆匆,[4]先自猖蹶。"[5]浩曰:"决大事正自難,頃日來欲使人悶,聞卿此謀,意始得了。"温亦奉帝旨,果不進。

[1]太尉:官名,曹操爲丞相後,太尉府屬官歸相府,晋時太尉雖爲八公之一、三公之首,實爲名譽宰相,多爲大臣加官。一品。　桓温:字元子,本書卷九八有傳。

[2]武昌:郡名,治所在武昌縣(今湖北省鄂州市鄂城區)。

[3]豈有全地邪:邪,殿本作"耶"。

[4]匆匆:倉猝。

[5]猖蹶:顛覆,失敗。

時衆官漸多,而遷徙每速,彪之上議曰:

爲政之道,以得賢爲急,非謂雍容廊廟,[1]標的而已,[2]固將莅任贊時,職思其憂也。得賢之道,在於莅任;莅任之道,在於能久;久於其道,天下化成。是以三載考績,三考黜陟,[3]不收一切之功,[4]不采速成之譽。故勛格辰極,道融四海,風流遐邈,聲冠百代。凡庸之族衆,賢能之才寡,才寡於世而官多於朝，焉得不賢鄙共貫，清濁同官！官衆則缺多，[5]缺多則遷速，前後去來，更相代補，非爲故然，理固然耳。所以職事未修，朝風未澄者也。職事之修，在於省官；朝風之澄，在於并職。官省則選清而得久，職并則吏簡而俗静；選清則勝人久於其事，事久則中才猶足有成。

［1］雍容廊廟：使朝廷華貴有威儀。

［2］標的而已：衆人矚目。

［3］黜陟：人才的進退，官吏的升降。黜，貶降、罷退。陟，提拔、升遷。

［4］一切之功：一次考核的成效。

［5］缺多：缺，殿本作“闕”，本卷下文“缺多則遷速”同。

今内外百官，較而計之，固應有并省者矣。六卿之任，[1]太常望雅而職重，[2]然其所司，義高務約。宗正所統蓋鮮，[3]可以并太常。宿衛之重，二衛任之，其次驍騎、左軍各有所領，[4]無兵軍校皆應罷廢。四軍皆罷，則左軍之名不宜獨立，宜改游擊以對驍騎。[5]内官自侍中以下，[6]舊員皆四，中興之初，二人而已。二人對直，或有不周，愚謂三人，於事則無闕也。[7]凡餘諸官，無綜事實者，可令大官隨才位所帖而領之。[8]若未能頓廢，自可因缺而省之。委之以職分，責之以有成，能否因考績而著，清濁隨黜陟而彰。雖緝熙之隆、康哉之歌未可，[9]使庶官之選差清，莅職之日差久，無奉禄之虚費，簡吏寺之煩役矣。

[1]六卿：周代六官，即天官冢宰，地官司徒，春官宗伯，夏官司馬，秋官司寇，冬官司空。此代指朝廷高官。

[2]太常：官名，漢代稱奉常，本掌禮樂宗廟、社稷祭祀，魏晋時此職掌歸尚書裁定，太常成爲閑職。三品。

[3]宗正：官名，又稱宗正卿、大宗正。掌皇族事務。曹魏時多以皇族擔任，兩晋有時兼以外姓。三品。

[4]驍騎：官名，即驍騎將軍。三國魏爲内軍將領，統營兵。兩晋與領軍、護軍、左右衛、游擊諸將軍合稱六軍，擔當宿衛之任，是護衛宫廷的主要將領。四品。　左軍：官名，即左軍將軍。與前軍、後軍、右軍將軍合稱四軍將軍，領營兵千人，掌宿衛。初屬中軍將軍，後屬領軍將軍。四品。

[5]游擊：官名，禁軍將領，與驍騎將軍分領命中虎賁，掌宿衛之任。隸屬中領軍（領軍將軍）。四品。

[6]内官：中朝官。《漢書》卷七七《劉輔傳》："於是中朝左將軍辛慶忌、右將軍廉褒、光禄勛師丹、太中大夫谷永俱上書。"顔師古注引孟康曰："中朝，内朝也。大司馬、左、右、前、後將軍，侍中，常侍，散騎，諸吏爲中朝。丞相以下至六百石爲外朝也。"

[7]闕：原本、宋本作"闋"，殿本作"闕"，據殿本改。

[8]大官隨才位所帖而領之：位，殿本作"住"。

[9]緝熙：光明。《詩・大雅・文王》："穆穆文王，於緝熙敬止。"毛亨傳："緝熙，光明也。"　康哉之歌：《尚書・益稷》："（皋陶）乃賡載歌曰：'元首明哉，股肱良哉，庶事康哉。'"意爲歌頌君明臣良，諸事安寧。　未可：殿本"未"下有"能遂奏且"四字。

永和末，多疾疫。舊制，朝臣家有時疾，染易三人以上者，身雖無疾，[1]百日不得入宮。至是，百官多列家疾，不入。彪之又言："疾疫之年，家無不染。若以之不復入宮，則直侍頓闕，王者宮省空矣。"朝廷從之。

[1]無疾：疾，殿本作"病"。

既而長安人雷弱兒、梁安等詐云殺苻健、苻眉，[1]請兵應接。時殷浩鎮壽陽，[2]便進據洛，營復山陵。屬彪之疾歸，上簡文帝箋，陳弱兒等容有詐僞，浩未應輕進。尋而弱兒果詐，姚襄反叛，[3]浩大敗，退守譙城。[4]簡文笑謂彪之曰："果如君言。自頃以來，君謀無遺策，張、陳復何以過之！"[5]

[1]雷弱兒：十六國南安（今甘肅省隴西縣東南）人，羌族酋長，任苻秦侍中、丞相。剛鯁好直言，見苻生嬖臣趙韶、董榮亂政，每大言於朝，董榮譖毀之於苻生，被殺。　梁安：十六國前秦人，任尚書左僕射，被苻生所殺。　苻健：字建業，本書卷一一二有載記。苻，原本、宋本作"符"，殿本作"苻"，據殿本改。本卷下文此姓字同。

[2]壽陽：縣名，治所在今安徽省壽縣東南。

[3]姚襄：字景國，本書卷一一六有載記。

[4]譙城：地名，一名譙陵城，在今河南省夏邑縣北。

[5]張：張良，秦末人，字子房，韓國貴族後裔。隨劉邦起兵反秦，爲重要謀士。屢出奇策，劉邦稱其"運籌帷幄之中，决勝千里之外"。劉邦稱帝後被封爲留侯。　陳：陳平，秦末陽武（今河南省原陽縣東南）人，少治黄老之術。秦末天下大亂，先後侍魏王

咎、項羽，後歸劉邦。歷任都尉、亞將、護軍中尉，爲劉邦重要謀士，屢出奇計。漢朝建立後封户牖侯和曲逆侯。惠帝時歷任郎中令、左右丞相。吕后死，又與周勃等人誅除諸吕，迎立文帝。

轉領軍將軍，[1]遷尚書僕射，以病疾，[2]不拜。徙太常，領崇德衛尉。[3]時或謂簡文曰："武陵第中大修器杖，[4]將謀非常也。"簡文以問彪之。彪之曰："武陵王志意盡於馳騁田獵耳。願深静之，以懷異同者。"[5]或復以此爲言，簡文甚悦。

[1]領軍將軍：官名，三國曹丕置，職掌同於中領軍，但任職者資位重於中領軍，簡稱領軍。爲禁衛軍最高統帥，常由皇帝親信或宗室擔任。兩晋沿置。三品。

[2]病疾：殿本乙作"疾病"。

[3]崇德衛尉：官名，崇德宫衛尉。崇德宫，穆帝皇太后所居宫。衛尉，爲皇太后崇德宫三卿之一，掌太后宫禁，位略同於九卿之衛尉。

[4]武陵第中：武陵王司馬晞家中。

[5]懷異同：安撫有異心者。

復轉尚書僕射。時豫州刺史謝奕卒，[1]簡文遽使彪之舉可以代奕者。對曰："當今時賢，備簡高監。"簡文曰："人有舉桓雲者，[2]君謂如何？"彪之曰："雲不必非才，然温居上流，割天下之半，其弟復處西藩，兵權盡在一門，亦非深根固蔕之宜也。人才非可豫量，但當令不與殿下作異者耳。"簡文頷曰："君言是也。"

[1]豫州：曹魏時治所在安城縣（今河南省正陽縣東北），西晋移治陳縣（今河南省周口市淮陽區）。　謝奕：字無奕，本書卷七九有傳。奕，原本、宋本、殿本作“弈”，據中華本改。本卷下文此人名同。

[2]桓雲：字雲子，本書卷七四有傳。

後以彪之爲鎮軍將軍、會稽内史，加散騎常侍。居郡八年，豪右斂迹，亡户歸者三萬餘口。桓温下鎮姑孰，[1]威勢震主，四方修敬，皆遣上佐綱紀。彪之獨曰：“大司馬誠爲富貴，[2]朝廷既有宰相，動静之宜自當諮稟。修敬若遣綱紀，致貢天子復何以過之！”竟不遣。温以山陰縣折布米不時畢，[3]郡不彈糾，上免彪之。彪之去郡，郡見罪謫未上州臺者，[4]皆原散之。温復以爲罪，乃檻收下吏。會赦，免，左降爲尚書。

[1]姑孰：姑孰城，位於今安徽省當塗縣。

[2]大司馬：官名，八公之一，位在上公之下、大將軍及三公之上，高級將帥，多爲大臣加官。一品。

[3]山陰縣：治所在今浙江省紹興市。

[4]見罪謫未上州臺者：有罪被謫罰還没上報州府的人。

頃之，復爲僕射。是時温將廢海西公，百寮震慄，温亦色動，莫知所爲。彪之既知温不臣迹已著，理不可奪，乃謂温曰：“公阿衡皇家，[1]便當倚傍先代耳。”命取《霍光傳》。禮度儀制，定於須臾，曾無懼容。温嘆曰：“作元凱不當如是邪！”[2]時廢立之儀既絶於曠代，朝臣莫有識其故典者。[3]彪之神彩毅然，朝服當階，文武儀準莫不取定，朝廷以此服之。温又廢武陵王遵，[4]以事示彪之。彪之曰：“武陵親尊，未有顯罪，不可以猜嫌之間，便相廢徙。公建立聖明，遐邇歸心，當崇獎王室，伊周同美。[5]此大事，宜更深詳。”温曰：“此已成事，卿勿復言。”

[1]阿衡：輔佐。

[2]元凱：即八元、八愷。八元，上古傳説中的八个才子。《左傳·文公十八年》：“高辛氏有才子八人：伯奮、仲堪、叔獻、季仲、伯虎、仲熊、叔豹、季貍，忠肅共懿，宣慈惠和，天下之民謂之‘八元’。”八愷，《左傳·文公十八年》：“昔高陽氏有才子八人：蒼舒、隤敳、檮戭、大臨、尨降、庭堅、仲容、叔達，齊聖廣淵，明允篤誠，天下之民謂之‘八愷’。”泛指賢臣、才士。

[3]朝臣：臣，殿本作“廷”。

[4]温又廢武陵王遵：中華本校勘記：“張森楷云：《簡文紀》，温廢武陵王晞，非遵。”

[5]伊：伊尹，輔佐商湯及其後代外丙、仲壬、太甲的賢臣。周：周公輔佐周武王、成王的重臣。

及簡文崩，群臣疑惑，未敢立嗣。或云，宜當須大司馬處分。彪之正色曰：“君崩，太子代立，大司馬何容得異！若先面諮，必反爲所責矣。”於是朝議乃定。及孝武帝即位，太皇太后令以帝冲幼，加在諒闇，[1]令温依周公居攝故事。事已施行，彪之曰：“此異常大事，大司馬必當固讓，使萬機停滯，[2]稽廢山陵，未敢奉令。謹具封還内，請停。”事遂不行。

[1]諒闇：皇帝居喪。

[2]萬機：機，殿本作“幾”。本卷下文“萬機”同。

温遇疾，諷朝廷求九錫。[1]袁宏爲文，[2]以示彪之。彪之視訖，嘆其文辭之美，謂宏曰：“卿固大才，安可以此示人！”時謝安見其文，[3]又頻使宏改之，宏遂逡巡其事。[4]既屢引日，乃謀於彪之。彪之曰：“聞彼病日增，亦當不復支久，自可更小遲迴。”宏從之。温亦尋薨。

[1]九錫：《漢書》卷六《武帝紀》顏師古注引應劭曰：“一曰車馬，二曰衣服，三曰樂器，四曰朱户，五曰納陛，六曰虎賁百人，七曰鈇鉞，八曰弓矢，九曰秬鬯。此皆天子制度，尊之，故事事錫與，但數少耳。”

[2]袁宏：字彦伯，本書卷九二有傳。

[3]謝安：字安石，本書卷七九有傳。

[4]逡巡：拖延不决。

時桓冲及安夾輔朝政，[1]安以新喪元輔，[2]主上未能親覽萬機，太皇太后宜臨朝。彪之曰：“先代前朝，主在繈抱，母子一體，故可臨朝。太后亦不能决政事，終是顧問僕與君諸人耳。今上年出十歲，垂婚冠，反令從嫂臨朝，示人君幼弱，豈是翼戴讚揚立德之謂乎！二君必行此事，豈僕所制，所惜者大體耳。”時安不欲委任桓冲，故使太后臨朝决政，獻替專在乎己。彪之不達安旨，故以爲言。安竟不從。

[1]桓冲：字幼子，本書卷七四有傳。

[2]安以新喪元輔：殿本無“安”字。

尋遷尚書令，[1]與安共掌朝政。安每曰：“朝之大事，衆不能决者，諮王公無不得判。”以年老，上疏乞骸骨，詔不許。轉拜護軍將軍，[2]加散騎常侍。安欲更營宮室，彪之曰：“中興初，即位東府，殊爲儉陋，元明二帝亦不改制。蘇峻之亂，成帝止蘭臺都坐，[3]殆不蔽寒暑，是以更營修築。方之漢魏，誠爲儉狹，復不至陋，殆合豐約之中，今自可隨宜增益修補而已。强寇未殄，正是休兵養士之時，何可大興功力，勞擾百姓邪！”安曰：“宮室不壯，後世謂人無能。”彪之曰：“任天下事，當保國寧家，朝政惟允，[4]豈以修屋宇爲能邪！”安無以奪之。故終彪之之世，不改營焉。

[1]尚書令：官名，秦漢時爲尚書署長官。秩位雖低，權力甚重。魏晋時沿置，爲尚書省長官，綜理全國政務，參議大政，爲高級政務長官。三品。

[2]護軍將軍：官名，東漢建安十二年（207）曹操改丞相府護軍爲中護軍，資重者可遷護軍將軍，典武官選舉，與中領軍同掌禁軍。曹魏時四品，西晋時三品。

[3]蘭臺：宮中藏書的地方。

[4]朝政惟允：惟，殿本作“爲”。

加光禄大夫、儀同三司，未拜。疾篤，帝遣黄門侍郎問所苦，[1]賜錢三十萬以營醫藥。太元二年卒，年七十三。即以光禄爲贈，謚曰簡。二子：越之，撫軍參軍；[2]臨之，東陽太守。[3]

[1]黄門侍郎：官名，魏晋時爲侍中省或門下省次官。侍從皇帝，顧問應對，多以重臣或外戚子弟擔任，位頗重要。五品。

[2]撫軍參軍：官名，撫軍將軍府屬官。參軍，亦作參軍事，謂參謀軍事。兩晋公府、軍府皆置。參，殿本作“將”。

[3]東陽：郡名，治所在長山縣（今浙江省金華市）。

棱，字文子，彬季父國子祭酒琛之子也。[1]少歷清官。[2]渡江，爲元帝丞相從事中郎。[3]從兄導以棱有政事，宜守大郡，乃出爲豫章太守，加廣武將軍。[4]棱知從兄敦驕傲自負，有罔上心，日夕諫諍，以爲宜自抑損，推崇盟主，且群從一門，並相與服事，應務相崇高，以隆勛業。每言苦切。敦不能容，潛使人害之。

[1]國子祭酒：官名，國子學的長官，主管國子學，掌教授儒學、參議禮制。五品。

[2]清官：清顯高貴之官。

[3]從事中郎：官名，東漢時爲大將軍屬官，地位較高。魏晋時爲將軍府或公府屬官。六品。此爲丞相府從事中郎。

[4]廣武將軍：官名，曹魏、西晋皆置。名號將軍中地位較高。四品。

弟侃，亦知名，少歷顯職，位至吴國内史。

虞潭

虞潭，字思奥，會稽餘姚人，[1]吴騎都尉翻之孫也。[2]父忠，仕至宜都太守。[3]吴之亡也，堅壁不降，遂死之。潭清貞有檢操，州辟從事、主簿，[4]舉秀才，[5]大司馬、齊王冏請爲祭酒，[6]除祁鄉令，[7]徙醴陵令。[8]值張昌作亂，[9]郡縣多從之，潭獨起兵斬昌别率鄧穆等。襄陽太守華恢上潭領建平太守，[10]以疾固辭。遂周旋征討，以軍功賜爵都亭侯。

[1]餘姚：縣名，治所在今浙江省餘姚市。

[2]騎都尉：官名，最高位領騎兵之武職，不領兵時爲侍衛武官。因親近皇帝，多以侍中兼任。與駙馬都尉、奉車都尉並爲三都尉。六品。　翻：虞翻，三國時會稽餘姚（今浙江省餘姚市）人，字仲翔。少好學，經學家。初任會稽太守王朗功曹。孫策破王朗，虞翻復爲功曹。孫權時任騎都尉。性疏直，多次勸諫孫權，因此被徙交州。

[3]宜都：郡名，治所在夷陵縣（今湖北省宜昌市東南長江北岸）。

[4]從事：官名，州部屬吏。東漢稱從事史，由州部長官自己選拔任命。　主簿：官名，此爲州府屬官。典領文書籍簿、省録衆事，職權甚重。

[5]秀才：察舉科目，州舉秀才，郡舉孝廉。

[6]齊王冏：司馬冏，字景治，本書卷五九有傳。　祭酒：官名，此爲軍諮祭酒。晋朝避司馬師名諱而改軍師祭酒。亦稱軍咨祭酒、軍謀祭酒、軍祭酒，諸軍府屬官，参謀軍事，位在軍府諸僚佐之上。

[7]除祁鄉令：中華本校勘記："勞校：《劉弘傳》作'泝鄉令'。《斠注》：《地理志》荆州有泝鄉，無祁鄉，此'祁'字當爲'泝'之誤。"

[8]醴陵：縣名，治所在今湖南省醴陵市。

[9]張昌：少爲平氏縣吏，有武力，好論戰。太安二年（303），更名李辰，聚衆立山都縣吏丘沉爲天子，建元神鳳，自任相國。後失敗被殺。

[10]襄陽：郡名，東漢建安十三年（208）置，治所在襄陽縣（今湖北省襄陽市），西晋移治宜城縣（今湖北省宜城市南）。　建平：郡名，治所在巫縣（今重慶市巫山縣）。

陳敏反，[1]潭東下討敏弟讚於江州。廣州刺史王矩上潭領廬陵太守。[2]綏撫荒餘，咸得其所。又與諸軍共平陳恢，仍轉南康太守，[3]進爵東鄉侯。

[1]陳敏：字令通，本書卷一〇〇有傳。

[2]王矩：王機兄，字令式，本書卷一〇〇有傳。　廬陵：郡名，治所在石陽縣（今江西省吉水縣東北）。

[3]南康：郡名，西晋治所在雩都縣（今江西省于都縣東北），東晋永和五年（349）移治贛縣（今江西省贛州市西南）。

尋被元帝檄，使討江州刺史華軼。潭至廬陵，會軼已平，而湘川賊杜弢猶盛。江州刺史衛展上潭并領安成太守。[1]時甘卓屯宜陽，[2]爲弢所逼。潭進軍救卓，卓上潭領長沙太守，[3]固辭不就。王敦版潭爲湘東太守，[4]復以疾辭。弢平後，元帝召補丞相軍諮祭酒，轉琅邪國中尉。[5]

[1]衛展：字道舒，本書卷三六有傳。

[2]宜陽：縣名，治所在今河南省宜陽縣西。

[3]長沙：郡名，治所在臨湘縣（今湖南省長沙市）。

［4］版：殿本作“叛”。

［5］琅邪國：封國名，治所在今山東省臨沂市。　中尉：官名，王國軍事長官，與郎中令、大農並號三卿，以典兵爲職，品秩隨王國地位而定。六品。

帝爲晋王，除屯騎校尉，[1]徙右衛將軍，[2]遷宗正卿，[3]以疾告歸。會王含、沈充等攻逼京都，[4]潭遂於本縣招合宗人，及郡中大姓，共起義軍，衆以萬數，自假明威將軍。[5]乃進赴國難，至上虞。[6]明帝手詔潭爲冠軍將軍，領會稽内史。潭即受命，義衆雲集。時有野鷹飛集屋梁，衆咸懼。潭曰：“起大義，而剛鷙之鳥來集，破賊必矣。”遣長史孔坦領前鋒過浙江，[7]追躡充。潭次于西陵，爲坦後繼。會充已擒，罷兵。徵拜尚書，尋補右衛將軍，加散騎常侍。

［1］屯騎校尉：官名，北軍五校尉之一，隸屬中領軍，掌本營騎士，戍衛京師。四品。

［2］右衛將軍：官名，三國魏咸熙二年（265），司馬炎即晋王位，分中衛將軍爲左、右衛將軍。掌佽飛虎賁及前驅、由基、强弩三部司馬，屬下還有虎賁、羽林、上騎、異力、命中共五部督，負責宫禁侍衛。西晋屬中軍將軍，後屬領軍將軍。爲禁衛軍主要統帥之一，權任很重。四品。

［3］宗正卿：官名，對宗正的尊稱，又稱大宗正。掌皇族事務。曹魏時多以皇族擔任，兩晋有時兼以外姓。三品。

［4］沈充：字士居，本書卷九八有傳。

［5］明威將軍：官名，屬雜號將軍名號。

［6］上虞：縣名，治所在今浙江省紹興市上虞區。

[7]孔坦：字君平，本書卷七八有傳。　浙江：即今浙江省錢塘江。

成帝即位，出爲吴興太守，秩中二千石，加輔國將軍。以討充功，進爵零陵縣侯。蘇峻反，加潭督三吴晋陵宣城義興五郡軍事。[1]會王師敗績，大駕逼遷，潭勢弱，不能獨振，乃固守以俟四方之舉。會陶侃等下，潭與郗鑒、王舒協同義舉。[2]侃等假潭節、監揚州浙江西軍事。[3]潭率衆與諸軍并勢，東西犄角。遣督護沈伊距管商於吴縣，[4]爲商所敗，潭自貶還節。

[1]督三吴晋陵宣城義興五郡軍事：即督數郡諸軍事，三吴、晋陵、宣城、義興等五個郡的軍事行政長官，位低於都督和監。

[2]郗鑒：字道徽，本書卷六七有傳。郗，宋本、殿本作“郄”。

[3]監揚州浙江西軍事：即監數郡諸軍事，揚州轄下浙江西部地區軍事行政長官，位低於都督。

[4]督護：官名，州郡及出鎮方面將軍府皆設，掌兵事。兩晋時常統軍征伐，衹督一軍。　吴縣：治所在今江蘇省蘇州市。

尋而峻平，潭以母老，輒去官還餘姚。詔轉鎮軍將軍、吴國内史。復徙會稽内史，未發，還復吴郡。以前後功，進爵武昌縣侯，邑一千六百户。是時軍荒之後，百姓饑饉，死亡塗地，潭乃表出倉米振救之，又修滬瀆壘，[1]以防海抄，[2]百姓賴之。

[1]又修：又，原本、宋本、殿本作“文”，據中華本改。

滬瀆壘：位於今上海市青浦區東北。

[2]海抄：抄，殿本作“沙”。

咸康中，進衛將軍。潭貌雖和弱，而内堅明，有膽决，雖屢統軍旅，而鮮有傾敗。以母憂去職。服闋，以侍中、衛將軍徵。既至，更拜右光禄大夫、開府儀同三司，[1]給親兵三百人，侍中如故。年七十九，卒于位。追贈左光禄大夫，[2]開府、侍中如故，謚曰孝烈。子仡嗣，官至右將軍司馬。[3]仡卒，子嘯父嗣。

[1]右光禄大夫：官名，齊王曹芳正始元年（240）在光禄大夫上增置左、右，位在光禄大夫上。在朝顯職的加官，或授予年老有病致仕者，或授予死者。西晋時禄賜與特進同。二品，開府位從公者一品。

[2]左光禄大夫：見上條“右光禄大夫”。

[3]右將軍：官名，漢代重號將軍之一，與前、左、後將軍並爲上卿。魏晋時常設，權位漸低，僅爲武官名號，略高於一般雜號將軍。三品。

嘯父，少歷顯位，後至侍中，爲孝武帝所親愛。嘗侍飲宴，帝從容問曰：“卿在門下，初不聞有所獻替邪？”嘯父家近海，謂帝有所求，對曰：“天時尚温，䱥魚蝦鮓未可致，尋當有所上獻。”帝大笑。因飲大醉，出，拜不能起，帝顧曰：“扶虞侍中。”嘯父曰：“臣位未及扶，醉不及亂，非分之賜，所不敢當。”帝甚悦。

隆安初，爲吴國内史。徵補尚書，未發，而王廞舉兵，[1]版嘯父行吴興太守。[2]嘯父即入吴興應廞。廞敗，有司奏嘯父與廞同謀，罪應斬。詔以祖潭舊勛，聽以疾贖爲庶人。[3]四年，復拜尚書。桓玄用事，[4]以爲太尉左司馬。[5]尋遷護軍將軍，出爲會稽内史。義熙初，去職，卒於家。

[1]王廞：本爲司徒左長史，王恭起兵，以其吴國内史，令起兵於東配合。後被解軍去職。王廞怒，以兵伐王恭，被王恭部將劉牢之擊滅。

[2]版嘯父行吴興太守：版，殿本作"叛"。

[3]聽以疾贖爲庶人：疾，宋本作"侯"。

[4]桓玄：字敬道，本書卷九九有傳。

[5]太尉左司馬：官名，太尉府高級幕僚。與右司馬掌參讚軍務、管理府内武職，位僅次於長史。六品。

騃，字思行，潭之兄子也。雖機幹不及於潭，然而素行過之。與譙國桓彝俱爲吏部郎，[1]情好甚篤。彝遣温拜騃，騃使子谷拜彝。歷吴興太守、金紫光禄大夫。[2]王導嘗謂騃曰：[3]"孔愉有公才而無公望，[4]丁潭有公望而無公才，[5]兼之者，其在卿乎！"官未達而喪，時人惜之。子谷，位至吴國内史。

[1]譙國：郡國名，曹魏置，治所在譙縣（今安徽省亳州市）。　桓彝：字茂倫，本書卷七四有傳。　吏部郎：官名，尚書省吏部曹長官通稱。亦稱郎中，資深者可轉侍郎。屬吏部尚書，主管官吏選任、銓叙、調動事務，對五品以下官吏之任免有建議權。六品。

[2]吴興：郡名，治所在烏程縣（今浙江省湖州市南）。　金紫光禄大夫：官名，對光禄大夫加金章紫綬。禄賜、班位、車服、

佩玉等皆與特進同。二品。

[3]嘗：原本、宋本、殿本作“常”，通“嘗”，此據中華本改。

[4]孔愉：字敬康，本書卷七八有傳。

[5]丁潭：字世康，本書卷七八有傳。

顧衆

顧衆，字長始，吴郡吴人，驃騎將軍榮之族弟也。[1]父祕，[2]交州刺史，[3]有文武才幹。衆出後伯父，早終，事伯母以孝聞。光禄朱誕器之。州辟主簿，舉秀才，除餘杭、秣陵令，並不行。元帝爲鎮東將軍，命爲參軍。以討華軼功，封東鄉侯，辟丞相掾。[4]

[1]榮：顧榮，字彦先，本書卷六八有傳。榮，原本、殿本作“崇”，宋本作“榮”，據宋本改。

[2]祕：顧祕，東晋人，任員外散騎常侍、吴興内史等職，討伐石冰之亂時任義軍都督。

[3]交州：又稱交阯，公元前2世紀初南越王趙佗置，後屬西漢。東漢改爲交州，治所在番禺縣（今廣東省廣州市）。三國時移治龍編縣（今越南社會主義共和國河北省仙游縣東）。

[4]丞相掾：官名，丞相府屬官。

祕卒，州人立衆兄壽爲刺史，尋爲州人所害。衆往交州迎喪，值杜弢之亂，崎嶇六年乃還。祕曾莅吴興，吴興義故以衆經離寇難，共遺錢二百萬，一無所受。

及帝踐祚，[1]徵拜駙馬都尉、奉朝請，[2]轉尚書郎。大將軍王敦請爲從事中郎，上補南康太守。會詔除鄱陽太守，加廣武將軍。衆徑之鄱陽，不過敦，敦甚怪焉。及敦構逆，令衆出軍，衆遲迴不發。敦大怒，以軍期召衆還，詰之，聲色甚厲。衆不爲動容，敦意漸釋。時敦又怒宣城内史陸喈，衆又辨明之。敦長史陸玩在坐，[3]代衆危懼，出謂衆曰："卿真所謂剛亦不吐，柔亦不茹，雖仲山甫何以加之！"[4]敦事捷，欲以衆爲吴興内史。衆固辭，舉吏部郎桓彝，彝亦讓衆，事並不行。敦鎮姑孰，復以衆爲從事中郎。敦平，除太子中庶子，[5]爲義興太守，加揚威將軍。

［1］踐祚：祚，宋本、殿本作"阼"。

［2］駙馬都尉：官名，與奉車都尉、騎都尉並稱三都尉，多用於宗室、外戚、功臣子、貴族、近臣的加官，亦用於尚公主者。六品。　奉朝請：原爲兩漢朝廷給與退休大臣、列侯、宗室、外戚等的一種政治優待。西晋時成爲加官名號。晋武帝以宗室、外戚爲奉車都尉、駙馬都尉、騎都尉，並授此號。

［3］陸玩：字士瑶，本書卷七七有傳。

［4］仲山甫：周宣王大臣，又稱樊仲、樊穆仲。

［5］太子中庶子：官名，太子侍從，掌侍從、奏事、諫議等。五品。

蘇峻反，王師敗績，衆還吴，潛圖義舉。時吴國内史庾冰奔于會稽，峻以蔡謨代之。[1]前陵江將軍張悊爲峻收兵於吴，[2]衆遣人喻悊，悊從之。衆乃遣郎中徐機告謨曰：[3]"衆已潛合家兵，待時而奮，又與張悊克期效節。"謨乃檄衆爲本國督護，揚威將軍仍舊，衆從弟護軍將軍颺爲威遠將軍、前鋒督護。[4]吴中人士同時響應。

[1]蔡謨：字道明，本書卷七七有傳。

[2]陵江將軍：官名，屬名號將軍，亦稱凌江將軍。五品。

[3]郎中：官名，尚書省郎曹長官。位次尚書、左右丞，分曹執行政務。與“尚書郎”互稱。六品。　謨：殿本作“模”。

[4]衆從弟護軍將軍颺：中華本校勘記：“勞校：‘護軍將軍’當依《王舒傳》作‘護軍參軍’。是時庾亮爲護軍將軍，颺蓋亮之參軍也。按：勞説是。《册府》三五〇正作‘護軍參軍’。”　威遠將軍：官名，屬將軍名號，三國吴時權任很重，三國魏、兩晉時地位稍低。五品。　前鋒督護：統率前鋒的主將，地位高於諸州所置的一般都護。

峻遣將弘徽領甲卒五百，鼓行而前。衆與颺、悊要擊徽，戰于高莋，[1]大破之，收其軍實。謨以冰當還任，故便去郡。衆遣颺率諸軍屯無錫。冰至，鎮御亭，恐賊從海虞道入，[2]衆自往備之。而賊率張健、馬流攻無錫，颺等大敗，庾冰亦失守，健等遂據吴城。[3]衆自海虞由婁縣東倉與賊別率交戰，[4]破之，義軍又集進屯烏苞。[5]會稽内史王舒、吴興内史虞潭並檄衆爲五郡大督護，統諸義軍討健。潭遣將姚休爲衆前鋒，與賊戰没。衆還守紫壁。

[1]高莋：地名，一作高作，在今江蘇省建湖縣高作集。

[2]海虞：縣名，治所在今江蘇省常熟市。

[3]吴城：地名，在今江蘇省無錫市。

[4]婁縣：治所在今江蘇省昆山市東北。　東倉：地名，在今

江蘇省昆山市。

[5]烏苞：苞，殿本作“包”。

時賊黨方鋭，義軍沮退，人咸勸衆過浙江。衆曰：“不然。今保固紫壁，可得全錢唐以南五縣。若越他境，[1]便爲寓軍，控引無所，非長計也。”臨平人范明亦謂衆曰：[2]“此地險要，可以制寇，不可委也。”衆乃版明爲參軍。明率宗黨五百人，合諸軍，凡四千人，復進討健。健退于曲阿，[3]留錢弘爲吴令。軍次路丘，即斬弘首。衆進往吴城，遣督護朱祈等九軍，與蘭陵太守李閎共守庱亭。[4]健遣馬流、陶陽等往攻之。閎與祈等逆擊，大破之，斬首二千餘級。

[1]他境：他，殿本作“它”。

[2]臨平：臨平鎮，在今浙江省杭州市餘杭區。

[3]曲阿：縣名，治所在今江蘇省丹陽市。

[4]蘭陵：東晉初僑置郡，治所在蘭陵縣（今江蘇省常州市武進區萬綏鎮）。　庱亭：庱亭壘，位於今江蘇省丹陽市東南。

峻平，論功，衆以承檄奮義，推功於謨，謨以衆唱謀，非己之力，俱表相讓，論者美之。封鄱陽縣伯，除平南軍司，[1]不就。更拜丹楊尹、本國大中正，[2]入爲侍中，轉尚書。咸康末，遷領軍將軍、揚州大中正，固讓不拜。以母憂去職。

[1]平南軍司：官名，平南將軍府軍師。軍司，官名，即軍師，因避司馬師諱，故改。佐主帥統軍隊，負有匡正監察主帥之責，地

位很高，常繼任主帥。

[2]大中正：州一級評定士人品第的官員。

穆帝即位，何充執政，[1]復徵衆爲領軍，不起。服闋，乃就。是時充與武陵王不平，衆會通其間，遂得和釋。充崇信佛教，衆議其糜費，每以爲言。嘗與充同載，經佛寺，充要衆入門，衆不下車。充以衆州里宿望，每優遇之。

[1]何充：字次道，本書卷七七有傳。

以年老，上疏乞骸骨，詔書不許。遷尚書僕射。永和二年卒，時年七十三。追贈特進、光禄大夫，謚曰靖。長子昌嗣，爲建康令。第三子會，中軍諮議參軍。時稱美士。

張闓

張闓，字敬緒，丹楊人，[1]吴輔吴將軍昭之曾孫也。[2]少孤，有志操。太常薛兼進之於元帝，[3]言闓才幹貞固，[4]當今之良器。即引爲安東參軍，[5]甚加禮遇。轉丞相從事中郎，以母憂去職。既葬，帝强起之，闓固辭疾篤。優命敦逼，遂起視事。及帝爲晋王，拜給事黄門侍郎，[6]領本郡大中正。以佐翼勛，賜爵丹楊縣侯，遷侍中。

[1]丹楊：郡名，治所在建鄴縣（今江蘇省南京市）。

［2］輔吴將軍：官名，三國孫吴置，位僅低於三司。　昭：張昭，三國彭城（今江蘇省徐州市）人，字子布。東漢末年避亂渡江，被孫策任爲長史、撫軍中郎將。孫策卒，受遺命輔佐孫權。赤壁之戰前主張降曹而使孫權失望。孫權稱帝後，更拜輔吴將軍。

［3］薛兼：字令長，本書卷六八有傳。

［4］才幹貞固：有棟樑之才。

［5］安東參軍：官名，安東將軍府屬官。參軍，亦作參軍事，謂參謀軍事。兩晋公府、軍府皆置。

［6］給事黄門侍郎：官名，魏晋時爲侍中省或門下省次官。與侍中俱掌門下衆事，職掌略同，地位隨皇帝旨意或侍中地位而定。五品。

帝踐阼，出補晋陵内史，在郡甚有威惠。帝下詔曰："夫二千石之任，當勉勵其德，綏齊所莅，[1]使寬而不縱，嚴而不苛，其於勤功督察，便國利人，抑强扶弱，使無雜濫，真太守之任也。若聲過其實，古人所不取，攻乎異端，爲政之甚害，蓋所貴者本也。"闓遵而行之。時所部四縣並以旱失田，闓乃立曲阿新豐塘，溉田八百餘頃，每歲豐稔。葛洪爲其頌。[2]計用二十一萬一千四百二十功，以擅興造免官。後公卿並爲之言曰："張闓興陂溉田，可謂益國，而反被黜，使臣下難復爲善。"帝感悟，乃下詔曰："丹楊侯闓昔以勞役部人免官，雖從吏議，猶未掩其忠節之志也。倉廩，國之大本，宜得其才。今以闓爲大司農。"[3]闓陳黜免始爾，不宜便居九列。疏奏，不許，然後就職。帝晏駕，以闓爲大匠卿，[4]營建平陵，事畢，遷尚書。

[1]綏齊所莅：稱其所職。

[2]葛洪：字稚川，本書卷七二有傳。

[3]大司農：官名，掌管全國財政和各地的屯田。三品。

[4]大匠卿：即將作大匠。

蘇峻之役，闓與王導俱入宫侍衛。峻使闓持節權督東軍。王導潛與闓謀，密宣太后詔於三吴，令速起義軍。陶侃等至，假闓節，行征虜將軍，與振威將軍陶回共督丹楊義軍。[1]闓到晋陵，使内史劉耽盡以一部穀，[2]并遣吴郡度支運四部穀，以給車騎將軍郗鑒。[3]又與吴郡内史蔡謨、前吴興内史虞潭、會稽内史王舒等招集義兵，以討峻。峻平，以尚書加散騎常侍，賜爵宜陽伯。遷廷尉，以疾解職，拜金紫光禄大夫。尋卒，時年六十四。子混嗣。闓箋表文議傳於世。

[1]振威將軍：官名，雜號將軍，統兵出征。四品。　陶回：本書卷七八有傳。

[2]劉耽：耽，原本、宋本作“眈”，殿本作“耽”，據殿本改。

[3]車騎將軍：官名，魏晋南北朝時位次於驃騎將軍，在諸名號將軍之上，多作爲軍府名號，以加授大臣及重要州郡長官。二品，開府位從公者一品。　郗鑒：郗，殿本作“郄”。

史臣曰：季孫行父稱見有禮於其君者，[1]如孝子之養父母；無禮於其君者，如鷹鸇之逐鳥雀。是以石碏戮厚，[2]叔向誅鮒，[3]前史以爲美譚。王敦之惡，不足矜其類。然而朱家容布，[4]爲大俠之首；酈寄載吕，[5]興賣友之譏。亦所以激揚風俗，弘長名教。王彬艤船而厚其所薄，[6]王舒沉江而薄其所厚，較之優劣，斷乎可知。思行、彪之厲風規於多僻之日，虞潭、顧衆徇貞心於危蹙之辰。[7]龍筦爲出納之端，[8]鯸魚非獻替之術，嘯父之對，何其鄙歟！

[1]季孫行父：又稱季文子，春秋時魯國人，季友之孫。自魯宣公八年（前601）執政，歷宣公、成公、襄公三朝。執政期間實行改革，按畝收税，按丘徵收軍賦。莒紀公太子僕殺死其父，前來投靠魯國，季文子却下令把他趕出國境。魯宣公問原因，季文子説："先大夫臧文仲教行父事君之禮，行父奉以周旋，弗敢失墜。曰：'見有禮於其君者，事之如孝子之養父母也。見無禮於其君者，誅之如鷹鸇之逐鳥雀也。'"語見《左傳·文公十八年》。

[2]石碏（què）戮厚：石碏是春秋時人，衛國大夫。勸衛莊公不要寵溺愛妾所生子州吁，莊公不聽。莊公死後，州吁和石碏的兒子石厚相勾結，殺死繼位的桓公。因爲州吁不能安定國内局勢，石碏便建議石厚與州吁一起到陳國，請求陳國的幫助。然後又派人請求陳國幫助除掉州吁和石厚。時人稱石碏之舉爲大義滅親。

[3]叔向誅鮒：鮒即羊舌鮒，又稱叔魚。春秋時，晋國的邢侯和雍子争田，調解很久無效。後叔向的弟弟叔魚代理法官職務，韓宣子命令他審理舊案。雍子把他的女兒嫁給叔魚，叔魚便判定邢侯有罪。邢侯發怒，在朝廷上殺了叔魚和雍子。叔向説三個人罪行相同，活着的殺了然後陳屍，死了的暴露屍體就可以了。雍子知道自己無理，却用賄賂的手段换取勝訴；叔魚受賄賂而徇私枉法；邢侯則擅自殺人，他們的罪行是一樣的。於是殺了邢侯，和雍子、叔魚的屍體一起示衆。

[4]朱家容布：楚漢戰争中，季布任項羽部將，多次陷劉邦於困境。西漢建立後，劉邦懸賞千金捉拿季布，並言敢有藏匿者罪及

三族。大俠朱家不顧危險，將季布藏在自己家中，並到洛陽見汝陰侯滕公，通過滕公向劉邦爲季布講情，終於使季布得到赦免，並得到重用。

[5]酈寄載吕：吕后去世後，陳平、周勃欲除諸吕。時吕禄爲將軍，軍於北軍，太尉周勃不得入北軍，於是乃使人劫酈商，令其子酈寄騙吕禄説："帝使太尉守北軍，欲足下之國，急歸將印辭去，不然，禍且起。"吕禄信之，周勃乃得入據北軍，遂誅諸吕。語見《史記》卷九《吕太后本紀》。

[6]王彬：指上文王彬備船以迎王含之事。

[7]危蹙：蹙，原本、宋本、殿本作"慼"，據中華本改。

[8]龍筦爲出納之端：筦，原本、宋本作"莞"，殿本作"筦"，據殿本、中華本校勘記改。

贊曰：處明夙令，[1]聲頽暮年。允之騂角，[2]無棄山川。廙稱多藝，綢繆哲后。二三其德，亦孔之醜。[3]世儒憤發，慟顗陵敦。彪之不撓，寧浩旋温。顧實南金，[4]虞惟東箭。[5]銑質無改，筠心不變。公望公才，騤爲其選。

[1]夙令：早年有好名聲。

[2]騂角：語出《論語·雍也》："子謂仲弓曰：'犂牛之子騂且角，雖欲勿用，山川其舍諸？'"何晏集解："犂，雜文。騂，赤也。角者，角周正。中犧牲，雖欲以其所生犂而不用，寧肯舍之乎？言父雖不善，不害於子之美。"後因以"騂角"表示後裔俊拔遠勝前輩。

[3]亦孔之醜：語出《詩·小雅·十月之交》："十月之交，朔月辛卯，日有食之，亦孔之醜。"

[4]南金：南方的優秀人才。

［5］東箭：即東南竹箭。《爾雅·釋地》："東南之美者，有會稽之竹箭焉。"喻指傑出的人才。

晋書　卷七七

列傳第四十七

陸曄 弟玩 玩子納　何充　褚翜　蔡謨 父克[1]　諸葛恢
殷浩 顧悦之 蔡裔

陸曄

陸曄，字士光，吴郡吴人也。[2]伯父喜，[3]吴吏部尚書。[4]父英，高平相，[5]員外散騎常侍。[6]曄少有雅望，從兄機每稱之曰：[7]"我家世不乏公矣。"居喪，以孝聞。同郡顧榮與鄉人書曰：[8]"士光氣息裁屬，慮其性命，言之傷心矣。"

[1]原本、宋本、殿本總目録及卷首目録均無"父克"，據中華本目録及正文補。

[2]吴郡：治所在吴縣（今江蘇省蘇州市）。

[3]喜：陸喜，三國孫吴吴郡吴縣（今江蘇省蘇州市）人，字文仲，陸瑁第二子，涉文籍，好人倫，孫皓時爲選曹尚書。入晋爲散騎常侍。

[4]吏部尚書：官名，三國魏時爲尚書省吏部曹長官，位居列

曹尚書之上。三品。

[5]高平：郡名，治所在昌邑縣（今山東省巨野縣南）。　相：官名，郡國相，也稱内史。五品。

[6]員外散騎常侍：官名，初爲正員之外添差之散騎常侍，無定員，三國魏後爲固定官員。職閑位顯。三品。

[7]機：陸機，字士衡，本書卷五四有傳。

[8]顧榮：字彦先，本書卷六八有傳。

後察孝廉，[1]除永世、烏江二縣令，[2]皆不就。元帝初鎮江左，[3]辟爲祭酒，[4]尋補振威將軍、義興太守，[5]以疾不拜。預討華軼功，[6]封平望亭侯，累遷散騎常侍、本郡大中正。[7]太興元年，遷太子詹事。[8]時帝以侍中皆北士，[9]宜兼用南人，曄以清貞著稱，遂拜侍中，徙尚書，[10]領州大中正。

[1]孝廉：漢代選拔人才的科目。

[2]永世：縣名，治所在今江蘇省溧陽市天目湖鎮。　烏江：縣名，治所在今安徽省和縣東北烏江鎮。

[3]江左：江東。因自北方視之，江東在左，江西在右，故稱。

[4]祭酒：官名，此爲軍諮祭酒，即軍師祭酒，晋朝避司馬師名諱而改。亦稱軍咨祭酒、軍謀祭酒、軍祭酒，諸軍府屬官，參謀軍事，位在軍府諸僚佐之上。

[5]振威將軍：官名，雜號將軍，統兵出征。四品。　義興：郡名，治所在陽羡縣（今江蘇省宜興市）。

[6]華軼：字彦夏，本書卷六一有傳。

[7]散騎常侍：官名，三國魏文帝黄初年間置，侍從皇帝左右，諫諍得失，顧問應對，與侍中等共平尚書奏事。也用作宰相、諸公等加官，入宫議政。三品。　大中正：州一級評定士人品第的

官員。

[8]太子詹事：官名，東宫屬官，掌管東宫内外事務。兩晋南北朝東宫地位極重，官署齊備，擬於朝廷。太子詹事任總宫官，堪比朝廷之尚書令、領軍將軍，位權甚重。三品。

[9]侍中：官名，東漢建安中與給事黄門侍郎出入禁中，省尚書事。曹魏時爲門下之侍中省長官，常侍衛皇帝左右，掌顧問應對、諫諍糾察、平議奏事、駁奏異議等，權力甚重。三品。

[10]尚書：官名，東漢尚書臺六曹各置尚書，魏晋出爲朝官，分掌尚書省諸曹，品秩提高。三品。

明帝即位，轉光禄勳，[1]還太常，[2]代紀瞻爲尚書左僕射，[3]領太子少傅，[4]尋加金紫光禄大夫，[5]代卞壼爲領軍將軍。[6]以平錢鳳功，[7]進爵江陵伯。帝不豫，[8]曄與王導、卞壼、庾亮、温嶠、郗鑒並受顧命，[9]輔皇太子，更入殿將兵直宿。遺詔曰："曄清操忠貞，歷職顯允，且其兄弟事君如父，憂國如家，歲寒不凋，體自門風。既委以六軍，可録尚書事，[10]加散騎常侍。"

[1]光禄勳：官名，侍從皇帝左右，掌宫廷宿衛。西晋時兼掌原屬少府的一部分宫廷供御事務。三品。

[2]太常：官名，漢代稱奉常，本掌禮樂宗廟、社稷祭祀，魏晋時此職掌歸尚書裁定，太常成爲閑職。三品。

[3]紀瞻：字思遠，本書卷六八有傳。　尚書左僕射：官名，尚書省次官，輔助尚書令執行政務，參議大政，諫諍得失，監察糾彈百官。有時尚書省不置令，祇設左、右僕射，此時左僕射居右僕射之上。三品。

[4]太子少傅：官名，與太子太傅並稱二傅，三國時並攝東宫事務，與尚書、東曹並掌太子、諸侯官署選舉。西晋時下設丞、功

曹、主簿等屬官。三品。

[5]金紫光禄大夫：官名，對光禄大夫加金章紫綬。禄賜、班位、車服、佩玉等皆與特進同。二品。

[6]卞壼：字望之，本書卷七〇有傳。　領軍將軍：官名，三國曹丕置，職掌同於中領軍，但任職者資位重於中領軍，簡稱領軍。爲禁衛軍最高統帥，常由皇帝親信或宗室擔任。兩晋沿置。三品。

[7]錢鳳：字世儀，王敦鎧曹參軍。知王敦有不臣之心，因進邪説，遂相朋構，專弄威權，言成禍福。

[8]不豫：帝王有病的諱稱。

[9]王導：字茂弘，本書卷六五有傳。　庾亮：字元規，本書卷七三有傳。　温嶠：字太真，本書卷六七有傳。　郗鑒：字道徽，本書卷六七有傳。郗，殿本作"郄"。本卷下文此姓字同。　顧命：臨終遺命。

[10]録尚書事：官名，初爲職銜名，重臣加此名義始得總知國事，綜理政務，成爲真宰相。魏晋多以公卿權重者居之，總領尚書省政務，凡重號將軍、刺史皆得命曹授用，位在三公之上。

成帝踐阼，拜左光禄大夫、開府儀同三司，[1]給親兵百人，常侍如故。蘇峻之難，[2]曄隨帝在石頭，[3]舉動方正，不以凶威變節。峻以曄吴士之望，不敢加害，使守留臺。[4]匡術以苑城歸順，[5]時共推曄督宫城軍事。峻平，加衛將軍，[6]給千兵百騎，以勛進爵爲公，封次子緥新康子。

[1]左光禄大夫：官名，齊王曹芳正始元年（240）在光禄大夫上增置左、右，位在光禄大夫上。在朝顯職的加官，或授予年老有病致仕者，或授予死者。西晋時禄賜與特進同。二品，開府位從

公者一品。　開府儀同三司：官名，三國魏始置。爲大臣加號，意謂與太尉、司徒、司空三司待遇相同，許開設府署，任命僚屬。

[2]蘇峻：字子高，本書卷一〇〇有傳。

[3]石頭：即石頭城，故址在今江蘇省南京市清涼山。

[4]留臺：指古代帝王因故离京，奉命留守京師之官及其機構。

[5]苑城：又名臺城，位於今江蘇省南京市鷄鳴山南、乾河沿北。

[6]衛將軍：官名，魏晋時位在名號將軍之上，多爲軍府名號，加給大臣、重要州郡長官。二品，開府位從公者一品。

咸和中，求歸鄉里拜墳墓。有司奏，舊制假六十日。侍中顔含、黄門侍郎馮懷駁曰：[1]“曄内藴至德，清一其心，受託付之重，居臺司之位，[2]既蒙詔許歸省墳塋，大臣之義本在忘己，豈容有期而反，無期必違。愚謂宜還自還，不須制日。”帝從之，曄因歸。以疾卒，時年七十四。追贈侍中、車騎大將軍，[3]謚曰穆。子諶，散騎常侍。

[1]顔含：字弘都，本書卷八八有傳。　黄門侍郎：官名，魏晋時爲侍中省或門下省次官。侍從皇帝，顧問應對，多以重臣或外戚子弟擔任，位頗重要。五品。　馮懷：東晋人，歷任太常、護軍將軍、黄門侍郎、侍中等職。

[2]臺司：《文選·羊祜〈讓開府表〉》：“臣昨出，伏聞恩詔，拔臣使同臺司。”李善注：“臺司，三公也。”

[3]車騎大將軍：官名，西晋置，位在車騎將軍之上，多授予元老重臣，以示尊崇。開府置僚屬，一般不領兵。二品，開府位從公者一品。

玩，字士瑶。器量淹雅，[1]弱冠有美名，[2]賀循每稱其清允平當。[3]郡檄綱紀，[4]東海王越辟爲掾，[5]皆不就。元帝引爲丞相參軍。[6]時王導初至江左，思結人情，請婚於玩。玩對曰："培塿無松柏，[7]薰蕕不同器。[8]玩雖不才，義不能爲亂倫之始。"導乃止。玩嘗詣導食酪，因而得疾。與導箋曰："僕雖吴人，幾爲傖鬼。"[9]其輕易權貴如此。

[1]器量淹雅：器量寬宏，風度儒雅。

[2]弱冠：指男子二十歲時。《禮記·曲禮上》："二十曰弱，冠。"年少爲弱，待至二十，即爲成年，舉行冠禮。

[3]賀循：字彦先，本書卷六八有傳。

[4]綱紀：公府及州郡主簿。

[5]東海王越：司馬越，字元超，本書卷五九有傳。

[6]丞相參軍：官名，丞相府屬官。參軍，亦作參軍事，謂參謀軍事。兩晋公府、軍府皆置。

[7]培塿：亦作部塿，小土丘。《左傳·襄公二十四年》："部婁無松柏。"杜預注："部婁，小阜。"

[8]薰蕕：香草和臭草。語出《左傳·僖公四年》："一薰一蕕，十年尚猶有臭。"杜預注："薰，香草；蕕，臭草。十年有臭，言善易消，惡難除。"

[9]傖鬼：兩晋南北朝時，南人輕侮北人爲"傖"。傖鬼，猶言北方之鬼。

累加奮武將軍，[1]徵拜侍中，以疾辭。王敦請爲長史，[2]逼以軍期，不得已，乃從命。敦平，尚書令郗鑒議敦佐吏不能匡正奸惡，[3]宜皆免官禁錮。會温嶠上表申理，得不坐。復拜侍中，遷吏部尚書，領會稽王師，[4]讓不拜。轉尚書左僕射，領本州大中正。及蘇峻反，遣玩與兄曄俱守宮城。玩潛説匡術歸順，以功封興平伯。轉尚書令。又詔曰："玩體道清純，雅量弘遠，歷位内外，風績顯著。宜居臺司，以允衆望。授左光禄大夫、開府儀同三司，加散騎常侍，餘如故。"玩頻自表，優詔褒揚。重復自陳曰："臣實凡短，風操不立，階緣嘉會，便蕃榮顯，遂總括憲臺，豫聞政道。竟不能敷融玄風，清一朝序，咎責之來，於臣已重。誠以身許國，義忘曲讓。而慺慺所守，[5]終於陳訴者，特以端右機要，[6]事務殷多，臣已盈六十之年，智力有限，疾患深重，體氣日弊，朝夕自勵，非復所堪。若偃息苟免，職事並廢，則莫大之悔，天下將謂臣何！乞陛下披豁聖懷，霈然垂允。"詔不許。玩重表曰："臣比披誠款，不足上暢天聽，聖恩徘徊，厲以體國。臣聞至公之道，上下玄同，用才不負其長，量力不受其短。雖加官重禄無世不有，皆庸勛親賢，時所須賴，兼統以濟世務，非優崇以榮一人。臣受遇三世，恩隆寵厚，豈敢辭職事之勞，求冲讓之譽。徒以端右要重，興替所存，久以無任，妨賢曠職。臣猶自知不可，况天下之人乎！今復外參論道，内統百揆，[7]不堪之名，有如皎日。願陛下少垂哀矜，使四海知官不可以私於人，人不可以私取官，則天工弘坦，誰不謂允！"猶不許。尋而王導、郗鑒、庾亮相繼而薨，朝野咸以爲三良既没，國家殄瘁。以玩有德望，乃遷侍中、司空，[8]給羽林四十人。玩既拜，有人詣之，索盃酒，瀉置柱梁之間，呪曰："當今乏材，以爾爲柱石，莫傾人梁棟邪！"玩笑曰："戢卿良箴。"[9]既而嘆息，謂賓客曰："以我爲三公，是天下爲無人。"談者以爲知言。

[1]奮武將軍：官名，雜號將軍，地位較高。四品。

[2]王敦：字處仲，本書卷九八有傳。　長史：官名，掌顧問參謀，爲所在官署掾屬之長。魏晋南北朝時王府、公府、軍府、邊郡均置。八至六品。

[3]尚書令：官名，秦漢時爲尚書署長官。秩位雖低，權力甚重。魏晋時沿置，爲尚書省長官，綜理全國政務，參議大政，爲高級政務長官。三品。

[4]領：以地位較高的官員兼理較低的職務。　會稽王：即簡文帝司馬昱，本書卷九有紀。

[5]慺慺：勤懇恭謹貌。

[6]端右：指宰輔重臣。亦特指尚書令。

[7]百揆：各種政務。

[8]司空：官名，魏晋南北朝爲名譽宰相，多爲大臣加官。晋八公之一，位在三公之末。一品。

[9]戢卿良箴：中華本校勘記："《通志》一二八及《册府》八六七'戢'作'感'。"戢作"收藏""約束"，意亦通。

玩雖登公輔，謙讓不辟掾屬。成帝聞而勸之。玩不得已而從命，所辟皆寒素有行之士。玩翼亮累世，常以弘重爲人主所貴，加性通雅，不以名位格物，[1]誘納後進，謙若布衣，由是搢紳之徒莫不廕其德宇。後疾甚，上表曰："臣嬰遘疾疢，[2]沉頓歷月，不蒙痊損，而日夕漸篤，自省微綿，無復生望。荷恩不報，孤負已及，仰瞻天覆，伏枕實涕。臣年向中壽，窮極寵榮，終命歸全，[3]將復何恨！惟願陛下崇明聖德，弘敷洪化，曾構祖宗之基，[4]道濟群生之命。臣不勝臨命遺戀之情，貪及視息，上表以聞。”薨年六十四。謚曰康，給兵千人，守冢七十家。太元中，功臣普被減削，司空何充等止得六家，以玩有佐命之勳，先陪陵而葬，由是特置興平伯官屬以衛墓。子始嗣，歷侍中、尚書。

[1]以名位格物：以名聲地位衡量人。

[2]疢疢（chèn）：病害。

[3]終命：命，殿本作“身”。

[4]曾構祖宗之基：曾，殿本作“會”。

納，字祖言。少有清操，貞厲絶俗。初辟鎮軍大將軍、武陵王掾，[1]州舉秀才。太原王述雅敬重之，[2]引爲建威長史。[3]累遷黄門侍郎、本州别駕、尚書吏部郎，[4]出爲吴興太守。[5]將之郡，先至姑孰辭桓温，[6]因問温曰：“公致醉可飲幾酒？食肉多少？”温曰：“年大來飲三升便醉，白肉不過十臠。卿復云何？”納曰：“素不能飲，止可二升，肉亦不足言。”後伺温閑，謂之曰：“外有微禮，方守遠郡，欲與公一醉，以展下情。”温欣然納之。時王坦之、刁彝在坐，[7]及受禮，唯酒一斗，鹿肉一柈，[8]坐客愕然。納徐曰：“明公近云飲酒三升，納止可二升，今有一斗，以備杯酌餘瀝。”[9]温及賓客並嘆其率素，[10]更敕中厨設精饌，酣飲極歡而罷。納至郡，不受俸禄。頃之，徵拜左民尚書，[11]領州大中正。將應召，外白宜裝幾船？納曰："私奴裝糧食來，無所復須也。"臨發，止有被襆而已，[12]其餘並封以還官。遷太常，徙吏部尚書，加奉車都尉、衛將軍。[13]謝安嘗欲詣納，[14]而納殊無供辦。[15]其兄子俶不敢問之，乃密爲之具。安既至，納所設唯茶果而已。俶遂陳盛饌，珍羞畢具。客罷，納大怒曰："汝不能光益父叔，乃復穢我素業邪！"於是杖之四十。其舉措多此類。

[1]鎮軍大將軍：官名，高級軍事長官，權任甚重。兩晋二品，開府位從公者一品。　武陵王：即司馬晞，字道叔，本書卷六四有傳。　掾：官名，太宰府屬官。時司馬晞任太宰。

[2]太原：郡名，治所在晋陽縣（今山西省太原市西南）。王述：字懷祖，本書卷七五有傳。

[3]建威長史：官名，建威將軍府長史。掌顧問參謀，爲所在官署掾屬之長。七品。

[4]别駕：官名，别駕從事、别駕從事史省稱。州部佐官，因從刺史行部，别乘傳車，故稱。位居州吏之右。　尚書吏部郎：官名，尚書省吏部曹長官通稱。亦稱郎中，資深者可轉侍郎。屬吏部尚書，主管官吏選任、銓叙、調動事務，對五品以下官吏之任免有建議權。六品。

[5]吴興：郡名，治所在烏程縣（今浙江省湖州市南）。

[6]姑孰：姑孰城，位於今安徽省當塗縣。　桓温：字元子，本書卷九八有傳。

[7]王坦之：字文度，本書卷七五有傳。　刁彝：字大倫，本書卷六九有傳。刁，宋本作"刀"。

[8]柈：同"盤"。

[9]杯酌餘瀝：酌，殿本作“杓”。

[10]率素：直率樸素。

[11]左民尚書：三國魏改民曹尚書置，爲五曹尚書之一。兩晋、南朝皆置，爲尚書省左民曹長官。三品。

[12]被襆：襆，殿本作“幞”。

[13]奉車都尉：官名，魏晋時作加官，與駙馬都尉、騎都尉並號三都尉。六品。

[14]謝安：字安石，本書卷七九有傳。

[15]而納殊無供辦：辦，宋本作“辨”。

後以愛子長生有疾，求解官營視，兄子禽又犯法應刑，乞免官謝罪。詔特許輕降。頃長生小佳，[1]喻還攝職。尋遷尚書僕射，[2]轉左僕射，[3]加散騎常侍。俄拜尚書令，常侍如故。恪勤貞固，始終不渝。時會稽王道子以少年專政，[4]委任群小，納望闕而嘆曰：“好家居，纖兒欲撞壞之邪！”朝士咸服其忠亮。尋除左光禄大夫、開府儀同三司，未拜而卒，即以爲贈。長生先卒，無子，以弟子道隆嗣，元熙中，爲廷尉。[5]

[1]頃長生小佳：頃，宋本作“頁”。

[2]尚書僕射：官名，秦漢爲尚書令副貳，東漢建安四年(199)分置左、右，爲尚書省次官。三品。

[3]左僕射：尚書左僕射。

[4]會稽王道子：司馬道子，字道子，本書卷六四有傳。

[5]廷尉：官名，中央最高司法審判機構長官，負責會審朝中有罪文武大臣，覆核審决郡國疑獄等。三品。

何充

何充，字次道，廬江灊人，[1]魏光禄大夫禎之曾孫也。[2]祖惲，豫州刺史。[3]父叡，安豐太守。[4]充風韵淹雅，文義見稱。初辟大將軍王敦掾，[5]轉主簿。[6]敦兄含時爲廬江郡，[7]貪污狼藉，敦嘗於座中稱曰："家兄在郡定佳，廬江人士咸稱之。"充正色曰："充即廬江人，所聞異於此。"敦默然。傍人皆爲之不安，充晏然自若。由是忤敦，左遷東海王文學。[8]尋屬敦敗，累遷中書侍郎。[9]

[1]廬江：郡名，三國魏、吴於境内各置廬江郡，魏治所在六安縣（今安徽省六安市），吴治所在皖縣（今安徽省潜山市）。西晋合爲一，治所在舒縣（今安徽省廬江縣西南）。　灊：縣名，治所在今安徽省霍山縣東北。

[2]光禄大夫：官名，三公等大臣告老回家即拜此職，或作爲在朝顯職的加官。三品，開府位從公者一品。　禎：何楨，三國曹魏廬江（今安徽省六安市）人，字元幹，有文學器幹，容貌甚偉。歷幽州刺史、廷尉等職，入晋爲尚書、光禄大夫。中華本校勘記："《斠注》：《武紀》、《四夷傳》、《魏志·管寧傳》注引《文士傳》'禎'均作'楨'。按：楨，字元幹，用'國之楨幹'義。《類聚》五六引《文士傳》亦作'楨'。"原本、宋本"禎"字作小字夾文"御名"二字，殿本作"禎"，據殿本改爲本字。

[3]豫州：曹魏時治所在安城縣（今河南省正陽縣東北），西晋移治陳縣（今河南省周口市淮陽區）。

[4]安豐：郡名，曹魏文帝分廬江郡置，西晋治所在安風縣（今安徽省霍邱縣西南）。

[5]大將軍：官名，高級軍事統帥。曹魏時多以之屯駐長安，

對付蜀漢，蜀漢以其爲最高軍事長官，孫吴則别置上大將軍居其上。西晋時爲八公之一，位居上公、大司馬下，三公之上。東晋時常專擅軍政事務。一品。

[6]主簿：官名，開府屬官，典領文書籍簿，省録衆事，職權甚重。

[7]含：王含，字處弘，王敦兄，歷任衛將軍、都督沔南軍事、領南蠻校尉、荆州刺史、征東將軍、都督揚州江西諸軍事等職，王敦兵敗後，被王舒沉江淹死。

[8]東海王：廢帝司馬奕，本書卷八有紀。　文學：官名，魏晋太子、諸王及世子均置，掌各級教育文事。

[9]中書侍郎：官名，三國魏文帝黄初初年設中書省，在長官中書監、中書令以下有通事郎，後增設中書郎，亦稱中書侍郎。掌草擬詔書，外出執行重要使命等。五品。

充即王導妻之姊子，充妻，明穆皇后之妹也，[1]故少與導善，早歷顯官。嘗詣導，導以麈尾指床呼充共坐，曰："此是君坐也。"導繕揚州解舍，[2]顧而言曰："正爲次道耳。"明帝亦友昵之。

[1]明穆皇后：庾文君，本書卷三二有傳。

[2]揚州：三國魏、吴各置揚州，魏治所在壽春縣（今安徽省壽縣），吴治所在建業縣（今江蘇省南京市）。西晋統一後復合，治所在建鄴縣（今江蘇省南京市）。　解舍：官府，官舍。解，殿本作"廨"。

成帝即位，遷給事黄門侍郎。[1]蘇峻作亂，京都傾覆，導從駕在石頭，充東奔義軍。其後導奔白石，[2]充亦得還。賊平，封都鄉侯，拜散騎常侍，出爲東陽太守，[3]仍除建威將軍、會稽内史。[4]在郡甚有德政，薦徵士虞喜，[5]拔郡人謝奉、魏顗等以爲佐吏。後以墓被發去郡。詔徵侍中，不拜。改葬畢，除建威將軍、丹楊尹。[6]王導、庾亮並言於帝曰："何充器局方概，有萬夫之望，必能總録朝端，爲老臣之副。臣死之日，願引充内侍，則外譽唯緝，社稷無虞矣。"由是加吏部尚書，進號冠軍將軍，[7]又領會稽王師。及導薨，轉護軍將軍，[8]與中書監庾冰參録尚書事。[9]詔充、冰各以甲杖五十人至止車門。尋遷尚書令，加左將軍。[10]充以内外統任，宜相糾正，若使事綜一人，於課對爲嫌，乃上疏固讓。許之。徙中書令，[11]加散騎常侍，領軍如故。又領州大中正，以州有先達宿德，固讓不拜。

[1]給事黄門侍郎：官名，魏晋時爲侍中省或門下省次官。與侍中俱掌門下衆事，職掌略同，地位隨皇帝旨意或侍中地位而定。五品。

[2]白石：即白石陂，又名蘇峻湖，位於今江蘇省南京市城區西北部。

[3]東陽：郡名，治所在長山縣（今浙江省金華市）。

[4]建威將軍：官名，領兵征戰，曹魏、孫吴、西晋皆置。四品。　會稽：郡名，治所在山陰縣（今浙江省紹興市）。　内史：官名，西晋武帝太康十年（289）改諸王國相爲内史，掌管民政。五品。周家禄《晋書校勘記》認爲："晋制，以郡爲國，内史治民事，若郡太守。國除爲郡，復稱太守。然二名往往混淆，史家亦互稱之。"

[5]徵士：不接受朝廷徵聘的隱士。　虞喜：字仲寧，本書卷

九一有傳。

[6]丹楊尹：官名，東晋京城所在郡府長官，掌京城行政諸務並詔獄，亦稱“京尹”。三品。楊，殿本作“陽”。本卷下文此地名同。

[7]冠軍將軍：官名，曹魏、孫吴、西晋皆置。西晋時領營兵。三品。

[8]護軍將軍：官名，東漢建安十二年（207）曹操改丞相府護軍爲中護軍，資重者可遷護軍將軍，典武官選舉，與中領軍同掌禁軍。曹魏時四品，西晋時三品。

[9]中書監：官名，中書省長官之一。三國魏文帝初年分秘書置中書省，長官爲中書監、中書令。掌收納奏章、草擬詔令。平常不分高下，入朝時監略高於令。三品。　庾冰：字季堅，本書卷七三有傳。

[10]左將軍：官名，漢代爲重號將軍，與前、後、右將軍並爲上卿。魏晋時爲常設官職，權位較兩漢漸低，僅爲武官名號，略高於一般雜號將軍，不典禁兵。三品。

[11]中書令：官名，掌收納尚書奏事、傳達皇帝詔旨。三國魏文帝初年分秘書置中書省，設中書監和中書令，職權甚重。三品。

庾冰兄弟以舅氏輔王室，權侔人主，慮易世之後，戚屬轉疏，將爲外物所攻，謀立康帝，即帝母弟也。每説帝以國有强敵，宜須長君，帝從之。充建議曰：“父子相傳，先王舊典，忽妄改易，懼非長計。故武王不授聖弟，即其義也。昔漢景亦欲傳祚梁王，[1]朝臣咸以爲虧亂典制，據而弗聽。今琅邪踐阼，如孺子何！社稷宗廟，將其危乎！”冰等不從。既而康帝立，帝臨軒，冰、充侍坐。帝曰：“朕嗣鴻業，二君之力也。”充對曰：

“陛下龍飛，臣冰之力也。若如臣議，不睹升平之世。”帝有慚色。

[1]梁王：梁孝王劉武，漢文帝次子，母竇太后。吴楚七國之亂起，梁王城守睢陽，使叛軍不能越過睢陽，爲平定叛亂立有大功，受到朝廷重賞。

建元初，出爲驃騎將軍、都督徐州揚州之晋陵諸軍事、假節、領徐州刺史，[1]鎮京口，[2]以避諸庾。頃之，庾翼將北伐，[3]庾冰出鎮江州，[4]充入朝，言於帝曰：“臣冰舅氏之重，宜居宰相，不應遠出。”朝議不從。於是徵充入爲都督揚豫徐州之琅邪諸軍事、假節、領揚州刺史，[5]將軍如故。先是，翼悉發江荆二州編户奴以充兵役，士庶嗷然。充復欲發揚州奴以均其謗。後以中興時已發三吴，今不宜復發而止。

[1]驃騎將軍：官名，西漢時爲重號將軍，東漢以後，居諸名號將軍之首，僅作爲軍府名號加授大臣或重要州郡長官。二品，開府位從公者一品。　都督徐州揚州之晋陵諸軍事：徐州以及揚州轄下晋陵郡等地區的最高軍事行政長官。　假節：假以節杖。指大臣臨時持節出巡，爲權臣掌軍、秉政的地位象徵和政治待遇。　徐州：治所在彭城縣（今江蘇省徐州市）。

[2]京口：地名，即今江蘇省鎮江市。

[3]庾翼：字稚恭，本書卷七三有傳。

[4]江州：治所在南昌縣（今江西省南昌市）。

[5]都督揚豫徐州之琅邪諸軍事：揚州、豫州以及徐州轄下琅邪郡等地區的最高軍事行政長官。

俄而帝疾篤，冰、翼意在簡文帝，而充建議立皇太子，奏可。及帝崩，充奉遺旨，便立太子，是爲穆帝，冰、翼深恨之。獻后臨朝，詔曰：“驃騎任重，可以甲杖百人入殿。”又加中書監、録尚書事。充自陳既録尚書，不宜復監中書，許之。復加侍中，羽林騎十人。

冰、翼等尋卒，充專輔幼主。翼臨終，表以後任委息爰之。于時論者並以諸庾世在西藩，人情所歸，宜依翼所請，以安物情。充曰：“不然。荆楚國之西門，户口百萬，北帶强胡，西鄰勁蜀，經略險阻，周旋萬里。得賢則中原可定，勢弱則社稷同憂，所謂陸抗存則吴存，[1]抗亡則吴亡者，豈可以白面年少猥當此任哉！桓温英略過人，有文武識度，西夏之任，無出温者。”議者又曰：“庾爰之肯避温乎？如令阻兵，耻懼不淺。”充曰：“温足能制之，諸君勿憂。”乃使温西。爰之果不敢争。充以衛將軍褚裒皇太后父，[2]宜綜朝政，上疏薦裒參録尚書。裒以地逼，固求外出。充每曰：“桓温、褚裒爲方伯，殷浩居門下，我可無勞矣。”

[1]陸抗：三國時吴郡吴縣（今江蘇省蘇州市）人，字幼節。陸遜子。以鎮軍大將軍都督信陵、西陵、夷道、樂鄉、公安諸軍事。與西晋荆州都督羊祜互通使節，各保分界。

[2]褚裒：字季野，本書卷九三有傳。

充居宰相，雖無澄正改革之能，而强力有器局，臨朝正色，以社稷爲己任，凡所選用，皆以功臣爲先，不以私恩樹親戚，談者以此重之。然所昵庸雜，信任不得其人，而性好釋典，崇修佛寺，供給沙門以百數，糜費巨億而不吝也。親友至於貧乏，無所施遺，以此獲譏於世。阮裕嘗戲之曰：[1]“卿志大宇宙，勇邁終古。”充問其故。裕曰：“我圖數千户郡尚未能得，卿圖作佛，不亦大乎！”于時郗愔及弟曇奉天師道，[2]而充與弟準崇信釋氏，謝萬譏之云：[3]“二郗諂於道，二何佞於佛。”充能飲酒，雅爲劉惔所貴。[4]惔每云：“見次道飲，令人欲傾家釀。”言其能溫克也。

[1]阮裕：字思曠，本書卷四九有傳。

[2]郗愔：字方回，本書卷六七有傳。　曇：字重熙，本書卷六七有傳。　天師道：東漢張道陵創立，以《老子》爲經典。教主自稱“天師”或“師君”。因入道要交五斗米，又稱“五斗米道”。

[3]謝萬：字萬石，本書卷七九有傳。

[4]劉惔：字真長，本書卷七五有傳。

永和二年卒，時年五十五。贈司空，謚曰文穆。無子，弟子放嗣。卒，又無子，又以兄孫松嗣，位至驃騎諮議參軍。[1]充弟準，見《外戚傳》。

[1]驃騎諮議參軍：官名，驃騎將軍府屬官。掌咨詢謀議軍事，位在諸參軍之上。

褚翜

褚翜，字謀遠，太傅裒之從父兄也。父頠，少知名，早卒。翜以才藝楨幹稱。襲爵關内侯，補冠軍參軍。[1]于時長沙王乂擅權，[2]成都、河間阻兵于外，[3]叒知内難方作，乃棄官避地幽州。[4]後河北有寇難，復還鄉里。河南尹舉叒行本縣事。[5]

[1]冠軍參軍：官名，冠軍將軍府參軍。參軍，亦作參軍事，謂參謀軍事。兩晋公府、軍府皆置。

[2]長沙王乂：司馬乂，字士度，本書卷五九有傳。

[3]成都：成都王司馬穎，字章度，本書卷五九有傳。　河間：河間王司馬顒，字文載，本書卷五九有傳。

[4]幽州：治所在薊縣（今北京市西南）。

[5]河南尹：官名，京都洛陽所在河南郡長官，主管京都事務。三品。

及天下鼎沸，叒招合同志，將圖過江，先移任陽城界。[1]潁川庾敳，[2]即叒之舅也，亦憂世亂，以家付叒。叒道斷，不得前。東海王越以爲參軍，辭疾不就。

[1]移任：任，宋本作“住”。　陽城：縣名，治所在今河南省登封市東南告城鎮。

[2]潁川：郡名，治所在許昌縣（今河南省許昌市東）。　庾敳：字子嵩，本書卷五〇有傳。

尋洛陽覆没，與滎陽太守郭秀共保萬氏臺。[1]秀不能綏衆，與將陳撫、郭重等構怨，遂相攻擊。叒懼禍及，謂撫等曰：“以諸君所以在此，謀逃難也。今宜共戮力以備賊，幸無外難，而内自相擊，是避坑落井也。郭秀誠爲失理，應且容之。若遂所忿，城内自潰，胡賊聞之，指來掩襲，諸君雖得殺秀，無解胡虜矣。累弱非一，宜深思之。”撫等悔悟，與秀交和。時數萬口賴叕獲全。

[1]滎陽：郡名，治所在滎陽縣（今河南省滎陽市東北）。

明年，率數千家將謀東下，遇道險，不得進，因留密縣。[1]司隸校尉荀組以爲參軍、廣威將軍，[2]復領本縣，率邑人三千，督新城梁陽城三郡諸營事。[3]頃之，遷司隸司馬，[4]仍督營事。率衆進至汝水柴肥口，[5]復阻賊。叕乃單馬至許昌，[6]見司空荀藩，[7]以爲振威將軍，行梁國内史。[8]

[1]密縣：治所在今河南省新密市東南。

[2]司隸校尉：官名，三國魏時先治弘農，後治河南，轄司州所屬河南、河東、河内、弘農、平陽五郡。掌監察京師，糾察京都百官。西晋沿置。三品。　荀組：字大章，本書卷三九有傳。　參軍：官名，亦作參軍事，謂參謀軍事。兩晋公府、軍府皆置。　廣威將軍：官名，三國魏始置。四品。

[3]新城梁陽城三郡諸營事：新城，縣名，治所在今河南省伊川縣西南。梁，縣名，治所在今河南省汝州市南。中華本校勘記：“《斠注》：《地理志》，新城、梁、陽城三縣皆屬司州河南郡，此‘三郡’乃‘三縣’之訛。”

[4]司隸司馬：官名，司隸校尉府司馬。魏晋南北朝時王府、公府、軍府、邊郡均置司馬，爲府署高級幕僚，掌參讃軍務、管理府内武職，位僅次於長史。八至六品。

[5]汝水：上游即今河南省汝河，自郾城縣以下，故道南流至

西平縣東北會潕水，又南經上蔡縣西至遂平縣東會瀙水；此下即今南汝河及新蔡縣以下洪河。

［6］許昌：縣名，治所在許昌城（今河南省許昌市東）。

［7］荀藩：字大堅，本書卷三九有傳。

［8］行：兼攝官職。　郡國名，治所在睢陽縣（今河南省商丘市）。

建興初，復爲豫州司馬，[1]督司州軍事。[2]太傅參軍王玄代裒爲郡。時梁國部曲將耿奴甚得人情，而專勢，裒常優遇之。玄爲政既急，裒知其不能容奴，因戒之曰："卿威殺已多，而人情難一，宜深慎之。"玄納裒言，外羈縻奴，而内懷憤。會遷爲陳留，[3]將發，乃收奴斬之。奴餘黨聚衆殺玄。梁郡既有内難，而徐州賊張平等欲掩襲之。郡人遑惑，將以郡歸平。荀組遣裒往撫之，衆心乃定。頃之，組舉裒爲吏部郎，[4]不應召，遂東過江。

［1］豫州司馬：官名，豫州刺史府司馬。魏晋南北朝時王府、公府、軍府、邊郡均置司馬，府署高級幕僚，掌參讚軍務、管理府内武職，位僅次於長史。八至六品。

［2］督司州軍事：即督司州諸軍事，司州軍事行政長官，位低於都督和監。

［3］陳留：郡國名，治所在小黄縣（今河南省開封市東）。

［4］吏部郎：官名，尚書省吏部曹長官通稱。亦稱郎中，資深者可轉侍郎。屬吏部尚書，主管官吏選任、銓叙、調動事務，對五品以下官吏之任免有建議權。六品。

元帝爲晋王，以羆爲散騎郎，[1]轉太子中庶子，[2]出爲奮威將軍、淮南内史。[3]永昌初，王敦構逆，征西將軍戴若思令羆出軍赴難，[4]羆遣將領五百人從之。明帝即位，徵拜屯騎校尉，[5]遷太子左衛率。[6]

[1]散騎郎：官名，即散騎侍郎，三國魏置。隸屬散騎省，侍從皇帝左右，顧問應對，諫諍拾遺，與散騎常侍、侍中等共平尚書奏事。五品。

[2]太子中庶子：官名，太子侍從，掌侍從、奏事、諫議等。五品。

[3]奮威將軍：官名，爲雜號將軍。四品。威，原本、宋本作“武”，殿本作“威”，據殿本改。　淮南：郡名，治所在壽春縣(今安徽省壽縣)。

[4]征西將軍：官名，東漢永元年間置，地位與雜號將軍、偏將軍、裨將軍等同。建安年間與征東、征南、征北將軍合稱四征將軍，地位提高。三品，加持節都督者二品。　戴若思：戴淵，字若思，本書卷六九有傳。

[5]屯騎校尉：官名，北軍五校尉之一，隸屬中領軍，掌本營騎士，戍衛京師。四品。

[6]太子左衛率：官名，又稱太子左率，領精兵萬人，宿衛東宫，亦任征戰，地位頗重。五品。

成帝初，爲左衛將軍。[1]蘇峻之役，朝廷戒嚴，以羆爲侍中，典征討軍事。既而王師敗績，司徒王導謂羆曰：“至尊當御正殿，君可啓令速出。”羆即入上閤，躬自抱帝登太極前殿。[2]導升御床抱帝，羆及鍾雅、劉超侍立左右。[3]時百官奔散，殿省蕭然。峻兵既入，叱羆令下。翜正立不動，呵之曰：“蘇冠軍來覲至尊，軍人豈得侵逼!”由是兵士不敢上殿。及峻執政，猶以爲侍中，從乘輿幸石頭。[4]明年，與光禄大夫陸曄等出據苑城。蘇逸、任讓圍之，翜等固守。賊平，以功封長平縣伯，遷丹楊尹。時京邑焚蕩，人物凋殘，翜收集散亡，甚有惠政。

[1]左衛將軍：官名，三國魏咸熙二年（265），司馬炎即晋王位，分中衛將軍爲左、右衛將軍。掌佽飛虎賁及前驅、由基、强弩三部司馬，屬下還有虎賁、羽林、上騎、異力、命中共五部督，負責宫禁侍衛。西晋屬中軍將軍，後屬領軍將軍。爲禁衛軍主要統帥之一，權任很重。四品。

[2]太極前殿：太極殿前殿。太極殿爲東晋都城正殿。《景定建康志》卷二一《城闕志·古宫殿》：“建康宫内正殿，晋初造以十二間，象十二月。”

[3]鍾雅：字彦胄，本書卷七〇有傳。　劉超：字世瑜，本書卷七〇有傳。原本無“超”字，宋本、殿本有，據宋本、殿本補。

[4]乘輿：皇帝所乘之車。此代指皇帝。

代庾亮爲中護軍，[1]鎮石頭。尋爲領軍，[2]徙五兵尚書，[3]加奉車都尉，監新宫事。遷尚書右僕射，[4]轉左僕射，加散騎常侍。久之，代何充爲護軍將軍，常侍如故。[5]

[1]中護軍：官名，掌武官選舉，與中領軍同掌禁軍。曹魏四品，晋三品。

[2]領軍：官名，領軍將軍的簡稱。三品。

［3］五兵尚書：官名，屬尚書省。三國魏始置，掌軍事樞務，主管全國軍事行政，領中兵、外兵、騎兵、别兵、都兵五郎曹。西晋初不置，武帝太康年間復置，分中兵、外兵爲左右，共領七郎曹，仍稱五兵。三品。

［4］尚書右僕射：官名，尚書令副手，掌拆閲封緘奏章文書，參議政事，諫諍駁議，監察百官。位在左僕射之下。三品。

［5］常侍如故：殿本“侍”下有“銜”字。

咸康七年卒，時年六十七。贈衛將軍，謚曰穆。子希嗣，官至豫章太守。[1]

［1］豫章：郡名，治所在南昌縣（今江西省南昌市）。

蔡謨

蔡謨，字道明，陳留考城人也。[1]世爲著姓。曾祖睦，魏尚書。祖德，樂平太守。[2]

［1］考城：縣名，治所在今江蘇省盱眙縣西南。

［2］樂平：郡名，曹魏武帝置，治所在沾縣（今山西省昔陽縣西南）。

父克，少好學，博涉書記，爲邦族所敬。性公亮守正，行不合己，雖富貴不交也。高平劉整恃才縱誕，服飾詭異，無所拘忌。嘗行造人，遇克在坐，整終席慚不自安。克時爲處士，[1]而見憚如此。後爲成都王穎大將軍記室督。[2]穎爲丞相，[3]擢爲東曹掾。[4]

[1]處士：閑居不仕之人。

[2]成都王穎：穎，原本、宋本作"潁"，殿本作"穎"，據殿本改。本卷下文此字同。　記室督：官名，公府及開府位從公加兵者屬官，位在主簿下，掌記録、文書繕寫。

[3]丞相：官名，原爲最高國務長官，魏晋時省置無常，或分置左、右，或稱大丞相，多用來安置權臣。

[4]東曹掾：官名，諸公府的僚屬，晋末爲參軍所代。

克素有格量，及居選官，苟進之徒望風畏憚。初，克未仕時，河内山簡嘗與琅邪王衍書曰：[1]"蔡子尼今之正人。"[2]衍以書示衆曰："山子以一字拔人，然未易可稱。"後衍聞克在選官，曰："山子正人之言，驗於今矣。"陳留時爲大郡，號稱多士，琅邪王澄行經其界，[3]太守吕豫遣吏迎之。澄入境，問吏曰："此郡人士爲誰？"吏曰："有蔡子尼、江應元。"[4]是時郡人多居大位者，澄以其姓名問曰："甲乙等，非君郡人邪？"吏曰："是也。"曰："然則何以但稱此二人？"吏曰："向謂君侯問人，不謂問位。"澄笑而止。到郡，以吏言謂豫曰："舊名此郡有風俗，果然小吏亦知如此。"

[1]河内：郡名，治所在野王縣（今河南省沁陽市）。　山簡：字季倫，本書卷四三有傳。　琅邪：封國名，治所在今山東省臨沂市。　王衍：字夷甫，本書卷四三有傳。

[2]蔡子尼：蔡克，一作蔡充，字子尼，蔡謨父。《世説新語·輕詆》劉孝標注引《充别傳》作"蔡充"："充祖睦，蔡邕孫也。充少好學，有雅尚，體貌尊嚴，莫有媟慢於其前者。"

[3]王澄：字平子，本書卷四三有傳。

[4]江應元：江統，字應元，本書卷五六有傳。

克以朝政日弊，遂絶不仕。東嬴公騰爲車騎將軍，[1]鎮河北，以克爲從事中郎，[2]知必不就，以軍期致之。克不得已，至數十日，騰爲汲桑所攻，[3]城陷，克見害。

[1]東嬴公騰：司馬騰，字元邁，本書卷三七有傳。　車騎將軍：官名，魏晋南北朝時位次於驃騎將軍，在諸名號將軍之上，多作爲軍府名號，以加授大臣及重要州郡長官。二品，開府位從公者一品。

[2]從事中郎：官名，東漢時爲大將軍屬官，地位較高。魏晋時爲將軍府或公府屬官。六品。此爲車騎將軍府從事中郎。

[3]汲桑：西晋魏郡（今河北省臨漳縣西南）人，一説平陽（今山西省臨汾市西南）人。與石勒從成都王司馬穎故將公師藩，後自稱大將軍爲石勒前驅，被乞活田甄攻殺。

謨弱冠察孝廉，州辟從事，[1]舉秀才，[2]東海王越召爲掾，皆不就。避亂渡江。時明帝爲東中郎將，[3]引爲參軍。元帝拜丞相，復辟爲掾，轉參軍，後爲中書侍郎，歷義興太守、大將軍王敦從事中郎、司徒左長史，[4]遷侍中。

[1]從事：官名，州部屬吏。東漢稱從事史，由州部長官自己選拔任命。

[2]秀才：察舉科目，州舉秀才，郡舉孝廉。

[3]東中郎將：官名，東、西、南、北四中郎將之一，統兵征

伐，多有固定的轄區和治所。四品。

[4]司徒左長史：官名，司徒長史爲司徒府掾屬之長，佐司徒總管府内諸曹。分左、右，左高於右。六品。

蘇峻構逆，吴國内史庾冰出奔會稽，[1]乃以謨爲吴國内史。謨既至，與張闓、顧衆、顧颺等共起義兵，[2]迎冰還郡。峻平，復爲侍中，遷五兵尚書，領琅邪王師。謨上疏讓曰："八坐之任，[3]非賢莫居，前後所用，資名有常。孔愉、諸葛恢並以清節令才，[4]少著名望。昔愉爲御史中丞，[5]臣尚爲司徒長史；[6]恢爲會稽太守，臣爲尚書郎；[7]恢尹丹楊，臣守小郡。名輩不同，階級殊懸。今猥以輕鄙，超倫逾等，上亂聖朝貫魚之序，下違群士準平之論。豈唯微臣其亡之誠，實招聖政惟塵之累。且左長史一超而侍帷幄，再登而厠納言，中興已來，上德之舉所未嘗有。臣何人斯，而猥當之！是以叩心自忖，三省愚身，與其苟進以穢清塗，寧受違命狷固之罪。"疏奏，不許。轉掌吏部。[8]以平蘇峻勛，賜爵濟陽男，又讓，不許。

[1]吴國：郡國名，治所在吴縣（今江蘇省蘇州市）。

[2]張闓：字敬緒，本書卷七六有傳。　顧衆：字長始，本書卷七六有傳。

[3]八坐：即八座，尚書省高級官員的合稱。東漢用以稱尚書令、僕射、六曹尚書。魏晋以後，用以稱尚書令、左右僕射、諸曹尚書。無論共有幾人，皆沿用八座之稱。坐，殿本作"座"。

[4]孔愉：字敬康，本書卷七八有傳。

[5]御史中丞：官名，御史大夫副手，掌監察、執法，爲京師

顯官，職權甚重。四品。

[6]司徒長史：官名，司徒府署僚之長，佐司徒總管府內諸曹。三國魏以後分置左、右。六品。

[7]尚書郎：官名。東漢之制，取孝廉中之有才能者入尚書臺，在皇帝左右處理政務，初入臺稱守尚書郎中，滿一年稱尚書郎，滿三年稱侍郎。魏晋以後尚書各曹有侍郎、郎中等官，綜理職務，通稱爲尚書郎。六品。

[8]吏部：官署名，掌官吏選舉任免等事。東漢屬尚書臺，稱吏曹。三國魏改稱吏部。兩晋沿置，所領曹郎或有增減。南朝定制，爲尚書省六曹之一。

冬蒸，[1]謨領祠部，[2]主者忘設明帝位，與太常張泉俱免，白衣領職。頃之，遷太常，領秘書監，以疾不堪親職，上疏自解，不聽。成帝臨軒，遣使拜太傅、太尉、司空。[3]會將作樂，宿懸於殿庭，門下奏，非祭祀燕饗則無設樂之制。事下太常。謨議臨軒遣使宜有金石之樂，遂從之。臨軒作樂，自此始也。彭城王紘上言，[4]樂賢堂有先帝手畫佛象，[5]經歷寇難，而此堂猶存，宜敕作頌。帝下其議。謨曰："佛者，夷狄之俗，非經典之制。先帝量同天地，多才多藝，聊因臨時而畫此象，至於雅好佛道，所未承聞也。盜賊奔突，王都隳敗，而此堂塊然獨存，斯誠神靈保祚之徵，然未是大晋盛德之形容，歌頌之所先也。人臣睹物興義，私作賦頌可也。今欲發王命，敕史官，上稱先帝好佛之志，下爲夷狄作一象之頌，於義有疑焉。"於是遂寢。

[1]冬蒸：冬季祭祀。蒸，殿本作"烝"。

[2]祠部：尚書祠部，官署名，尚書省諸曹之一。掌宗廟祭祀、禮樂制度。領祠部、儀曹二郎曹。長官爲尚書，然不常授，如缺則由右僕射兼領。

[3]太傅：官名，晋爲八公之一。位上公，太宰之下、太保之上。一品。　太尉：官名，曹操爲丞相後，太尉府屬官歸相府，晋時太尉雖爲八公之一、三公之首，實爲名譽宰相，多爲大臣加官。一品。

[4]彭城王紘：司馬紘，字偉德，本書卷三七有傳。

[5]樂賢堂：《景定建康志》卷二一《堂館》："樂賢堂舊在臺城内。""考證：宫城西南角外有清游池，通城中樂賢堂。"

時征西將軍庾亮以石勒新死，[1]欲移鎮石城，[2]爲滅賊之漸。事下公卿。謨議曰：

時有否泰，[3]道有屈伸。暴逆之寇雖終滅亡，然當其强盛，皆屈而避之。是以高祖受黜於巴漢，[4]忍辱於平城也。[5]若争强於鴻門，[6]則亡不終日。故蕭何曰"百戰百敗，不死何待"也。[7]原始要終，歸於大濟而已。豈與當亡之寇争遲速之間哉！夫惟鴻門之不争，故垓下莫能與之争。[8]文王身圮於羑里，[9]故道泰於牧野；[10]句踐見屈於會稽，[11]故威申於强吴。今日之事，亦由此矣。賊假息之命垂盡，而豺狼之力尚强，宜抗威以待時。

[1]石勒：字世龍，本書卷一〇四有載記。

[2]石城：地名，在今湖北省鍾祥市。

[3]否泰：《易》的兩个卦名。否即不交閉塞，泰即万物通泰。後常以指世事的盛衰，命運的順逆。

[4]高祖受黜於巴漢：指秦末劉邦被項羽封爲漢王之事。

[5]平城：縣名，治所在今山西省大同市東北古城。劉邦曾在平城白登山被匈奴圍困。

[6]鴻門：即鴻門亭，位於今陕西省西安市臨潼區東北陰盤鎮東。

[7]蕭何：秦末泗水沛縣豐邑（今江蘇省豐縣）人。隨劉邦起兵反秦。楚漢戰争中，留守關中，爲前綫籌集糧草。劉邦稱帝後，因功高封酇侯。助吕后誅除韓信，封相國。劉邦死後復事惠帝，死前推薦曹参繼任。

[8]垓下：地名，在今安徽省靈璧縣南沱河北岸。

[9]身圮於羑里：中華本校勘記："《册府》六二四'圮'作'阨'。"

[10]牧野：地名，在今河南省淇縣以西、衛輝市以北地區。

[11]句踐：即勾踐，春秋末越國國君，越王允常之子。勾踐三年（前494）與吴軍戰於夫椒，敗後求和，入吴國爲人質三年。回國後與文種、范蠡等大臣共謀强國，卧薪嘗膽，奮發圖强，十年生聚，十年教訓，終於轉弱爲强。十五年，乘吴王夫差北上黄池與晋魯兩國相會，率軍攻入吴國國都，逼迫吴國與之媾和。以後又多次攻吴，滅掉吴國。

或曰："抗威待時，時已可矣。"愚以爲時之可否在賊之强弱，賊之强弱在季龍之能否。[1]季龍之能否，可得而言矣。自勒初起，則季龍爲爪牙，百戰百勝，遂定中國，境土所據，同於魏世。及勒死之日，將相内外欲誅季龍。季龍獨起於衆異之中，殺嗣主，誅寵臣。内難既定，千里遠出，一攻而拔金墉，[2]再戰而斬石生，[3]禽彭彪，殺石聰，[4]滅郭權，還據根本，内外並定，四方鎮守，不失尺土。

詳察此事，豈能乎，將不能也？假令不能者爲之，其將濟乎，將不濟也？賊前攻襄陽而不能拔，[5]誠有之矣。不信百戰之效，而執一攻之驗，棄多從少，於理安乎？譬若射者，百發而一不中，可謂之拙乎？且不拔襄陽者，非季龍身也。桓平北，[6]守邊之將耳。賊前攻之，争疆埸耳，得之爲善，不得則止，非其所急也。今征西之往，則異於是。何者？重鎮也，名賢也，中國之人所聞而歸心也。今而西度，實有席卷河南之勢，賊所大懼，豈與桓宣同哉！季龍必率其精兵，身來距争。若欲與戰，戰何如石生？若欲城守，守何如金墉？若欲阻沔，沔何如大江？蘇峻何如季龍？凡此數者，宜詳校之。

[1]季龍：即石虎，字季龍，本書卷一〇六有載記。

[2]金墉：金墉城，三國魏明帝時築。位於今河南省洛陽市東北漢魏洛陽城故址西北角。三面開門，南曰乾光門，東曰含春門，北曰𨕸門。城内又置西宫，西晋改爲永昌宫。魏晋時被廢的皇帝及后妃都安置於此。城小而固，爲攻占戍守要地。

[3]石生：石勒司州刺史，封河東王。鎮守關中。後被石虎攻打，逃亡鷄頭山，被部下殺死。

[4]石聰：亦作石蔥或石悤。十六國時人，本漢族，石勒收爲養子，故冒姓石氏。任汲郡内史。石勒死後，因與東晋交通，被石虎殺死。

[5]襄陽：郡名，東漢建安十三年（208）置，治所在襄陽縣（今湖北省襄陽市），西晋移治宜城縣（今湖北省宜城市南）。

[6]桓平北：即桓宣，東晋人，本書卷八一有傳。

愚謂石生猛將，關中精兵，[1]征西之戰不能勝也。金墉險固，劉曜十萬所不能拔，[2]今征西之守不能勝也。又是時兖州、洛陽、關中皆舉兵擊季龍。[3]今此三處反爲其用，[4]方之於前，倍半之覺也。若石生不能敵其半，而征西欲當其倍，愚所疑也。蘇峻之强，不及季龍，沔水之險，不及大江。大江不能禦蘇峻，而以沔水禦季龍，又所疑也。昔祖士稚在譙，[5]佃於城北，慮賊來攻，因以爲資，故豫安軍屯，以禦其外。穀將熟，賊果至。丁夫戰於外，老弱穫於内，多持炬火，急則燒穀而走。如此數年，竟不得其利。是時賊唯據沔北，方之於今，四分之一耳。士稚不能捍其一，而征西欲禦其四，又所疑也。或云："賊若多來，則必無糧。"然致糧之難，莫過崤函。[6]而季龍昔涉此險，深入敵國，平關中而後還。[7]今至襄陽，路既無險，又行其國内，自相供給，方之於前，難易百倍。前已經至難，而謂今不能濟其易，又所疑也。

[1]關中：地區名，函谷關以西秦國故地，包括今河南省靈寶市以西及陝西省、甘肅省東部和四川省部分地區。

[2]劉曜：字永明，劉淵族子，本書卷一〇三有載記。

[3]兖州：魏晋時期治所在廪丘縣（今山東省鄆城縣西北），晋惠帝末兖州闔境淪没於石勒。東晋元帝僑置兖州，治京口（今江蘇省鎮江市）。

[4]今此三處反爲其用：今此，原本、宋本、殿本作"此今"，據中華本改。

[5]祖士稚：祖逖，字士稚，本書卷六二有傳。　譙：郡國名，曹魏置，治所在譙縣（今安徽省亳州市）。

[6]崤函：崤山和函谷。自古爲險要的關隘。函谷東起崤山，故以並稱。張衡《西京賦》："左有崤函重險，桃林之塞。"

[7]平關中而後還：而，宋本作"其"。

然此所論，但説征西既至之後耳，尚未論道路之慮也。自沔以西，水急岸高，魚貫泝流，首尾百里。若賊無宋襄之義，[1]及我未陣而擊之，將如之何？今王士與賊，水陸異勢，便習不同。寇若送死，雖開江延敵，以一當千，猶吞之有餘，宜誘而致之，以保萬全。棄江遠進，以我所短擊彼所長，懼非廟勝之算。

朝議同之，故亮不果移鎮。

[1]宋襄：春秋時宋國國君，名慈父，宋桓公之子。公元前650至前637年在位。齊桓公死後與楚國争霸，在弘之戰中，由於拒絶在楚軍渡河過程中發動進攻，等楚軍完全過河擺好陣形後再戰，結果受傷，因傷重而死。

初，皇后每年拜陵，勞費甚多，謨建議曰："古者皇后廟見而已，不拜陵也。"由是遂止。

及太尉郗鑒疾篤，出謨爲太尉軍司，[1]加侍中。鑒卒，即拜謨爲征北將軍、都督徐兖青三州揚州之晋陵豫州之沛郡諸軍事、領徐州刺史、假節。[2]時左衛將軍陳光上疏請伐胡，詔令攻壽陽，[3]謨上疏曰：

今壽陽城小而固。自壽陽至琅邪，城壁相望，其間遠者裁百餘里，一城見攻，衆城必救。且王師在路五十餘日，劉仕一軍早已入淮，又遣數部北取堅壁，[4]大軍未至，聲息久聞。而賊之郵驛，一日千里，河北之騎足以來赴，非惟鄰城相救而已。夫以白起、韓信、項籍之勇，[5]猶發梁焚舟，背水而陣。今欲停船水渚，引兵造城，前對堅敵，顧臨歸路，此兵法之所誡也。若進攻未拔，胡騎卒至，懼桓子不知所爲，而舟中之指可掬。

[1]軍司：官名，即軍師，因避司馬師諱，故改。爲軍府主要屬僚，佐主帥統軍隊，負有匡正監察主帥之責，地位很高，常繼任主帥。

[2]征北將軍：官名，與征東、征西、征南將軍合稱四征將軍。三國魏蜀吴兩晋皆置，出鎮方面，地位顯要。三品，加持節都督者二品。　都督徐兖青三州揚州之晋陵豫州之沛郡諸軍事：徐、兖、青三州及揚州轄下晋陵、豫州轄下沛郡等地區最高軍事行政長官。

[3]壽陽：縣名，治所在今安徽省壽縣東南。

[4]北取堅壁：堅，原本、宋本作“生”，殿本作“堅”，據殿本改。

[5]白起：戰國郿（今陝西省眉縣東渭河北岸）人，一稱公孫起。戰國名將，歷任秦國左庶長、左更、國尉、大良造。先後攻韓國新城，破韓魏聯軍於伊闕，攻破楚都郢城，大破趙軍於長平，坑殺降卒四十餘萬。後因與范雎有隙，被免爲士伍，自殺。　韓信：秦末淮陰（今江蘇省淮安市淮陰區南）人，早年家貧，常從人寄食。後隨項羽起兵，因不受重用，轉投劉邦。受蕭何舉薦，拜大將軍。功勛卓著，爲漢初三傑之一。漢立封楚王，後貶爲淮陰侯。終爲吕后設計所殺。　項籍：即項羽，名籍，字羽。籍，宋本作

"藉"。

今征軍五千，皆王都精鋭之衆，又光爲左衛，遠近聞之，名爲殿中之軍，宜令所向有征無戰。而頓之堅城之下，勝之不武，不勝爲笑。今以國之上駟擊寇之下邑，得之則利薄而不足損敵，失之則害重而足以益寇，懼非策之長者。臣愚以爲聞寇而致討，賊退而振旅，於事無失。不勝管見，謹冒陳聞。

季龍於青州造船數百，掠緣海諸縣，所在殺戮，朝廷以爲憂。謨遣龍驤將軍徐玄等守中洲，[1]并設募，若得賊大白船者，賞布千匹，小船百匹。是時謨所統七千餘人，所戍東至土山，[2]西至江乘，[3]鎮守八所，城壘凡十一處，烽火樓望三十餘處，隨宜防備，甚有算略。先是，郗鑒上部下有勛勞者凡一百八十人，帝並酬其功，未卒而鑒薨，斷不復與。謨上疏以爲先已許鑒，今不宜斷。且鑒所上者皆積年勛效，百戰之餘，亦不可不報。詔聽之。

[1]龍驤將軍：官名，高級軍事將領。三品。　中洲：亦作百里洲，位於今湖北省枝江市南長江中。

[2]土山：位於今江蘇省鎮江市城區西北隅。

[3]江乘：縣名，治所在今江蘇省句容市北。

康帝即位，徵拜左光禄大夫、開府儀同三司，領司徒。代殷浩爲揚州刺史。又録尚書事，領司徒如故。[1]

初，謨冲讓不辟寮佐，詔屢敦逼之，始取掾屬。

［1］“康帝即位”至“領司徒如故”：中華本校勘記：“李校：‘康帝’當作‘穆帝’。按：據《穆紀》及《殷浩傳》，李説是。”

石季龍死，中國大亂。時朝野咸謂當太平復舊，謨獨謂不然，語所親曰：“胡滅，誠大慶也，然將貽王室之憂。”或曰：“何哉？”謨曰：“夫能順天而奉時，濟六合於草昧，若非上哲，必由英豪。度德量力，非時賢所及。必將經營分表，疲人以逞志。才不副意，略不稱心，財單力竭，智勇俱屈，此韓盧、東郭所以雙斃也。”[1]

［1］韓盧：古代名犬名。《戰國策·秦策三》：“以秦卒之勇，車騎之多，以當諸侯，譬若放韓盧而逐蹇兔也。”鮑彪注：“韓盧，俊犬名。《博物志》：‘韓有黑犬，名盧。’”　東郭：東郭逡，良兔名。《戰國策·齊策三》：“韓子盧者，天下之疾犬也。東郭逡者，海内之狡兔也。”

遷侍中、司徒。上疏讓曰：“伏自惟省，昔階謬恩，蒙忝非據，[1]尸素累積而光寵更崇，謗讟彌興而榮進復加，上虧聖朝棟隆之舉，下增微臣覆餗之釁，[2]惶懼戰灼，寄顔無所。乞垂天鑒，回恩改謬，以允群望。”皇太后詔報不許。謨猶固讓，謂所親曰：“我若爲司徒，將爲後代所哂，[3]義不敢拜也。”皇太后遣使喻意，自四年冬至五年末，詔書屢下，謨固守所執。六年，復上疏，以疾病乞骸骨，上左光禄大夫、領司徒印綬。章表十餘上。穆帝臨軒，[4]遣侍中紀璩、黄門郎丁纂徵謨。[5]謨陳疾篤，使主簿謝攸對曰："臣謨不幸有公族穆子之疾，天威不違顔咫尺，不敢奉詔，寢伏待罪。"自旦至申，[6]使者十餘反，而謨不至。時帝年八歲，甚倦，問左右曰："所召人何以至今不來？臨軒何時當竟？"君臣俱疲弊。皇太后詔："必不來者，宜罷朝。"中軍將軍殷浩奏免吏部尚書江虨官。[7]簡文時爲會稽王，命曹曰："蔡公傲違上命，無人臣之禮。若人主卑屈於上，大義不行於下，亦不知復所以爲政矣。"於是公卿奏曰："司徒謨頃以常疾，久逋王命，皇帝臨軒，百僚齊立，俯僂之恭，有望於謨。若志存止退，自宜致辭闕庭，安有人君卑勞終日而人臣曾無一酬之禮！悖慢傲上，罪同不臣。臣等參議，宜明國憲，請送廷尉以正刑書。"謨懼，率子弟素服詣闕稽顙，[8]躬到廷尉待罪。皇太后詔曰："謨先帝師傅，服事累世。且歸罪有司，内訟思愆。若遂致之于理，情所未忍。可依舊制免爲庶人。"

[1]蒙忝非據：謙辭，愧居不該居的位置。

[2]覆餗：因能力差而把事情辦糟。《易·鼎》："鼎折足，覆公餗。"餗，鼎中的食物。覆餗，謂傾覆鼎中的珍饌。

[3]將爲後代所哂：爲，原本、宋本作"謂"，殿本作"爲"，據殿本改。

[4]臨軒：皇帝不坐正殿而御前殿。殿前堂陛之間近檐處兩邊有檻楯，如車之軒，故稱。

[5]侍中紀璩：中華本校勘記："《通鑑》九八作'紀據'。"

黄門郎：官名，黄門侍郎或給事黄門侍郎的省稱。五品。

[6]自旦至申：從清晨到下午四五點鍾。

[7]中軍將軍：官名，西晋時統左右衛、前後左右驍騎等宿衛七營禁軍，主管京師及朝廷警衛。泰始四年（268）罷，置北軍中候代其職。後爲將軍名號，與鎮軍將軍、撫軍將軍並爲三名號將軍，不統禁兵。三品。　江彪：字思玄，本書卷五六有傳。

[8]稽顙：跪拜之禮。

謨既被廢，杜門不出，終日講誦，教授子弟。數年，皇太后詔曰："前司徒謨以道素著稱，軌行成名，故歷事先朝，致位臺輔。以往年之失，用致黜責。自爾已來，闔門思愆，誠合大臣罪己之義。以謨爲光禄大夫、開府儀同三司。"於是遣謁者僕射孟洪就加册命。[1]謨上疏陳謝曰："臣以頑薄，昔忝殊寵，尸素累紀，加違慢詔命，當肆市朝。幸蒙寬宥，不悟天施復加光飾，非臣隕越所能上報。臣寢疾未損，不任詣闕。不勝仰感聖恩，謹遣拜章。"遂以疾篤，不復朝見。詔賜几杖，門施行馬。[2]十二年，卒，時年七十六。賵贈之禮，[3]一依太尉陸玩故事。詔贈侍中、司空，謚曰文穆。

[1]謁者僕射：官名，謁者臺長官，名義上屬光禄勛。統領諸謁者，掌朝會司儀，傳達策書，護衛皇帝出行。五品。

[2]行馬：古代官署前攔阻人馬通行的木架。俗稱"鹿角"，亦稱"梐枑"。

[3]賵贈：贈送財物供辦喪事。

謨博學，於禮儀宗廟制度多所議定。文筆論議，有集行於世。總應劭以來注班固《漢書》者,[1]爲之集解。謨初渡江,見彭蜞,[2]大喜曰:“蟹有八足,加以二螯。”令烹之。[3]既食,吐下委頓,方知非蟹。後詣謝尚而説之。尚曰:“卿讀爾雅不熟,幾爲《勸學》死。”[4]謨性方雅。丞相王導作女伎,施設床席。謨先在坐,不悦而去,導亦不止之。性尤篤慎,每事必爲過防。故時人云:“蔡公過浮航,脱帶腰舟。”長子邵,永嘉太守。[5]少子系,有才學文義,[6]位至撫軍長史。[7]

[1]應劭:三國時汝南南頓(今河南省項城市西南)人,字仲遠,應奉之子。博覽多聞,歷任車騎將軍掾、泰山太守等職。撰《風俗通》傳於世。　班固:東漢扶風安陵(今陝西省咸陽市東北)人,字孟堅,班彪子。任蘭臺令史,奉命撰寫東漢以來的史事,寫成《漢書》。和帝時隨竇憲出擊匈奴。後因竇憲失勢,受牽連而被捕入獄,死於獄中。

[2]彭蜞:蟹的一種,體小少肉。

[3]烹:原本、宋本作“亨”,殿本作“烹”,據殿本改。

[4]幾爲《勸學》死:勸學,原本、宋本、殿本作“勤學”,據中華本校勘記改。

[5]永嘉:郡名,治所在永寧縣(今浙江省温州市)。

[6]有才學文義:殿本無“文義”二字。

[7]撫軍長史:官名,撫軍將軍府長史。掌顧問參謀,爲所在官署掾屬之長。七品。

諸葛恢

諸葛恢,字道明,琅邪陽都人也。[1]祖誕,[2]魏司空,爲文帝所誅。父靚,[3]奔吴,爲大司馬。[4]吴平,逃竄不出。武帝與靚有舊，靚姊又爲琅邪王妃，帝知靚在姊間，因就見焉。靚逃于厠，帝又逼見之，謂曰："不謂今日復得相見。"靚流涕曰："不能漆身皮面，復睹聖顔！"詔以爲侍中，固辭不拜，歸于鄉里，終身不向朝廷而坐。

[1]陽都：縣名，治所在今山東省沂南縣南。

[2]誕：諸葛誕，三國時琅邪陽都（今山東省沂南縣南）人，字公休。歷任曹魏滎陽令、御史中丞、尚書、揚州刺史、鎮東將軍、鎮南將軍、征東大將軍等職。後起兵反司馬昭，兵敗被殺。

[3]靚：諸葛靚，諸葛誕之子，字仲思，任孫吴右將軍、大司馬。

[4]大司馬：官名，八公之一，位在上公之下、大將軍及三公之上，高級將帥，多爲大臣加官。一品。吴大司馬一度分置左、右。

恢弱冠知名，試守即丘長，[1]轉臨沂令，[2]爲政和平。值天下大亂，避地江左，名亞王導、庾亮。導嘗謂曰："明府當爲黑頭公。"及導拜司空，恢在坐，導指冠謂曰："君當復著此。"導嘗與恢戲争族姓，曰："人言王葛，不言葛王也。"恢曰："不言馬驢，而言驢馬，豈驢勝馬邪！"其見親狎如此。于時潁川荀闓字道明、陳留蔡謨字道明，與恢俱有名譽，[3]號曰"中興三明"，人爲之語曰："京都三明各有名，蔡氏儒雅荀、葛清。"

[1]即丘：縣名，治所在今山東省郯城縣東北。

[2]臨沂：縣名，治所在今山東省費縣東。

[3]名譽：名望，聲譽。

元帝爲安東將軍，[1]以恢爲主簿，再遷江寧令。[2]討周馥有功，[3]封博陵亭侯，復爲鎮東參軍。[4]與卞壼並以時譽遷從事中郎，兼統記室。[5]時四方多務，箋疏殷積，恢斟酌酬答，咸稱折中。于時王氏爲將軍，而恢兄弟及顏含並居顯要，劉超以忠謹掌書命，時人以帝善任一國之才。愍帝即位，徵用四方賢俊，召恢爲尚書郎，元帝以經緯須才，上疏留之，承制調爲會稽太守。[6]臨行，帝爲置酒，謂曰："今之會稽，昔之關中，足食足兵，在於良守。以君有莅任之方，是以相屈。四方分崩，當匡振圮運。政之所先，君爲言之。"恢陳謝，因對曰："今天下喪亂，風俗陵遲，[7]宜尊五美，[8]屏四惡，[9]進忠實，退浮華。"帝深納焉。太興初，以政績第一，詔曰："自頃多難，官長數易，益有諸弊，雖聖人猶久於其道，然後化成，况其餘乎！漢宣帝稱'與我共安天下者，其惟良二千石'，斯言信矣。是以黄霸等或十年，[10]或二十年而不徙，所以能濟其中興之勛也。賞罰黜陟，[11]所以明政道也。會稽内史諸葛恢莅官三年，政清人和，爲諸郡首，宜進其位班，以勸風教。今增恢秩中二千石。"

[1]安東將軍：官名，東漢建安年間置，與安西、安南、安北將軍合稱四安將軍，爲出鎮某一地區的軍事長官，或作爲刺史等兼理軍務的加官，權任頗重。三品，加持節都督者二品。

[2]江寧：縣名，治所在今江蘇省南京市江寧區。

［3］周馥：字祖宣，本書卷六一有傳。

［4］鎮東參軍：官名，鎮東將軍府屬官。參軍，亦作參軍事，謂參謀軍事。兩晋公府、軍府皆置。

［5］記室：官名，記室令史、記室督、記室參軍、中記室參軍等官職的省稱。

［6］承制：秉承皇帝旨意便宜行事。

［7］陵遲：頽敗，敗壞。

［8］五美：五種美德。《論語·堯曰》："子張曰：'何謂五美？'子曰：'君子惠而不費，勞而不怨，欲而不貪，泰而不驕，威而不猛。'"

［9］四惡：四種惡行。《論語·堯曰》："子張曰：'何謂四惡？'子曰：'不教而殺謂之虐，不戒視成謂之暴，慢令致期謂之賊，猶之與人也，出内之吝謂之有司。'"

［10］黄霸：西漢淮陽陽夏（今河南省太康縣）人，字次公。少學律令，武帝末年補侍郎、謁者。昭帝時任河東均輸長、河南太守丞。宣帝時歷任廷尉正、諫大夫、揚州刺史、潁川太守。治爲天下第一。後徵爲太子太傅，遷御史大夫，後任丞相。政績不如在郡爲官。

［11］黜陟：人才的進退，官吏的升降。黜，貶降、罷退。陟，提拔、升遷。

頃之，以母憂去官。服闋，[1]拜中書令。王敦上恢爲丹楊尹，以久疾免。明帝征敦，以恢爲侍中，加奉車都尉。討王含有功，進封建安伯，以先爵賜次子虪爲關内侯。又拜恢後將軍、會稽内史。[2]徵爲侍中，遷左民尚書、武陵王師、吏部尚書。累遷尚書右僕射，加散騎常侍、銀青光禄大夫、領選本州大中正、尚書令，[3]常侍、吏部如故。成帝踐阼，加侍中、金紫光禄大夫。[4]

卒，年六十二。贈左光禄大夫、儀同三司。賵贈之禮，一依太尉興平伯故事。[5]謚曰敬，祠以太牢。[6]子豳嗣，位至散騎常侍。恢兄頤，字道回，亦爲元帝所器重，終於太常。

[1]服闋：守喪期滿除去孝服。

[2]後將軍：官名，漢代爲重號將軍，與前、左、右將軍並爲上卿。魏晋以後權位漸低，僅爲將軍名號，略高於一般雜號將軍。三品。

[3]銀青光禄大夫：官名，對光禄大夫加銀章青綬。

[4]成帝踐阼，加侍中、金紫光禄大夫：中華本校勘記："周校：成帝崩，恢受顧命。'康'誤作'成'。按：加侍中等官當在康帝建元時或永和之初，周説是。"

[5]興平伯：即陸玩。因被封爲興平伯，故言。

[6]太牢：用牛羊豕三牲祭祀稱太牢。《莊子·至樂》："具太牢以爲膳。"成玄英疏："太牢，牛羊豕也。"

殷浩

殷浩，字深源，[1]陳郡長平人也。[2]父羡，字洪喬，爲豫章太守，都下人士因其致書者百餘函，行次石頭，皆投之水中，曰："沉者自沉，浮者自浮，殷洪喬不爲致書郵。"其資性介立如此。終於光禄勛。

[1]殷浩，字深源：中華本校勘記："《斠注》：'深源'，《書鈔》六三引《晋中興書》、《世説·政事》注引《浩别傳》均作'淵源'。按：《御覽》二四九引《晋中興書》亦作'淵源'。浩本字淵源，唐人避諱改作'深源'。"

[2]陳郡：治所在陳縣（今河南省周口市淮陽區）。　長平：縣名，治所在今河南省西華縣東北。

浩識度清遠，弱冠有美名，尤善玄言，與叔父融俱好《老》《易》。融與浩口談則辭屈，著篇則融勝，浩由是爲風流談論者所宗。或問浩曰："將莅官而夢棺，將得財而夢糞，何也？"浩曰："官本臭腐，故將得官而夢尸。錢本糞土，故將得錢而夢穢。"時人以爲名言。

三府辟，皆不就。征西將軍庾亮引爲記室參軍，[1]累遷司徒左長史。安西庾翼復請爲司馬。除侍中、安西軍司，[2]並稱疾不起。遂屏居墓所，幾將十年，于時擬之管、葛。[3]王濛、謝尚猶伺其出處，[4]以卜江左興亡，因相與省之，知浩有確然之志。既反，相謂曰："深源不起，當如蒼生何！"庾翼貽浩書曰："當今江東社稷安危，内委何、褚諸君，外託庾、桓數族，恐不得百年無憂，亦朝夕而弊。足下少標令名，[5]十餘年間，位經内外，而欲潛居利貞，[6]斯理難全。且夫濟一時之務，須一時之勝，何必德均古人，韵齊先達邪！王夷甫，[7]先朝風流士也，然吾薄其立名非真，而始終莫取。若以道非虞夏，自當超然獨往，而不能謀始，大合聲譽，極致名位，正當抑揚名教，以静亂源。而乃高談《莊》《老》，説空終日，雖云談道，實長華競。及其末年，人望猶存，思安懼亂，寄命推務。而甫自申述，徇小好名，既身囚胡虜，棄言非所。凡明德君子，遇會處際，[8]寧可然乎？而世皆然之。益知名實之未定，弊風之未革也。"浩固辭不起。

[1]記室參軍：官名，又稱記室參軍事。西晋始置，爲記室曹長官，掌文書表奏。

[2]安西軍司：官名，安西將軍府軍師。

[3]管：管仲，春秋初潁上（今安徽省潁水之濱）人，名夷吾。齊桓公時任卿相，進行一系列改革，使齊國國力大增，齊桓公成爲春秋五霸之首。　葛：諸葛亮，三國時琅邪陽都（今山東省沂南縣南）人，字孔明。東漢末隨叔父諸葛玄依附荆州劉表，隱居躬耕於隆中。後加入劉備集團，協助劉備占領荆州、益州，實現三分之勢。劉備死後輔佐劉禪，南征南中，北伐曹魏，最終病逝於北伐前綫。

[4]王濛：字仲祖，本書卷九三有傳。　謝尚：字仁祖，本書卷七九有傳。

[5]少標令名：標，宋本作“摽”。

[6]潛居利貞：語見《易·乾》，卦辭爲“元亨利貞”。初九爻辭爲“潛龍勿用”。

[7]王夷甫：王衍，字夷甫，本書卷四三有傳。

[8]遇會處際：際，宋本作“傺”。

建元初，庾冰兄弟及何充等相繼卒。簡文帝時在藩，始綜萬機，[1]衛將軍褚裒薦浩，徵爲建武將軍、揚州刺史。[2]浩上疏陳讓，并致箋於簡文，具自申叙。簡文答之曰：“屬當厄運，危弊理盡，誠賴時有其才，不復遠求版築。[3]足下沉識淹長，[4]思綜通練，起而明之，足以經濟。若復深存挹退，苟遂本懷，吾恐天下之事於此去矣。今紘領不振，晋綱不綱，願蹈東海，復可得邪！由此言之，足下去就即是時之廢興，時之廢興則家國不異。足下弘思之，静算之，亦將有以深鑒可否。望必廢本懷，率群情也。”浩頻陳讓，自三月至七月，乃受拜焉。

［1］萬機：機，殿本作“幾”。

［2］建武將軍：官名，東漢末曹操置，統兵征伐。四品。

［3］版築：指殷商賢臣傅説。《史記》卷三《殷本紀》載，武丁夜夢得聖人，名曰説。群臣百官都不是夢中人，便命人在朝廷以外尋求，結果發現一個版築城墻的刑徒，與夢中所見一樣，便舉以爲相，使殷國大治。

［4］沉識淹長：見識深刻目光長遠。

時桓温既滅蜀，威勢轉振，朝廷憚之。簡文以浩有盛名，朝野推伏，故引爲心膂，以抗於温，於是與温頗相疑貳。[1]會遭父憂，去職，時以蔡謨攝揚州，以俟浩。服闋，徵爲尚書僕射，不拜。復爲建武將軍、揚州刺史，遂參綜朝權。潁川荀羨少有令聞，[2]浩擢爲義興、吴郡，以爲羽翼。王羲之密説浩、羨，[3]令與桓温和同，不宜内構嫌隙，浩不從。

［1］於是與温頗相疑貳：於，殿本作“爲”。

［2］荀羨：字令則，本書卷七五有傳。

［3］王羲之：字逸少，本書卷八〇有傳。

及石季龍死，胡中大亂，朝廷欲遂蕩平關河，於是以浩爲中軍將軍、假節、都督揚豫徐兖青五州軍事。[1]浩既受命，以中原爲己任，上疏北征許洛。將發，墜馬，時咸惡之。既而以淮南太守陳逵、兖州刺史蔡裔爲前鋒，安西將軍謝尚、北中郎將荀羨爲督統，[2]開江西疁田千餘頃，以爲軍儲。

[1]都督揚豫徐兗青五州軍事：即都督數州諸軍事，上述五州最高軍事行政長官。

[2]安西將軍：官名，東漢建安年間置，與安東、安南、安北將軍合稱四安將軍，爲出鎮某一地區的軍事長官，或作爲刺史等兼理軍務的加官，權任頗重。三品，加持節都督者二品。　北中郎將：官名，與東、西、南中郎將並稱四中郎將，統兵征戰，權職甚重。四品。

師次壽陽，潛誘苻健大臣梁安、雷弱兒等，[1]使殺健，許以關右之任。[2]初，降人魏脱卒，[3]其弟憬代領部曲。姚襄殺憬，[4]以并其衆。浩大惡之，使龍驤將軍劉啓守譙，遷襄於梁。既而魏氏子弟往來壽陽，襄益猜懼。俄而襄部曲有欲歸浩者，襄殺之，浩於是謀誅襄。會苻健殺其大臣，健兄子眉自洛陽西奔，浩以爲梁安事捷，意苻健已死，請進屯洛陽，修復園陵，使襄爲前驅，冠軍將軍劉洽鎮鹿臺，[5]建武將軍劉遯據倉垣，[6]又求解揚州，專鎮洛陽，詔不許。浩既至許昌，會張遇反，謝尚又敗績，浩還壽陽。後復進軍，次山桑，[7]而襄反，浩懼，棄輜重，退保譙城，[8]器械軍儲皆爲襄所掠，士卒多亡叛。浩遣劉啓、王彬之擊襄於山桑，並爲襄所殺。

[1]苻健：字建業，本書卷一一二有載記。苻，原本、宋本作

“符”，殿本作“苻”，據其載記及殿本改。本卷下同。　梁安：十六國前秦人，任尚書左僕射，被苻生所殺。　雷弱兒：十六國南安（今甘肅省隴西縣東南）人，羌族酋長，任苻秦侍中、丞相。剛鯁好直言，見苻生嬖臣趙韶、董榮亂政，每大言於朝，董榮譖毀於苻生，被殺。

[2]關右：地區名，即關西，泛指故函谷關或今潼關以西地區。

[3]魏脱：中華本校勘記：“《冉閔載記》、《通鑑》九九作‘魏統’。”

[4]姚襄：字景國，本書卷一一六有載記。

[5]鹿臺：位於今河南省湯陰縣朝歌鎮南。

[6]倉垣：即倉垣亭，位於今河南省開封市西北。

[7]山桑：縣名，治所在今安徽省蒙城縣北。

[8]譙城：一名譙陵城，位於今河南省夏邑縣北。

桓温素忌浩，及聞其敗，上疏罪浩曰：

案中軍將軍浩過蒙朝恩，叨竊非據，寵靈超卓，再司京輦，不能恭慎所任，恪居職次，而侵官離局，高下在心。前司徒臣謨執義履素，位居臺輔，師傅先帝，朝之元老，年登七十，以禮請退，雖臨軒固辭，不順恩旨，適足以明遜讓之風，弘優賢之禮。而浩虚生狡説，疑誤朝聽，獄之有司，將致大辟。自羯胡夭亡，群凶殄滅，而百姓塗炭，企遲拯接。浩受專征之重，無雪耻之志，坐自封植，[1]妄生風塵，遂使寇仇稽誅，奸逆並起，華夏鼎沸，黎元殄悴。浩懼罪將及，不容於朝，外聲進討，内求苟免。出次壽陽，頓甲彌年，傾天府之資，竭五州之力，收合無賴，以自强衛，爵命無章，猜害罔顧。故范豐之屬反叛於芍陂，[2]奇德、龍會作變於肘腋。羌帥姚襄率衆歸化，遣其母弟入質京邑，浩不能撫而用之，陰圖殺害，再遣刺客，爲襄所覺。襄遂惶懼，用致逆命。[3]生長亂階，自浩始也。復不能以時掃滅，縱放小豎，鼓行毒害，身狼狽於山桑，軍破碎於梁國，舟車焚燒，輜重覆没，三軍積實，反以資寇，精甲利器，更爲賊用。神怒人怨，衆之所棄，傾危之憂，將及社稷。臣所以忘寢屏營，啓處無地。

[1]封植：植，殿本作"殖"。

[2]芍陂：又名龍泉陂，位於今安徽省壽縣南。

[3]用致逆命：因此導致了叛逆違命。用，因此。

夫率正顯義，所以致訓，明罰敕法，所以齊衆，伏願陛下上追唐堯放命之刑，下鑒《春秋》無君之典。[1]若聖上含弘，未忍誅殛，且宜遐棄，擯之荒裔。雖未足以塞山海之責，粗可以宣誡於將來矣。

竟坐廢爲庶人，徙于東陽之信安縣。[2]

[1]《春秋》無君之典：《左傳·桓公二年》："二年春，宋督攻孔氏，殺孔父而取其妻。公怒，督懼，遂弒殤公。"《春秋》對這件事評論說："君子以督爲有無君之心，而後動於惡，故先書弒其君。"

[2]信安縣：治所在今浙江省衢州市。

浩少與温齊名，而每心競。温嘗問浩："君何如我？"浩曰："我與君周旋久，[1]寧作我也。"温既以雄豪自許，每輕浩，浩不之憚也。至是，温語人曰："少時吾與浩共騎竹馬，我棄去，浩輒取之，故當出我下也。"又謂郗超曰：[2]"浩有德有言，向使作令僕，足以儀刑百揆，朝廷用違其才耳。"

[1]我與君周旋久：君，原本、宋本作"我"，殿本作"君"，據殿本改。

[2]郗超：字景興，本書卷六七有傳。

浩雖被黜放，口無怨言，夷神委命，談咏不輟，雖家人不見其有流放之戚。但終日書空，作"咄咄怪事"四字而已。浩甥韓伯，浩素賞愛之，隨至徙所。經歲還都，[1]浩送至渚側，咏曹顔遠詩云：[2]"富貴他人合，貧賤親戚離。"因而泣下。後温將以浩爲尚書令，遺書告之，浩欣然許焉。將答書，慮有謬誤，開閉者數十，竟達空函，大忤温意，由是遂絶。永和十二年卒。

[1]還都：還，宋本作"遷"。

[2]曹顔遠：曹攄，字顔遠，本書卷九〇有傳。

子涓，亦有美名。咸安初，桓温廢太宰、武陵王晞，[1]誣涓及庾倩與晞謀反，害之。

[1]太宰：官名，即太師，因避司馬師名諱而改名太宰。八公

之一，居上公之首，爲宰相之任。一品。　武陵王晞：司馬晞，字道叔，本書卷六四有傳。

浩後將改葬，其故吏顧悦之上疏訟浩曰：

伏見故中軍將軍、揚州刺史殷浩，體德沉粹，識理淹長，風流雅勝，聲蓋當時。再臨神州，萬里肅清，勛績茂著，聖朝欽嘉，遂授分陝推轂之任。[1]戎旗既建，出鎮壽陽，驅其豺狼，翦其荆棘，收羅向義，廣開屯田，沐雨櫛風，等勤臺僕。仰憑皇威，群醜革面，進軍河洛，修復園陵。不虞之變，中路猖蹶，遂令爲山之功崩於垂成，忠款之志於是而廢。既受削黜，自擯山海，杜門終身，與世兩絶，可謂克己復禮，窮而無怨者也。

[1]分陝：西周初周公旦、召公奭分陝而治，周公治陝以東，召公治陝以西。後謂官僚出任地方官爲“分陝”。　推轂：古代帝王任命將帥時的隆重禮儀。

尋浩所犯，蓋負敗之常科，非即情之永責。論其名德深誠則如彼，察其補過罪己則如此，豈可棄而不恤，使法有餘冤！方今宅兆已成，[1]埏隧已開，[2]懸棺而窆，[3]禮同庶人，存亡有非命之分，九泉無自訴之期，仰感三良，[4]昊天罔極。若使明詔爰發，旌我善人，崇復本官，遠彰幽昧，斯則國家威恩有兼濟之美，死而可作，無負心之恨。

疏奏，詔追復浩本官。

[1]宅兆：墓地。

[2]埏隧：墓道。

[3]窆：下葬。

[4]三良：三賢臣。指秦穆公時的奄息、仲行、鍼虎。《詩·秦風·黄鳥序》："黄鳥，哀三良也。國人刺穆公以人從死，而作是詩也。"毛亨傳："三良，三善臣也。謂奄息、仲行、鍼虎也。"

顧悦之，字君叔，少有義行。與簡文同年，而髮早白。帝問其故。對曰："松柏之姿，經霜猶茂；蒲柳常質，望秋先零。"簡文悦其對。始將抗表訟浩，浩親故多謂非宜，悦之決意以聞，又與朝臣争論，故衆無以奪焉。時人咸稱之。爲州别駕，歷尚書右丞，[1]卒。子凱之，[2]别有傳。

[1]尚書右丞：官名，尚書省佐官，位次尚書，居尚書左丞下。與左丞共掌尚書都省庶務，率諸都令史監督稽核諸尚書曹、郎曹政務，糾舉彈劾百官。右丞又掌本省庫藏廬舍，督録遠道州郡文書章奏，凡兵士百官名籍、内外庫藏穀帛、刑獄訴訟、軍械、田地、州郡租布、行政區劃、州郡縣長官免贈收捕等文書奏事皆屬之。六品。

[2]子凱之：中華本校勘記："當從本傳作'愷之'。"

蔡裔者，有勇氣，聲若雷震。嘗有二偷入室，裔拊床一呼，而盜俱隕，故浩委以軍鋒焉。

史臣曰：陸曄等並以時望國華，效彰歷試，迭居端揆，參掌機衡。然皆率由舊章，得免祇悔。而充抗言孺子，雖屈壓於權臣，翊奉儲君，竟導揚於末命，頻參大議，屢畫嘉謀，可謂忠貞在斯而已。殷浩清徽雅量，衆議攸歸，高秩厚禮，不行而至，咸謂教義由其興替，社稷俟以安危。及其入處國鈞，未有嘉謀善政，出總戎律，唯聞蹙國喪師，是知風流異貞固之才，談論非奇正之要。違方易任，[1]以致播遷，悲夫！蔡謨度德而處，弘斯止足，置以刑書，斯爲過矣。

[1]違方易任：吴金華等先生認爲，“方”當作“才”。本書卷七七《殷浩傳》載桓温謂郗超曰：“浩有德有言，向使作令僕，足以儀刑百揆，朝廷用違其才耳。”所謂“違才”即“用違其才”；“易任”等於説“易務”，指本該給他干某項工作但却换成了另一種他所不能勝任的工作。跟“違才易任”相近的還有成語“違才易務”，本書卷七九《謝萬傳》載王羲之與桓温箋曰：“謝萬才流經通，處廊廟，參諷議，故是後來一器。而今屈其邁往之氣，以俯順荒餘，近是違才易務矣。”可作校正“方”字的旁證。（參見吴金華、吴新江《〈晋書〉辨疑》，《古籍整理研究學刊》2000年第4期）

贊曰：士光時望，士瑶允當。政既弟兄，任惟臺相。祖言簡率，遺風可尚。蔡、葛知名，或雅或清。次道方概，謀遠忠貞。[1]中軍鑒局，譽光雅俗。[2]夷曠有餘，經綸不足。舍長任短，功虧名辱。

[1]謀遠忠貞：忠，宋本作“中”。

[2]譽光雅俗：譽，殿本作“唯”。

晋書　卷七八

列傳第四十八

孔愉 子汪 安國 弟祗 從子坦 嚴 從弟群 群子沉　丁潭 張茂
陶回

孔愉

孔愉，字敬康，會稽山陰人也。[1]其先世居梁國。[2]曾祖潛，太子少傅，[3]漢末避地會稽，因家焉。祖竺，吴豫章太守。[4]父恬，湘東太守。[5]從兄侃，大司農。[6]俱有名江左。[7]愉年十三而孤，養祖母以孝聞，與同郡張茂字偉康、丁潭字世康齊名，時人號曰"會稽三康"。

[1]會稽：郡名，治所在山陰縣（今浙江省紹興市）。

[2]梁國：郡國名，治所在睢陽縣（今河南省商丘市）。

[3]太子少傅：官名，與太子太傅並稱二傅，三國時並攝東宫事務，與尚書、東曹並掌太子、諸侯官署選舉。西晋時下設丞、功曹、主簿等屬官。三品。

[4]豫章：郡名，治所在南昌縣（今江西省南昌市）。

[5]湘東：郡名，三國孫吴置，治所在酃縣（今湖南省衡陽市

東）。

［6］大司農：官名，掌管全國財政和各地的屯田。三品。

［7］江左：江東。因自北方視之，江東在左，江西在右，故稱。

吴平，愉還于洛。惠帝末，歸鄉里，行至江淮間，遇石冰、封雲爲亂，[1]雲逼愉爲參軍，[2]不從，將殺之，賴雲司馬張統營救獲免。[3]東還會稽，入新安山中，[4]改姓孫氏，以稼穡讀書爲務，信著鄉里。後忽捨去，皆謂爲神人，而爲之立祠。永嘉中，元帝始以安東將軍鎮揚土，[5]命愉爲參軍。邦族尋求，莫知所在。建興初，始出應召，爲丞相掾，[6]仍除駙馬都尉、參丞相軍事，[7]時年已五十矣。以討華軼功，[8]封餘不亭侯。[9]愉嘗行經餘不亭，見籠龜於路者，愉買而放之溪中，龜中流左顧者數四。及是，鑄侯印，而印龜左顧，三鑄如初。印工以告，愉乃悟，遂佩焉。

［1］石冰：西晋人，太安二年（303）隨張昌起兵，攻破江州。後被晋將周玘打敗，又被陳敏擊破，乃北投封雲，爲封雲部將張統所殺。　封雲：西晋臨淮（今江蘇省盱眙縣東北）人，太安二年起兵相應張昌，後爲部將張統所殺。

［2］參軍：官名，亦作參軍事，謂參謀軍事。兩晋公府、軍府皆置。

［3］司馬：官名，府署高級幕僚。掌參讚軍務、管理府内武職，位僅次於長史。魏晋南北朝時王府、公府、軍府、邊郡均置。八至六品。

［4］新安：縣名，治所在今河南省澠池縣東。

［5］安東將軍：官名，東漢建安年間置，與安西、安南、安北

將軍合稱四安將軍，爲出鎮某一地區的軍事長官，或作爲刺史等兼理軍務的加官，權任頗重。三品，加持節都督者二品。

[6]丞相掾：官名，丞相府屬官。

[7]駙馬都尉：官名，與奉車都尉、騎都尉並稱三都尉，多用於宗室、外戚、功臣子、貴族、近臣的加官，亦用於尚公主者。六品。　參丞相軍事：官名，丞相府參軍事。參軍事，亦作參軍，謂參謀軍事。兩晋公府、軍府皆置。

[8]華軼：字彦夏，本書卷六一有傳。

[9]餘不亭：位於今浙江省德清縣境内。

帝爲晋王，使長兼中書郎。[1]于時刁協、劉隗用事，[2]王導頗見疏遠。[3]愉陳導忠賢，有佐命之勛，謂事無大小皆宜諮訪。由是不合旨，出爲司徒左長史，[4]累遷吴興太守。[5]沈充反，[6]愉棄官還京師，拜御史中丞，[7]遷侍中、太常。[8]及蘇峻反，[9]愉朝服守宗廟。初，愉爲司徒長史，以平南將軍温嶠母亡遭亂不葬，[10]乃不過其品。至是，峻平，而嶠有重功，愉往石頭詣嶠，[11]嶠執愉手而流涕曰："天下喪亂，忠孝道廢。能持古人之節，歲寒不凋者，唯君一人耳。"時人咸稱嶠居公而重愉之守正。尋徙大尚書，[12]遷安南將軍、江州刺史，[13]不行。轉尚書右僕射，[14]領東海王師。[15]尋遷左僕射。[16]

[1]中書郎：官名，隸屬中書令。掌草擬詔書、外出執行重要使命等。亦作爲中書通事郎、中書侍郎的省稱。五品。

[2]刁協：字玄亮，本書卷六九有傳。刁，宋本作"刀"。劉隗：字大連，本書卷六九有傳。

[3]王導：字茂弘，本書卷六五有傳。

[4]司徒左長史：官名，司徒長史爲司徒府掾屬之長，佐司徒總管府内諸曹。分左、右，左高於右。六品。

[5]吴興：郡名，治所在烏程縣（今浙江省湖州市南）。

[6]沈充：字士居，本書卷九八有傳。

[7]御史中丞：官名，御史大夫副手，掌監察、執法，爲京師顯官，職權甚重。四品。

[8]侍中：官名，東漢建安中與給事黄門侍郎出入禁中，省尚書事。曹魏時爲門下之侍中省長官，常侍衛皇帝左右，掌顧問應對、諫諍糾察、平議奏事、駁奏異議等，權力甚重。三品。　太常：官名，漢代稱奉常，本掌禮樂宗廟、社稷祭祀，魏晋時此職掌歸尚書裁定，太常成爲閑職。三品。

[9]蘇峻：字子高，本書卷一〇〇有傳。

[10]平南將軍：官名，與平東、平西、平北將軍合稱四平將軍。多持節都督或監某一地區的軍事，有時作爲刺史等地方官員監理軍務的加官。三品，加持節都督者二品。　温嶠：字太真，本書卷六七有傳。

[11]石頭：石頭城，故址在今江蘇省南京市清凉山。

[12]大尚書：官名，吏部尚書的别稱。因吏部居尚書列曹之首，且權任重要，故名。三品。

[13]安南將軍：官名，東漢建安年間置，與安東、安北、安西將軍合稱四安將軍，爲出鎮某一地區的軍事長官，或作爲刺史等兼理軍務的加官，權任頗重。三品，加持節都督者二品。　江州：治所在南昌縣（今江西省南昌市）。

[14]尚書右僕射：官名，尚書令副手，掌拆閱封緘奏章文書、參議政事、諫諍駁議、監察百官。位在左僕射之下。三品。

[15]領：以地位較高的官員兼理較低的職務。

[16]左僕射：官名，即尚書左僕射，尚書省次官。輔助尚書令執行政務，參議大政，諫諍得失，監察糾彈百官。有時尚書省不置

令，衹設左、右僕射，此時左僕射居右僕射之上。三品。

咸和八年，詔曰："尚書令玩、左僕射愉並恪居官次，[1]禄不代耕。端右任重，[2]先朝所崇，其給玩親信三十人、愉二十人，稟賜。"愉上疏固讓，優詔不許。重表曰："臣以朽暗，忝厠朝右，而以惰劣，無益毗佐。方今强寇未殄，疆埸日駭，政煩役重，百姓困苦，奸吏擅威，暴人肆虐。大弊之後，倉庫空虚，功勞之士，賞報不足，困悴之餘，未見拯恤，呼嗟之怨，人鬼感動。宜并官省職，貶食節用，勤撫其人，以濟其艱。臣等不能贊揚大化，糾明刑政，而偷安高位，横受寵給，無德而禄，殃必及之，不敢横受殊施，以重罪戾。"從之。王導聞而非之，於都坐謂愉曰："君言奸吏擅威，暴人肆虐，爲患是誰？"愉欲大論朝廷得失，陸玩抑之乃止。後導將以趙胤爲護軍，愉謂導曰："中興以來，[3]處此官者，周伯仁、應思遠耳。[4]今誠乏才，豈宜以趙胤居之邪！"導不從。其守正如此。由是爲導所銜。

[1]尚書令：官名，秦漢時爲尚書署長官。秩位雖低，權力甚重。魏晋時沿置，爲尚書省長官，綜理全國政務，參議大政，爲高級政務長官。三品。　玩：陸玩，字士瑶，本書卷七七有傳。

[2]端右：指宰輔重臣。亦特指尚書令。

[3]中興以來：以，宋本作"已"。

[4]周伯仁：周顗，字伯仁，本書卷六九有傳。　應思遠：應詹，字思遠，本書卷七〇有傳。

後省左、右僕射，以愉爲尚書僕射。愉年在懸車，[1]累乞骸骨，不許。轉護軍將軍，[2]加散騎常侍。[3]復徙領軍將軍，[4]加金紫光禄大夫，[5]領國子祭酒。[6]頃之，出爲鎮軍將軍、會稽内史，[7]加散騎常侍。句章縣有漢時舊陂，[8]毁廢數百年。愉自巡行，修復故堰，溉田二百餘頃，皆成良業。在郡三年，乃營山陰湖南侯山下數畝地爲宅，[9]草屋數間，便棄官居之。送資數百萬，悉無所取。病篤，遺令斂以時服，鄉邑義賵，[10]一不得受。年七十五，咸康八年卒。贈車騎將軍、開府儀同三司，[11]謚曰貞。

[1]懸車：致仕，退休。

[2]護軍將軍：官名，東漢建安十二年（207）曹操改丞相府護軍爲中護軍，資重者可遷護軍將軍，典武官選舉，與中領軍同掌禁軍。曹魏時四品，西晋時三品。

[3]散騎常侍：官名，三國魏文帝黄初年間置，侍從皇帝左右，諫諍得失，顧問應對，與侍中等共平尚書奏事。也用作宰相、諸公等加官，入宫議政。三品。

[4]領軍將軍：官名，三國曹丕置，職掌同於中領軍，但任職者資位重於中領軍，簡稱領軍。爲禁衛軍最高統帥，常由皇帝親信或宗室擔任。兩晋沿置。三品。

[5]金紫光禄大夫：官名，對光禄大夫加金章紫綬。禄賜、班位、車服、佩玉等皆與特進同。二品。

[6]國子祭酒：官名，國子學的長官，主管國子學，掌教授儒學、參議禮制。五品。

[7]鎮軍將軍：官名，三國時始置，西晋罷又復置。位在鎮軍大將軍下，與中軍將軍、撫軍將軍並爲三名號將軍，位比四鎮將

軍。三品。　內史：官名，西晋武帝太康十年（289）改諸王國相爲内史，掌管民政。五品。周家禄《晋書校勘記》認爲："晋制，以郡爲國，内史治民事，若郡太守。國除爲郡，復稱太守。然二名往往混淆，史家亦互稱之。"

［8］句章縣：治所在今浙江省餘姚市東南。

［9］侯山：《太平寰宇記》卷九六《江南道·會稽縣》："侯山在縣西南四里。"

［10］義賵：辦喪事所贈錢物。

［11］車騎將軍：官名，魏晋南北朝時位次於驃騎將軍，在諸名號將軍之上，多作爲軍府名號，以加授大臣及重要州郡長官。二品，開府位從公者一品。　開府儀同三司：官名，三國魏始置。爲大臣加號，意謂與太尉、司徒、司空三司待遇相同，許開設府署，任命僚屬。

三子：闓、汪、安國。闓嗣爵，位至建安太守。[1]闓子静，[2]字季恭，再爲會稽内史，累遷尚書左僕射，[3]加後將軍。[4]

［1］建安：郡名，治所在建安縣（今福建省建甌市南松溪南岸）。

［2］闓子静：中華本校勘記："《安紀》'静'作'靖'。《斠注》：《宋書》、《南史·孔靖傳》、《元和姓纂》'静'作'靖'。"

［3］尚書左僕射：官名，尚書省次官，輔助尚書令執行政務，參議大政，諫諍得失，監察糾彈百官。有時尚書省不置令，祇設左、右僕射，此時左僕射居右僕射之上。三品。

［4］後將軍：官名，漢代爲重號將軍，與前、左、右將軍並爲上卿。魏晋以後權位漸低，僅爲將軍名號，略高於一般雜號將軍。三品。

汪，字德澤，好學有志行，孝武帝時位至侍中。時茹千秋以佞媚見幸於會稽王道子，[1]汪屢言之於帝，帝不納。遷尚書、太常卿，[2]以不合意，求出，爲假節、都督交廣二州諸軍事、征虜將軍、平越中郎將、廣州刺史，[3]甚有政績，爲嶺表所稱。太元十七年卒。

[1]茹千秋：東晋人。本爲錢塘捕賊吏，因善於賄賂諂媚，被司馬道子提拔爲驃騎諮議參軍。其子壽齡爲樂安令，贓私狼藉，畏法奔逃，竟無罪罰，傲然還縣。　會稽王道子：司馬道子，字道子，本書卷六四有傳。

[2]尚書：官名，東漢尚書臺六曹各置尚書，秩六百石。魏晋出爲朝官，分掌尚書省諸曹，品秩提高。三品。　太常卿：官名，對太常的尊稱。太常，漢代稱奉常，本掌禮樂宗廟、社稷祭祀，魏晋時此職掌歸尚書裁定，太常成爲閑職。三品。

[3]假節：假以節杖。指大臣臨時持節出巡，爲權臣掌軍、秉政的地位象徵和政治待遇。　都督交廣二州諸軍事：上述二州最高軍事行政長官。　征虜將軍：既是武官名，也作爲高級文職官員的加官。三品。　平越中郎將：官名，主管南越事務，設府置僚佐，治廣州，多兼任廣州刺史。　廣州：治所在番禺縣（今廣東省廣州市）。

安國，字安國，年小諸兄三十餘歲。群從諸兄並乏才名，以富强自立，唯安國與汪少厲孤貧之操。汪既以直亮稱，安國亦以儒素顯。孝武帝時甚蒙禮遇，仕歷侍中、太常。及帝崩，安國形素羸瘦，服衰絰，[1]涕泗竟日，見者以爲真孝。再爲會稽内史、領軍將軍。安帝隆安中下詔曰："領軍將軍孔安國貞慎清正，出内播譽，可以本官領東海王師，必能導達津梁，依仁游藝。”後歷尚書左、右僕射。義熙四年卒，贈左光禄大夫。[2]

[1]衰絰：喪服。古人喪服胸前當心處綴有長六寸、廣四寸的麻布，名衰，因名此衣爲衰；圍在頭上的散麻繩爲首絰，纏在腰間的爲腰絰。衰、絰兩者是喪服的主要部分。

[2]左光禄大夫：官名，齊王曹芳正始元年（240）在光禄大夫上增置左、右，位在光禄大夫上。在朝顯職的加官，或授予年老有病致仕者，或授予死者。西晋時禄賜與特進同。二品，開府位從公者一品。

祗，字承祖。太守周札命爲功曹史。[1]札爲沈充所害，故人賓吏莫敢近者。祗冒刃號哭，親行殯禮，送喪還義興，[2]時人義之。

[1]周札：字宣季，本書卷五八有傳。　功曹史：官名，晋朝不開府將軍、太子二傅、特進、郡縣皆置的屬官，掌吏員賞罰任免事宜。

[2]義興：郡名，治所在陽羨縣（今江蘇省宜興市）。

坦，字君平。祖冲，丹楊太守。[1]父侃，大司農。坦少方直，有雅望，通《左氏傳》，[2]解屬文。元帝爲晋王，以坦爲世子文學。[3]東宫建，補太子舍人，[4]遷尚書郎。[5]時臺郎初到，普加策試，帝手策問曰：“吴興徐馥爲賊，[6]殺郡將，郡今應舉孝廉不？”[7]坦對曰：“四罪不相及，殛鯀而興禹。[8]徐馥爲逆，何妨一郡之賢！”又問：“奸臣賊子弑君，污宫瀦宅，莫大之惡也。鄉舊廢四科之選，今何所依？”坦曰：“季平子逐魯昭公，[9]豈可以廢仲尼也！”竟不能屈。

[1]丹楊：郡名，治所在建鄴縣（今江蘇省南京市）。楊，殿本作“陽”。本卷下文此地名同。

[2]通《左氏傳》：原本、宋本無“通”字，殿本有，據殿本補。

[3]文學：官名，魏晋太子、諸王及世子均置，掌各級教育文事。

[4]太子舍人：官名，掌行書令、表啓等。初隸太子太傅、太子少傅，後隸太子詹事。七品。

[5]尚書郎：官名。東漢之制，取孝廉中之有才能者入尚書臺，在皇帝左右處理政務，初入臺稱守尚書郎中，滿一年稱尚書郎，滿三年稱侍郎。魏晋以後尚書各曹有侍郎、郎中等官，綜理職務，通稱爲尚書郎。六品。

[6]徐馥：東晋吴興（今浙江省湖州市南）人，地方豪族，家有部曲。與周勰以討王導、刁協爲名起兵，殺吴興太守袁琇，有衆數千。後被同黨所殺。

[7]孝廉：漢代選拔人才的科目。

[8]鯀：傳説中古代部落酋長名，號崇伯。禹之父。曾奉堯命治水，因築堤堵水，九年未治平，被舜流放至羽山。

[9]季平子：即季孫意如，春秋末魯國人。屬“三桓”中季孫氏，季悼子之子。魯昭公、定公時期執政。自“三分公室”以後，魯君失去了軍賦、軍役，公室衰弱。後魯昭公聯合郈氏、東門氏等討伐季孫氏。季平子殺郈昭伯，逼昭公奔齊。

先是，以兵亂之後，務存慰悦，遠方秀孝到，不策試，普皆除署。至是，帝申明舊制，皆令試《經》，有不中科，刺史、太守免官。太興三年，秀孝多不敢行，其有到者，並託疾。帝欲除署孝廉，而秀才如前制。坦奏議曰：

臣聞經邦建國，教學爲先，移風崇化，莫尚斯矣。古者且耕且學，三年而通一《經》，以平康之世，猶假漸漬，積以日月。自喪亂以來，十有餘年，干戈載揚，俎豆禮戢，[1]家廢講誦，國闕庠序，[2]率爾責試，竊以爲疑。然宣下以來，涉歷三載，累遇慶會，遂未一試。揚州諸郡，接近京都，懼累及君父，多不敢行。其遠州邊郡，掩誣朝廷，冀於不試，冒昧來赴，既到審試，遂不敢會。臣愚以不會與不行，其爲闕也同。若當偏加除署，是爲肅法奉憲者失分，僥倖投射者得官，頹風傷教，懼於是始。

[1]俎豆禮戢：禮儀活動停止。
[2]庠序：學校。

夫王言如絲，其出如綸，[1]臨事改制，示短天下，人聽有惑，臣竊惜之。愚以王命無貳，憲制宜信。去年察舉，一皆策試。如不能試，可不拘到，遣歸不署。又秀才雖以事策，亦泛問經義，苟所未學，實難暗通，不足復曲碎垂例，[2]違舊造異。謂宜因其不會，[3]徐更革制。可申明前下，崇修學校，普延五年，以展講習，鈞法齊訓，示人軌則。夫信之與法，爲政之綱，施之家室，猶弗可貳，况經國之典而可玩黷乎！

帝納焉。聽孝廉申至七年，[4]秀才如故。

[1]王言如絲，其出如綸：語出《禮記·緇衣》："王言如絲，其出如綸；王言如綸，其出如綍。"意爲王者之言，一旦形成旨意，其影響和作用非常巨大。

[2]垂例：垂，原本、宋本、殿本作"乖"，據中華本改。

[3]謂宜因其不會：宜因，殿本乙作"因宜"。

[4]聽孝廉申至七年：孝，宋本作"者"。

時典客令萬默領諸胡，[1]胡人相誣，朝廷疑默有所偏助，將加大辟。坦獨不署，由是被譴，遂棄官歸會稽。久之，除領軍司馬，未赴召。會王敦反，[2]與右衛將軍虞潭俱在會稽起義，[3]而討沈充。事平，始就職。揚州刺史王導請爲別駕。[4]

[1]典客令：官名，西晋改客館令置，爲典客署長官，隸屬大鴻臚。

[2]王敦：字處仲，本書卷九八有傳。

[3]右衛將軍：官名，三國魏咸熙二年（265），司馬炎即晋王位，分中衛將軍爲左、右衛將軍。掌佽飛虎賁及前驅、由基、强弩三部司馬，屬下還有虎賁、羽林、上騎、異力、命中共五部督，負責宫禁侍衛。西晋屬中軍將軍，後屬領軍將軍。爲禁衛軍主要統帥之一，權任很重。四品。　虞潭：字思奥，本書卷七六有傳。

[4]揚州：揚，原本、宋本作"楊"，殿本作"揚"，據殿本改。本卷下文此地名同。　別駕：官名，別駕從事、別駕從事史省稱。州部佐官，因從刺史行部，別乘傳車，故稱。位居州吏之右。

咸和初，遷尚書左丞，[1]深爲臺中之所敬憚。尋屬蘇峻反，坦與司徒司馬陶回白王導曰：[2]“及峻未至，宜急斷阜陵之界，[3]守江西當利諸口，[4]彼少我衆，一戰决矣。若峻未來，[5]可往逼其城。今不先往，峻必先至。先人有奪人之功，時不可失。”導然之。庾亮以爲峻脱逕來，[6]是襲朝廷虚也，故計不行。峻遂破姑熟，[7]取鹽米，亮方悔之。坦謂人曰：“觀峻之勢，必破臺城。[8]自非戰士，不須戎服。”既而臺城陷，戎服者多死，白衣者無他，時人稱其先見。及峻挾天子幸石頭，坦奔陶侃，[9]侃引爲長史。[10]時侃等夜築白石壘，[11]至曉而成。聞峻軍嚴聲，咸懼來攻。坦曰：“不然。若峻攻壘，必須東北風急，令我水軍不得往救。今天清静，賊必不動，决遣軍出江乘，[12]掠京口以東矣。”[13]果如所籌。時郗鑒鎮京口，[15]侃等各以兵會。既至，坦議以爲本不應須召郗公，遂使東門無限。今宜遣還，雖晚，猶勝不也。侃等猶疑，坦固争甚切，始令鑒還據京口，遣郭默屯大業，[15]又令驍將李閎、曹統、周光與默并力，賊遂勢分，卒如坦計。

[1]尚書左丞：官名，尚書省佐官，位次尚書，居尚書右丞上。與右丞共掌尚書都省庶務，率諸都令史監督稽核諸尚書曹、郎曹政務。左丞又掌督録近道文書章奏，監察糾彈尚書令、僕射、尚書等文武百官，號稱“監司”，權勢甚重。六品。

[2]司徒司馬：官名，司徒府高級幕僚。掌參讚軍務、管理府内武職，位僅次於長史。六品。

[3]阜陵：縣名，治所在今安徽省全椒縣東。

［4］江西：隋唐以前人們對長江下游北岸、淮水以南地區的稱呼。　當利：當利口，位於今安徽省和縣東，爲當利水入江之口。

［5］若峻未來：來，殿本作“至”。

［6］庾亮：字元規，本書卷七三有傳。　脱：如果。

［7］姑熟：即姑熟城，又名南州城，即今安徽省當塗縣西北。

［8］臺城：宫城。

［9］陶侃：字士行，本書卷六六有傳。

［10］長史：官名，掌顧問參謀，爲所在官署掾屬之長。魏晋南北朝時王府、公府、軍府、邊郡均置。八至六品。

［11］白石壘：即白下城，位於今江蘇省南京市西北金川門外幕府山南麓。《景定建康志》卷二〇《城闕志·古城郭》：“白下城，案《圖經》及《寰宇記》引《輿地志》云：本江乘之白石壘也。”

［12］江乘：縣名，治所在今江蘇省句容市北。

［13］京口：地名，即今江蘇省鎮江市。

［14］郗鑒：字道徽，本書卷六七有傳。郗，殿本作“郄”。本卷下文此字同。

［15］郭默：本書卷六三有傳。　大業：大業壘，位於今江蘇省丹陽市北。

及峻平，以坦爲吴郡太守。[1]自陳吴多賢豪，而坦年少，未宜臨之。王導、庾亮並欲用坦爲丹楊尹。時亂離之後，百姓凋弊，坦固辭之。導等猶未之許。坦慨然曰：“昔肅祖臨崩，諸君親據御床，共奉遺詔。孔坦疏賤，不在顧命之限。[2]既有艱難，則以微臣爲先。今由俎上肉，任人膾截耳！”乃拂衣而去。導等亦止。於是遷吴興内史，封晋安男，[3]加建威將軍。[4]以歲饑，運家米以振窮乏，百姓賴之。時使坦募江淮流人爲軍，有殿中兵，因亂東還，來應坦募，坦不知而納之。或諷朝廷，以坦藏臺叛兵，遂坐免。尋拜侍中。

［1］吴郡：治所在吴縣（今江蘇省蘇州市）。

［2］顧命：臨終遺命。

［3］封晋安男：安，殿本作“陵”。

［4］建威將軍：官名，領兵征戰，曹魏、孫吴、西晋皆置。四品。

咸康元年，石聰寇歷陽，[1]王導爲大司馬，[2]討之，請坦爲司馬。會石勒新死，[3]季龍專恣，[4]石聰及譙郡太守彭彪等各遣使請降。坦與聰書曰：

華戎道乖，[5]南北迥邈，瞻河企宋，[6]每懷饑渴。數會陽九，[7]天禍晋國，奸凶猾夏，[8]乘釁肆虐。我德雖衰，天命未改。乾符啓再集之慶，中興應靈期之會，百六之艱既過，[9]惟新之美日隆。而神州振蕩，遺氓波散，誓命戎狄之手，跼蹐豺狼之穴，[10]朝廷每臨寐永嘆，痛心疾首。天罰既集，罪人斯隕，王旅未加，自相魚肉。豈非人怨神怒，天降其災！蘭艾同焚，賢愚所嘆，哀矜勿喜，[11]我后之仁，大赦曠廓，唯季龍是討。彭譙使至，粗具動静，知將軍忿疾醜類，翻然同舉。承問欣豫，慶若在己。何知機之先覺，[12]砎石之易悟哉！[13]引領來儀，怪無聲息。

［1］石聰寇歷陽：本書卷七《成帝紀》載，咸康元年“夏四月

癸卯，石季龍寇歷陽，加司徒王導大司馬、假黄鉞、都督征討諸軍事，以御之”。本書卷一〇六《石季龍載記上》載，咸康元年“季龍自率衆南寇歷陽，臨江而旋，京師大震”。石聰爲石虎所殺，《資治通鑑》將此事繫於成帝咸和八年（333），所以咸康元年（335）寇歷陽者不可能是石聰。（參見陳金鳳《〈晋書〉校勘二則》，《中國史研究》2000年第3期）

［2］大司馬：官名，八公之一，位在上公之下、大將軍及三公之上，高級將帥，多爲大臣加官。一品。

［3］石勒：字世龍，本書卷一〇四有載記。

［4］季龍：即石虎，石勒從子，本書卷一〇六有載記。

［5］華戎道乖：戎，殿本作“狄”。

［6］瞻河企宋：遠望黄河及宋國故地。宋，指古宋國，大致在今河南省東部及山東省、江蘇省、安徽省一帶。

［7］陽九：指灾難或厄運。

［8］猾夏：猾，擾亂，侵犯。《尚書·舜典》：“蠻夷猾夏。”孔安國傳：“猾，亂也。夏，華夏。”

［9］百六：古代道家稱天厄爲“陽九”，地厄爲“百六”。《文選·袁宏〈三國名臣序贊〉》：“百六道喪，干戈迭用。”吕延濟注：“四千六百一十七歲爲一元，一百六歲曰陽九之厄。”因以“陽九百六”指灾難或厄運。

［10］跼蹐：困頓，侷促。

［11］哀矜勿喜：哀矜，殿本乙作“矜哀”。

［12］機之先覺：機，殿本作“幾”。

［13］砎石之易悟哉：砎，殿本作“介”。易，原本、宋本作“予”，殿本作“易”，據殿本改。

將軍出自名族，誕育洪胄。[1]遭世多故，國傾家覆，生離親屬，假養異類。雖逼僞寵，將亦何賴！聞之者猶或有悼，况身嬰之，能不憤慨哉！非我族類，其心必異，誠反族歸正之秋，圖義建功之日也。若將軍喻納往言，宣之同盟，率關右之衆，[2]輔河南之卒，[3]申威趙魏，[4]爲國前驅，雖竇融之保西河，[5]黥布之去項羽，[6]比諸古今，未足爲喻。聖上寬明，宰輔弘納，雖射鈎之隙，[7]賞之故行，雍齒之恨，[8]侯之列國。况二三子無曩人之嫌，而遇天啓之會，當如影響，有何遲疑！

［1］誕育洪胄：養育高貴繁盛的後代。

［2］關右：地區名，即關西，泛指故函谷關或今潼關以西地區。

［3］河南：郡名，治所在洛陽縣（今河南省洛陽市東北）。

［4］趙魏：指戰國時趙國和魏國故地，即今山西省及河北省南部。

［5］竇融：東漢初扶風平陵（今陝西省咸陽市西北）人，字周公。世代仕宦河西。新莽末任波水將軍。後歸降更始，任張掖屬國都尉。更始敗，又聯合酒泉、金城、張掖、敦煌、武威五郡，割據河西。稱行河西五郡大將軍事。東漢建武五年（29）歸附光武帝，歷任凉州牧、冀州牧、大司空、行衛尉事，並兼領將作大匠。西河，即河西，今甘肅、青海二省之間黄河南段以西地區，即河西走廊、湟水流域一帶。

［6］黥布：本名英布，因受過黥刑，故名。秦末人，先爲項羽手下，後投劉邦。漢王五年，與劉賈入九江，誘降楚王大司馬周殷，舉九江兵會垓下，大破楚軍。

［7］射鈎：春秋時齊襄公昏亂，其弟糾奔魯，以管仲、召忽爲師；小白奔莒，以鮑叔爲師。襄公死，糾與小白争歸齊國爲君。管仲將兵遮莒道阻小白，射中其衣帶鈎。小白佯死，得先入爲君，是

爲桓公。桓公即位後不記舊仇，任管仲爲相，終成霸業。

[8]雍齒之恨：雍齒，秦末泗水沛縣豐邑（今江蘇省豐縣）人，爲地方豪姓。隨劉邦起兵反秦，奉命守豐，因與劉邦素有怨隙，遂叛歸魏王。後又追隨劉邦，在楚漢戰争中有功。雍齒之恨，事見《史記》卷五五《留侯世家》：西漢建立後，諸將争功，劉邦深以爲憂。張良説："上平生所憎，群臣所共知，誰最甚者？"劉邦説："雍齒與我故，數嘗窘辱我。我欲殺之，爲其功多，故不忍。"張良説："今急先封雍齒以示群臣，群臣見雍齒封，則人人自堅矣。"於是劉邦乃置酒，封雍齒爲什方侯。群臣罷酒，皆喜曰："雍齒尚爲侯，我屬無患矣。"

今六軍誡嚴，水陸齊舉，熊羆踴躍，齕噬争先，[1]鋒鏑一交，玉石同碎，雖復後悔，何嗟及矣！僕以不才，世荷國寵，雖實不敏，誠爲行李之主，[2]區區之情，還信所具。夫機事不先，鮮不後悔，自求多福，唯將軍圖之。

朝廷遂不果北伐，人皆懷恨。

[1]齕噬：齧食。比喻拼搏殲敵。

[2]行李：使者。

坦在職數年，遷侍中。時成帝每幸丞相王導府，拜導妻曹氏，有同家人，坦每切諫。時帝刻日納后，而尚書左僕射王彬卒，[1]議者以爲欲却期。坦曰："婚禮之重，重於救日蝕。救日蝕，有后之喪，太子墮井，則止。納后盛禮，豈可以臣喪而廢！"從之。及帝既加元服，[2]猶委政王導，坦每發憤，以國事爲己憂，嘗從容言於帝曰：“陛下春秋以長，聖敬日躋，[3]宜博納朝臣，諮諏善道。”由是忤導，出爲廷尉，[4]怏怏不悦，以疾去職。加散騎常侍，遷尚書，未拜。

[1]王彬：字世儒，本書卷七六有傳。

[2]元服：帽子。古稱行冠禮爲加元服。《儀禮·士冠禮》：“令月吉日，始加元服。”

[3]日躋：與日俱增。

[4]廷尉：官名，中央最高司法審判機構長官，負責會審朝中有罪文武大臣，覆核審决郡國疑獄等。三品。

疾篤，庾冰省之，[1]乃流涕。坦慨然曰：“大丈夫將終不問安國寧家之術，乃作兒女子相問邪！”冰深謝焉。臨終，與庾亮書曰：“不謂疾苦，遂至頓弊，自省綿綿，奄忽無日。修短命也，將何所悲！但以身往名没，朝恩不報，所懷未叙，即命多恨耳！足下以伯舅之尊，居方伯之重，抗威顧眄，[2]名震天下，榱椽之佐，[3]常願下風。使九服式序，[4]四海一統，封京觀於中原，反紫極於華壤，[5]是宿昔之所味咏，慷慨之本誠矣。今中道而斃，豈不惜哉！若死而有靈，潛聽風烈。”俄卒，時年五十一。追贈光禄勛，[6]謚曰簡。亮報書曰：“廷尉孔君，神游體離，嗚呼哀哉！得八月十五日書，知疾患轉篤，遂不起濟，悲恨傷楚，不能自勝。足下方在中年，素少疾患，雖天命有在，亦禍出不圖。且足下才經於世，世常須才，况於今日，倍相痛惜。吾以寡乏，忝當大任，國耻未雪，夙夜憂憤。常欲足下同在外藩，戮力時事。此情未果，來書奄至。申尋往復，不覺涕隕。[7]深明足下慷慨之懷，深痛足下不遂之志。邈然永隔，夫復何言！謹遣報答，并致薄祭，望足下降神饗之。”[8]子混嗣。

［1］庾冰：字季堅，本書卷七三有傳。

［2］抗威顧眄：眄，殿本作“盼”。

［3］榱椽：架屋承瓦的木頭。方的叫榱，圓的叫椽。亦喻擔負重任的人物。

［4］九服：王畿以外的九等地區。《周禮·夏官·職方氏》：“乃辨九服之邦國：方千里曰王畿，其外方五百里曰侯服，又其外方五百里曰甸服，又其外方五百里曰男服，又其外方五百里曰采服，又其外方五百里曰衛服，又其外方五百里曰蠻服，又其外方五百里曰夷服，又其外方五百里曰鎮服，又其外方五百里曰藩服。”

［5］紫極：帝王宫殿，此指帝王。

［6］光禄勛：官名，侍從皇帝左右，掌宫廷宿衛。西晉時兼掌原屬少府的一部分宫廷供御事務。三品。

［7］不覺涕隕：涕，殿本作“深”。

［8］降神饗之：饗，宋本作“享”。

嚴，字彭祖。祖父奕，全椒令，明察過人。時有遺其酒者，始提入門，奕遥呵之曰：“人餉吾兩罌酒，其一何故非也？”檢視之，一罌果是水。或問奕何以知之，奕曰：[1]“酒重水輕，提酒者手有輕重之異故耳。”在官有惠化，及卒，市人若喪慈親焉。父倫，黄門郎。[2]

［1］奕曰：奕，殿本作“笑”。

[2]黄門郎：官名，黄門侍郎或給事黄門侍郎的省稱。五品。

嚴少仕州郡，歷司徒掾、尚書殿中郎。[1]殷浩臨揚州，[2]請爲别駕。遷尚書左丞。時朝廷崇樹浩，以抗擬桓温，[3]温深以不平。浩又引接荒人，謀立功於閫外。[4]嚴言於浩曰："當今時事艱難，可謂百六之運，使君屈己應務，屬當其會。聖懷所以日昃匪懈，[5]臨朝斤斤，[6]每欲深根固本，静邊寧國耳，亦豈至私哉！而處任者所志不同，[7]所見各異，人口云云，無所不至。頃來天時人情，良可寒心。古人爲政，防人之口甚於防川。間日侍座，亦已粗申所懷，不審竟當何以鎮之？《老子》云'夫唯不争，則萬物不能與之争'，此言不可不察也。愚意故謂朝廷宜更明授任之方，韓彭可專征伐，[8]蕭曹守管籥，[9]内外之任，各有攸司。深思廉藺屈申之道，[10]平勃相和之義，[11]令婉然通順，人無間言，然後乃可保大定功，平濟天下也。又觀頃日降附之徒，皆人面獸心，貪而無親，難以義感。而聚著都邑，雜處人間，使君常疲聖體以接之，虚府庫以拯之，足以疑惑視聽耳。"浩深納之。

[1]司徒掾：官名，司徒府屬官。　尚書殿中郎：官名，殿中侍衛武官。

[2]殷浩：字深源，本書卷七七有傳。　揚州：三國魏、吴各置揚州，魏治所在壽春縣（今安徽省壽縣），吴治所在建業縣（今江蘇省南京市）。西晋統一後復合，治所在建鄴縣（今江蘇省南京市）。

[3]桓温：字元子，本書卷九八有傳。

[4]閫外：朝廷之外。

[5]日昃匪懈：終日辛勞没有懈怠。昃，原本、宋本作“昊”，殿本作“昃”，據殿本改。

[6]斤斤：謹慎。

[7]所志不同：志，原本、宋本、殿本作“至”，據中華本校勘記改。

[8]韓：韓信，秦末淮陰（今江蘇省淮安市淮陰區南）人，早年家貧，常從人寄食。後隨項羽起兵，因不受重用，轉投劉邦。受蕭何舉薦，拜大將軍。功勛卓著，爲漢初三傑之一。漢立封楚王，後貶爲淮陰侯。終爲吕后設計所殺。　彭：彭越，秦末昌邑（今山東省巨野縣東南）人，字仲。秦末起兵，助劉邦擊昌邑。楚漢相争時，受劉邦所賜將軍印，助漢擊楚。西漢建立後封梁王。陳豨反叛，劉邦親征，徵梁國兵，彭越稱病不行。劉邦疑其反叛，廢其爲庶人，後信吕后之言，將其誅殺，夷其宗族。

[9]蕭：蕭何，秦末泗水沛縣豐邑（今江蘇省豐縣）人。隨劉邦起兵反秦。楚漢戰争中，留守關中，爲前綫籌集糧草。劉邦稱帝後，因功高封酇侯。助吕后誅除韓信，封相國。劉邦死後復事惠帝，死前推薦曹參繼任。　曹：曹參，秦末泗水沛（今江蘇省沛縣）人，早年爲獄掾。秦末隨劉邦起兵，屢建戰功。先後任假左丞相、左丞相。西漢建立後任齊相國。蕭何死後繼之爲漢相。　管籥：鎖匙。喻關鍵部門。

[10]廉：廉頗，戰國時趙將，以勇氣聞於諸侯。趙惠文王時爲將伐齊，大破齊軍，拜爲上卿。趙孝成王時與樂乘率軍伐燕，迫使燕割地請和。後與樂乘不和，奔魏居大梁，後入楚。　藺：藺相如，戰國時趙國人。趙惠文王時，秦昭王謊稱以十五城换趙國和氏璧，藺相如奉璧入秦，又完璧歸趙，使秦國謊言没有得逞。秦趙澠池會，又捍衛了趙國的尊嚴，因此被拜爲上卿，位在將軍廉頗之上。廉頗不服，欲辱之。藺相如屢次退讓，認爲“應先國家之急”。

廉頗乃悟，負荆請罪。

[11]平：陳平，秦末陽武（今河南省原陽縣東南）人，少治黄老之術。秦末天下大亂，先後侍魏王咎、項羽，後歸劉邦。歷任都尉、亞將、護軍中尉等職，爲劉邦重要謀士，屢出奇計。漢朝建立後封户牖侯和曲逆侯。惠帝時歷任郎中令、左右丞相。吕后死，又與周勃等人誅除諸吕，迎立文帝。　勃：周勃，秦末泗水沛縣豐邑（今江蘇省豐縣）人。隨劉邦起兵，爲劉邦功臣。西漢建立後封絳侯，歷任太尉、相國等職。

及哀帝踐阼，議所承統，時多異議。嚴與丹楊尹庾龢議曰：[1]“順本居正，親親不可奪，宜繼成皇帝。”諸儒咸以嚴議爲長，竟從之。

[1]庾龢：字道季，本書卷七三有傳。

隆和元年，詔曰：“天文失度，太史雖有禳祈之事，[1]猶釁眚屢彰。[2]今欲依鴻祀之制，[3]於太極殿前庭親執虔肅。”[4]嚴諫曰：“鴻祀雖出《尚書大傳》，先儒所不究，歷代莫之興，承天接神，豈可以疑殆行事乎！天道無親，唯德是輔，陛下祗順恭敬，留心兆庶，[5]可以消灾復異。皆已蹈而行之，德合神明，丘禱久矣，[6]豈須屈萬乘之尊，修雜祀之事！君舉必書，可不慎歟！”帝嘉之而止。以爲揚州大中正，[7]嚴不就。有司奏免，詔特以侯領尚書。

[1]太史：官名，即太史令，屬太常。掌天時、星曆、歲終奏新年曆。記録瑞應、灾異等。七品。　禳祈：殿本乙作“祈禳”。

［2］釁眚屢彰：過失屢次彰顯。

［3］今欲：今，原本、宋本作“令”，殿本作“今”，據殿本改。　鴻祀：大祀，最隆重的祭祀。《周禮·春官·肆師》：“立大祀用玉帛、牲牷，立次祀用牲幣，立小祀用牲。”鄭玄注：“鄭司農曰：‘大祀，天地；次祀，日月星辰；小祀，司命已下。’玄謂，大祀又有宗廟，次祀又有社稷、五祀、五岳，小祀又有司中、風師、山川、百物。”

［4］太極殿：《景定建康志》卷二一《城闕志·古宮殿》：“建康宮内正殿，晋初造以十二間，象十二月。”

［5］兆庶：百姓。

［6］丘禱久矣：語出《論語·述而》：“子疾病，子路請禱。子曰：‘有諸？’子路對曰：‘有之；《誄》曰：禱爾于上下神祇。’子曰：‘丘之禱久矣。’”

［7］大中正：州一級評定士人品第的官員。

時東海王奕求海鹽、錢塘以水牛牽埭税取錢直，[1]帝初從之，嚴諫乃止。初，帝或施私恩，以錢帛賜左右。嚴又啓諸所别賜及給厨食，皆應减省。帝曰：“左右多困乏，故有所賜，今通斷之。又厨膳宜有减徹，思詳具聞。”嚴多所匡益。

［1］東海王奕：廢帝司馬奕，本書卷八有紀。奕，原本、宋本作“弈”，殿本作“奕”，據殿本改。　海鹽：縣名，治所在今上海市松江縣南拓山。　錢塘：縣名，治所在今浙江省杭州市。

太和中，拜吴興太守，加秩中二千石。善於宰牧，甚得人和。餘杭婦人經年荒，[1]賣其子以活夫之兄子。

武康有兄弟二人，[2]妻各有孕，弟遠行未反，遇荒歲，不能兩全，棄其子而活弟子。嚴並褒薦之。又甄賞才能之士，論者美焉。五年，以疾去職，卒于家。

[1]餘杭：縣名，治所在今浙江省杭州市餘杭區西南餘杭鎮南苕溪南岸。

[2]武康：縣名，治所在今浙江省德清縣千秋村。

三子：道民，宣城內史；[1]静民，散騎侍郎；[2]福民，太子洗馬。[3]皆爲孫恩所害。[4]

[1]宣城：郡名，治所在宛陵縣（今安徽省宣城市）。

[2]散騎侍郎：官名，三國魏置。隸屬散騎省，侍從皇帝左右，顧問應對，諫諍拾遺，與散騎常侍、侍中等共平尚書奏事。五品。

[3]“道民”至“太子洗馬”：中華本校勘記：“《孫恩傳》作‘中書郎孔道，太子洗馬孔福’。”

[4]孫恩：字靈秀，本書卷一〇〇有傳。

群，字敬林，嚴叔父也。有智局，志尚不羈。蘇峻入石頭，時匡術有寵於峻，賓從甚盛。群與從兄愉同行於横塘，[1]遇之，愉止與語，而群初不視術。術怒，欲刃之。愉下車抱術曰：“吾弟發狂，卿爲我宥之。”乃獲免。後峻平，王導保存術，嘗因衆坐，令術勸群酒，以釋横塘之憾。群答曰：“群非孔子，厄同匡人。雖陽和布氣，鷹化爲鳩，至於識者，猶憎其目。”導有愧色。

[1]横塘：位於今江蘇省南京市南秦淮河南岸。

仕歷中丞。[1]性嗜酒，導嘗戒之曰："卿恒飲，不見酒家覆瓿布，日月久糜爛邪？"答曰："公不見肉糟淹更堪久邪？"嘗與親友書云："今年田得七百石秫米，不足了麴糵事。"其耽湎如此。卒於官。嗣子沉。

[1]仕歷：仕，殿本作"任"。　中丞：即御史中丞。

沉，字德度，有美名。何充薦沉於王導曰：[1]"文思通敏，宜登宰門。"辟丞相司徒掾、琅邪王文學，並不就。從兄坦以裘遺之，辭不受。坦曰："晏平仲儉，[2]祀其先人，豚肩不掩豆，猶狐裘數十年，卿復何辭！"於是受而服之。是時沉與魏顗、虞球、虞存、謝奉並爲四族之俊。

[1]何充：字次道，本書卷七七有傳。

[2]晏平仲：晏嬰，亦稱晏子。春秋時夷濰（今山東省高密市）人，字平仲。齊國大夫，機智善辯，敢於諫諍，生活節儉。歷事齊靈公、莊公、景公三朝。

沉子廞，位至吴興太守、廷尉。廞子琳之，以草書擅名，又爲吴興太守、侍中。

丁潭

丁潭，字世康，會稽山陰人也。祖固，[1]吴司徒。父彌，梁州刺史。[2]潭初爲郡功曹，[3]察孝廉，除郎中，[4]稍遷丞相西閣祭酒。[5]時元帝稱制，使各陳時事損益，潭上書曰：

為國者恃人須才，蓋二千石長吏是也。安可不明簡其才，使必允當。既得其人，使久於其職，在官者無苟且，居下者有恒心，此為政之較也。今之長吏，遷轉既數，有送迎之費。古人三載考績，三考黜陟，[6]中才處局，故難以速成。

[1]固：丁固，三國孫吴人，任尚書、左御史大夫、司徒等職。

[2]梁州：三國曹魏治所在沔陽縣（今陝西省勉縣東），西晉移治南鄭縣（今陝西省漢中市東）。

[3]郡功曹：官名，即郡功曹史。郡縣屬官，職掌人事，參與郡縣政務。功曹史，官名，兩晉時，不開府將軍、太子二傅、特進、郡縣皆置。

[4]郎中：官名，尚書省郎曹長官。位次尚書、左右丞，分曹執行政務。與“尚書郎”互稱。六品。

[5]丞相西閣祭酒：官名，丞相府僚屬。位在東閣祭酒之下。與主簿舍人主閣内事。

[6]黜陟：人才的進退，官吏的升降。黜，貶降、罷退。陟，提拔、升遷。

夫兵所以防禦未然，鎮壓奸凶，周雖三聖，[1]功成由武。今戎戰之世，益宜留心，簡選精鋭，以備不虞。無事則優其身，有難則責其力。竊聞今之兵士，或私有役使，而營陣不充。夫為國者，由為家也。計財力之所任，審趨舍之舉動，不營難成之功，損棄分外之役。今兵人未强，當審其宜，經塗遠舉，未獻大捷，更使力單財盡而威望挫弱也。

［1］三聖：指周文王、周武王、周公。

及帝踐阼，拜駙馬都尉、奉朝請、尚書祠部郎。[1]時琅邪王裒始受封，[2]帝欲引朝賢爲其國上卿，將用潭，以問中書令賀循。[3]循曰："郎中令職望清重，[4]實宜審授。潭清淳貞粹，[5]雅有隱正，[6]聖明所簡，才實宜之。"遂爲琅邪王郎中令。會裒薨，潭上疏求行終喪禮，曰："在三之義，[7]禮有達制，近代已來，或隨時降殺，[8]宜一匡革，以敦于後。輒案令文，王侯之喪，官僚服斬，既葬而除。今國無繼統，喪庭無主，臣實陋賤，不足當重，謬荷首任，禮宜終喪。"詔下博議。國子祭酒杜夷議：[9]"古者諒闇，[10]三年不言。下及周世，税衰效命。春秋之時，天子諸侯既葬而除。此所謂三代損益，禮有不同。故三年之喪，由此而廢。然則漢文之詔，合於隨時，凡有國者，皆宜同也，非唯施於帝皇而已。案禮，殤與無後，降於成人。有後，既葬而除。今不得以無後之故而獨不除也。愚以丁郎中應除衰麻，自宜主祭，以終三年。"太常賀循議："禮，天子諸侯俱以至尊臨人，上下之義，君臣之禮，自古以來，其例一也。故禮盛則並全其重，禮殺則從其降。春秋之事，[11]天子諸侯不行三年。至於臣爲君服，亦宜以君爲節，[12]未有君除而臣服，[13]君服而臣除者。今法令，諸侯卿相官屬爲君斬衰，既葬而除。以令文言之，明諸侯不以三年之喪與天子同可知也。君若遂服，則臣子輕重無應除者也。若當皆除，無一人獨重之文。禮有攝主而無攝重，故大功之親主人喪者，[14]必爲之再祭練祥，[15]以大功之服，主人三年喪者也。苟謂諸侯與天子同制，國有嗣王，自不全服，而人主居喪，素服主祭，三年不攝吉事，以尊令制。若當遠迹三代，令復舊典，不依法令者，則侯之服貴賤一例，亦不得唯一人論。”於是詔使除服，心喪三年。

[1]奉朝請：原爲兩漢朝廷給與退休大臣、列侯、宗室、外戚等的一種政治優待。西晉時成爲加官名號。晉武帝以宗室、外戚爲奉車都尉、駙馬都尉、騎都尉，並授此號。　尚書祠部郎：官名，亦稱祠部郎中。尚書祠部曹長官，多以明禮通儒擔任，掌宗廟祭祀禮樂制度。六品。

[2]琅邪王裒：司馬裒，字道成，本書卷六四有傳。

[3]中書令：官名，掌收納尚書奏事、傳達皇帝詔旨。三國魏文帝初年分秘書置中書省，設中書監和中書令，職權甚重。三品。　賀循：字彦先，本書卷六八有傳。

[4]郎中令：官名，王國公侯屬官，魏晋爲王國中的三卿之一。六品。

[5]清淳貞粹：高潔淳樸，貞正純美。

[6]雅有隱正：一向威重清正。

[7]在三：尊敬君、父、師。典出《國語·晋語一》：“‘民生於三，事之如一。’父生之，師教之，君食之。非父不生，非食不長，非教不知，生之族也，故一事之，唯其所在，則致死焉。”韋昭注：“三，君、父、師也。”

[8]降殺：遞減。

[9]杜夷：中華本校勘記：“《華恒傳》作‘杜彝’。”

[10]諒闇：皇帝居喪。

[11]春秋之事：中華本校勘記：“周校：‘時’誤‘事’。按：周校是。上文‘春秋之時’云云，此針對上文而言，亦當作‘春

秋之時’。”

［12］亦宜以君爲節：原本、宋本無“亦”字，殿本有，據殿本補。

［13］未有君除而臣服：未，原本、宋本作“夫”，殿本作“未”，據殿本改。

［14］大功：五種喪服之一，服期九個月。其服用熟麻布做成，較齊衰稍細，較小功爲粗，故稱大功。舊時堂兄弟、未婚的堂姊妹、已婚的姑、姊妹、侄女及衆孫、衆子婦、侄婦等之喪，都服大功。已婚女爲伯父、叔父、兄弟、侄、未婚姑、姊妹、侄女等服喪，也服大功。

［15］再祭練祥：小祥與大祥。均古代祭禮。《周禮·春官·大祝》：“言甸人讀禱，付練祥，掌國事。”賈公彦疏：“練，謂十三月小祥，練祭；祥，謂二十五月大祥，除衰杖。”

太興三年，遷王導驃騎司馬，[1]轉中書郎，出爲廣武將軍、東陽太守，[2]以清潔見稱。徵爲太子左衛率，[3]不拜。成帝踐阼，以爲散騎常侍、侍中。蘇峻作亂，帝蒙塵於石頭，唯潭及侍中鍾雅、劉超等隨從不離帝側。[4]峻誅，以功賜爵永安伯，遷大尚書，徙廷尉，累遷左光禄大夫、領國子祭酒、本國大中正，加散騎常侍。

［1］驃騎司馬：官名，驃騎將軍府高級幕僚。掌參讚軍務、管理府内武職，位僅次於長史。六品。

［2］廣武將軍：官名，曹魏、西晋皆置。名號將軍中地位較高。四品。　東陽：郡名，治所在長山縣（今浙江省金華市）。

［3］太子左衛率：官名，又稱太子左率，領精兵萬人，宿衛東宫，亦任征戰，地位頗重。五品。

[4]鍾雅：字彦胄，本書卷七〇有傳。　劉超：字世瑜，本書卷七〇有傳。

康帝即位，屢表乞骸骨。詔以光禄大夫還第，門施行馬，[1]禄秩一如舊制，給傳詔二人，賜錢二十萬，床帳褥席。年八十，卒。贈侍中，大夫如故，謚曰簡。王導嘗謂孔敬康有公才而無公望，丁世康有公望而無公才。子詀，位至散騎侍郎。

[1]行馬：古代官署前攔阻人馬通行的木架。俗稱"鹿角"，亦稱"梐枑"。

張茂，字偉康，少單貧，有志行，爲鄉里所敬信。初起義兵，討賊陳斌，一郡用全。元帝辟爲掾屬。官有老牛數十，將賣之，茂曰："殺牛有禁，買者不得輒屠，齒力疲老，又不任耕駕，是以無用之物收百姓利也。"帝乃止。遷太子右衛率，[1]出補吴興内史。沈充之反也，茂與三子並遇害。茂弟盎，爲周札將軍，充討札，盎又死之。贈茂太僕。[2]茂少時夢得大象，以問占夢萬推。推曰："君當爲大郡，而不善也。"問其故，推曰："象者大獸，獸者守也，故知當得大郡。然象以齒焚，爲人所害。"果如其言。

[1]太子右衛率：官名，西晉武帝泰始五年（269）分太子衛率而置太子左、右衛率，領精兵萬人，宿衛東宫，亦任征伐。五品。

［2］太僕：官名，掌皇帝車馬、田獵、兵器及全國牧業。三品。

陶回

陶回，丹楊人也。祖基，吴交州刺史。[1]父抗，太子中庶子。[2]回辟司空府中軍、主簿，[3]並不就。大將軍王敦命爲參軍，[4]轉州别駕。敦死，司徒王導引爲從事中郎，[5]遷司馬。

［1］交州：又稱交阯，公元前2世紀初南越王趙佗置，後屬西漢。東漢改爲交州，治所在番禺縣（今廣東省廣州市）。三國時移治龍編縣（今越南社會主義共和國河北省仙游縣東）。

［2］太子中庶子：官名，太子侍從，掌侍從、奏事、諫議等。五品。

［3］司空府中軍：官名，司空府中軍師，參議軍國大事，典刑獄。　主簿：官名，司空府屬官。典領文書籍簿，省録衆事，職權甚重。

［4］大將軍：官名，高級軍事統帥。曹魏時多以之屯駐長安，對付蜀漢，蜀漢以其爲最高軍事長官，孫吴則别置上大將軍居其上。西晋時爲八公之一，位居上公、大司馬下，三公之上。東晋時常專擅軍政事務。一品。

［5］從事中郎：官名，東漢時爲大將軍屬官，地位較高。魏晋時爲將軍府或公府屬官。六品。此爲司徒府從事中郎。

蘇峻之役，回與孔坦言於導，請早出兵守江口，語在《坦傳》。峻將至，回復謂亮曰："峻知石頭有重戍，不敢直下，必向小丹楊南道步來，宜伏兵要之，可一戰而擒。"亮不從。峻果由小丹楊經秣陵，[1]迷失道，逢郡人，[2]執以爲鄉導。時峻夜行，甚無部分。亮聞之，深悔不從回等之言。尋王師敗績，回還本縣，收合義軍，得千餘人，並爲步軍，與陶侃、温嶠等并力攻峻，又別破韓晃，以功封康樂伯。

[1]秣陵：縣名，東漢建安十七年（212）孫權改名建業縣，治所在今江蘇省南京市。

[2]逢郡人：逢，殿本作“逄”。

時大賊新平，綱維弛廢，司徒王導以回有器幹，擢補北軍中候，[1]俄轉中護軍。[2]久之，遷征虜將軍、吴興太守。時人饑穀貴，三吴尤甚。[3]詔欲聽相鬻賣，以拯一時之急。回上疏曰：“當今天下不普荒儉，唯獨東土穀價偏貴，便相鬻賣，聲必遠流，北賊聞此，將窺疆埸。如愚臣意，不如開倉廩以振之。”[4]乃不待報，輒便開倉，及割府郡軍資數萬斛米以救乏絶，由是一境獲全。既而下詔，并敕會稽、吴郡依回振恤，二郡賴之。在郡四年，徵拜領軍將軍，加散騎常侍，征虜將軍如故。

[1]北軍中候：官名，掌監屯騎校尉、越騎校尉、步兵校尉、長水校尉、射聲校尉所領北軍五營。魏晋時增設禁軍兵力，由地位更高的中領軍統轄，北軍五營作用漸輕，北軍中候置省無常，常與中領軍並置。五品。

[2]中護軍：官名，掌武官選舉，與中領軍同掌禁軍。曹魏四品，晋三品。

[3]三吴：地區名，一説指吴、吴興、會稽三郡；一説指吴、

吴興、丹楊三郡；一説指吴、吴興、義興三郡。

［4］開倉廩以振之：振，殿本作“賑”。

回性雅正，不憚强禦。丹楊尹桓景佞事王導，甚爲導所昵。回常慷慨謂景非正人，不宜親狎。會熒惑守南斗經旬，[1]導語回曰：“南斗，揚州分，而熒惑守之，吾當遜位以厭此譴。”回答曰：“公以明德作相，輔弼聖主，當親忠貞，遠邪佞，而與桓景造膝，熒惑何由退舍！”導深愧之。

［1］熒惑守南斗經旬：火星進入斗宿十天。

咸和二年，以疾辭職，帝不許。徙護軍將軍，常侍、領軍如故，未拜，卒，年五十一。謚曰威。

四子：汪、陋、隱、無忌。汪嗣爵，位至輔國將軍、宣城内史，[1]陋冠軍將軍，[2]隱少府，[3]無忌光禄勛，兄弟咸有幹用。

［1］輔國將軍：官名，屬將軍名號，三國兩晋皆置。三品。

［2］冠軍將軍：官名，曹魏、孫吴、西晋皆置。西晋時領營兵。三品。

［3］少府：官名，掌管宫廷手工業。三品。

史臣曰：孔愉父子暨丁潭等，咸以篠簜之材，[1]邀締構之運，[2]策名霸府，騁足高衢，歷試清階，遂登顯要，外宣政績，内盡謀猷，罄心力以佐時，竭股肱以衛主，並能保全名節，善始令終。而愉高謝百萬之貲，辭榮數畝之宅，弘止足之分，有廉讓之風者矣。陶回陳邪佞之宜遠，明鬻賣之非宜，並補闕弼違，良可稱也。

[1]篠（xiǎo）簜（dàng）之材：原指大竹和小竹，此指南方的優秀人才。

[2]締構：經營開創。

贊曰：愉既公才，潭惟公望。領軍儒雅，平越忠亮。[1]君平料敵，彭祖弘益。茂以象焚，群由匡厄。陶回規過，言同金石。

[1]平越忠亮：忠，宋本作“忘”。

晉書　卷七九

列傳第四十九

謝尚　謝安 子琰 琰子混 安兄奕 奕子玄 安弟萬 安兄子朗 朗子重 重子絢 萬弟石 石弟子邈[1]

謝尚

謝尚，字仁祖，豫章太守鯤之子也。[2]幼有至性。七歲喪兄，哀慟過禮，親戚異之。八歲，神悟夙成。鯤嘗携之送客，或曰："此兒一坐之顔回也。"[3]尚應聲答曰："坐無尼父，焉别顔回！"席賓莫不嘆異。年十餘歲，[4]遭父憂，丹楊尹温嶠吊之，[5]尚號咷極哀。既而收涕告訴，舉止有異常童，嶠甚奇之。及長，開率穎秀，辨悟絶倫，脱略細行，[6]不爲流俗之事。好衣刺文袴，諸父責之，因而自改，遂知名。善音樂，博綜衆藝。司徒王導深器之，[7]比之王戎，[8]常呼爲"小安豐"，[9]辟爲掾。[10]襲父爵咸亭侯。始到府通謁，導以其有勝會，謂曰："聞君能作《鴝鵒舞》，一坐傾想，寧有此理不?"尚曰："佳。"便著衣幘而舞。導令坐者撫掌擊節，尚俯仰有中，[11]傍若無人，其率詣如此。

[1]中華本卷首目録“謝安”下附傳人名云：子琰，琰子混，安兄奕，奕子玄，安弟萬，萬弟石，石兄子朗，朗弟子邈。不但與正文順序不符，謝邈輩分亦有誤。謝朗與謝邈爲同一輩分的堂兄弟，都是謝安之侄。謝朗父名據；謝邈父名鐵，永嘉太守。《南史》卷一九《謝晦傳》：“謝晦字宣明，陳郡陽夏人，晉太常裒之玄孫也。裒子奕、據、安、萬、鐵，並著名前史。”謝據、謝鐵爲兄弟，則謝朗、謝邈亦爲同一輩。中華本朗弟子邈中的“朗”爲衍文。（參見李瓊英《〈晉書·謝安傳〉辨誤二則》，《文獻》1996年第4期）另百衲本卷首目録“謝安”下附傳人名云：安子琰，琰子混，安弟萬，萬弟石，安兄弈，弈子玄，石兄子朗，弟子邈。同樣存在與正文順序不符的問題。現結合二本目録及正文，調整目録如上。奕，原本、宋本作“弈”，殿本作“奕”，據殿本改。本卷下文此人名同。

[2]豫章：郡名，治所在南昌縣（今江西省南昌市）。　鯤：謝鯤，字幼輿，本書卷四九有傳。

[3]一坐：坐，殿本作“座”。　顏回：名回，字子淵，亦稱顏淵。孔子弟子，早卒。

[4]年十餘歲：殿本無“年”字。

[5]丹楊尹：官名，東晉京城所在郡府長官，掌京城行政諸務並詔獄，亦稱“京尹”。三品。楊，殿本作“陽”。　温嶠：字太真，本書卷六七有傳。

[6]脱略細行：疏略小節。

[7]司徒：官名，西漢哀帝元壽二年（前1）改丞相爲大司徒，東漢光武帝時改名爲司徒，東漢末又改爲丞相。三國魏恢復三公制，改丞相爲司徒，管理民政。兩晉沿制，爲八公之一，在太尉之下、司空之上。與丞相通職，一般不並置，爲名譽宰相。一品。

王導：字茂弘，本書卷六五有傳。

［8］王戎：字濬冲，本書卷四三有傳。

［9］小安豐：即王戎，因被封爲安豐侯，故言。

［10］掾：官名，此爲司徒掾，司徒府屬官。

［11］俯仰有中：有，殿本作“在”。

轉西曹屬。[1]時有遭亂與父母乖離，議者或以進仕理王事，婚姻繼百世，於禮非嫌。尚議曰：“典禮之興，皆因循情理，開通弘勝。如運有屯夷，[2]要當斷之以大義。夫無後之罪，三千所不過，今婚姻將以繼百世，崇宗緒，此固不可塞也。然至於天屬生離之哀，父子乖絶之痛，痛之深者，莫深於兹。夫以一體之小患，猶或忘思慮，損聽察，况於抱傷心之巨痛，懷忉怛之至戚，[3]方寸既亂，豈能綜理時務哉！有心之人，决不冒榮苟進。冒榮苟進之疇，必非所求之旨，徒開偷薄之門而長流弊之路。或有執志丘園、守心不革者，猶當崇其操業以弘風尚，而况含艱履戚之人，勉之以榮貴邪？”

［1］西曹屬：官名，丞相府西曹次官，如果西曹掾闕則爲西曹長官。

［2］屯夷：禍患與平安。

［3］忉怛之至戚：極端的憂傷悲痛。

遷會稽王友，[1]入補給事黄門侍郎，[2]出爲建武將軍、歷陽太守，[3]轉督江夏義陽隨三郡軍事、江夏相，[4]將軍如故。時安西將軍庾翼鎮武昌，[5]尚數詣翼諮謀軍事。嘗與翼共射，翼曰：“卿若破的，當以鼓吹相賞。"[6]尚應聲中之，翼即以其副鼓吹給之。尚爲政清簡，始到官，郡府以布四十匹爲尚造烏布帳。尚壞之，以爲軍士襦袴。建元二年，詔曰："尚往以戎戍事要，故輟黄散，以授軍旅。所處險要，宜崇其威望。今以爲南中郎將，[7]餘官如故。"會庾冰薨，[8]復以本號督豫州四郡，[9]領江州刺史。[10]俄而復轉西中郎將、督揚州之六郡諸軍事、豫州刺史、假節，[11]鎮歷陽。

[1]會稽王：即簡文帝司馬昱，本書卷九有紀。　友：王、公國的屬官，掌陪侍規諷。六品。

[2]給事黄門侍郎：官名，魏晋時爲侍中省或門下省次官。與侍中俱掌門下衆事，職掌略同，地位隨皇帝旨意或侍中地位而定。五品。

[3]建武將軍：官名，東漢末曹操置，統兵征伐。四品。　歷陽：郡名，西晋永興元年（304）置，治所在歷陽縣（今安徽省和縣）。

[4]督江夏義陽隨三郡軍事：即督數郡諸軍事，江夏、義陽、隨三郡軍事行政長官，位低於都督和監。　江夏：郡名，三國魏治所在上昶城（今湖北省雲夢縣），西晋移治安陸縣（今湖北省安陸市西南）。　相：官名，郡國相，也稱内史。五品。

[5]安西將軍：官名，東漢建安年間置，與安東、安南、安北將軍合稱四安將軍，爲出鎮某一地區的軍事長官，或作爲刺史等兼理軍務的加官，權任頗重。三品，加持節都督者二品。　庾翼：字稚恭，本書卷七三有傳。　武昌：郡名，治所在武昌縣（今湖北省鄂州市鄂城區）。

[6]鼓吹：帝王及高級官員儀仗中的樂隊，由管樂和打擊樂器組成，常用來賜予有軍功的高級武官。

[7]南中郎將：官名，與東、西、北中郎將並稱四中郎將，統

兵征戰，權職甚重。四品。

[8]庾冰：字季堅，本書卷七三有傳。

[9]督豫州四郡：即督數郡諸軍事，豫州四郡軍事行政長官，位低於都督和監。

[10]領：以地位較高的官員兼理較低的職務。　江州：治所在南昌縣（今江西省南昌市）。

[11]西中郎將：官名，東漢末所置四中郎將之一。帥師征伐或鎮守。魏、西晋多兼涼州刺史，東晋多兼豫州刺史。四品。　督揚州之六郡諸軍事：揚州下轄六個郡的軍事行政長官，位低於都督和監。　豫州：曹魏時治所在安城縣（今河南省正陽縣東北），西晋移治陳縣（今河南省周口市淮陽區）。　假節：假以節杖。指大臣臨時持節出巡，爲權臣掌軍、秉政的地位象徵和政治待遇。

大司馬桓温欲有事中原，[1]使尚率衆向壽春，[2]進號安西將軍。初，苻健將張遇降尚，[3]尚不能綏懷之。遇怒，據許昌叛。[4]尚討之，爲遇所敗，收付廷尉。[5]時康獻皇后臨朝，[6]即尚之甥也，特令降號爲建威將軍。[7]初，尚之行也，使建武將軍、濮陽太守戴施據枋頭。[8]會冉閔之子智與其大將蔣幹來附，[9]復遣行人劉猗詣尚請救。[10]施止猗，求傳國璽，猗歸，以告幹。幹謂尚已敗，慮不能救己，猶豫不許。施遣參軍何融率壯士百人入鄴，[11]登三臺助戍，[12]譎之曰："今且可出璽付我。凶寇在外，道路梗澀，亦未敢送璽，當遣單使馳白。天子聞璽已在吾許，知卿等至誠，必遣重軍相救，并厚相餉。"幹乃出璽付融，融賫璽馳還枋頭。尚遣振武將軍胡彬率騎三百迎璽，[13]致諸京師。時苻健將楊平戍許昌，[14]尚遣兵襲破之。徵授給事中，[15]賜軺車、鼓吹，[16]戍石頭。[17]

[1]大司馬：官名，八公之一，位在上公之下、大將軍及三公之上，高級將帥，多爲大臣加官。一品。　桓温：字元子，本書卷九八有傳。

[2]壽春：縣名，治所在今安徽省壽縣東南。

[3]苻健：字建業，本書卷一一二有載記。

[4]許昌：縣名，治所在許昌城（今河南省許昌市東）。

[5]廷尉：官名，中央最高司法審判機構長官，負責會審朝中有罪文武大臣，覆核審決郡國疑獄等。三品。

[6]康獻皇后：褚蒜子，本書卷三二有傳。

[7]建威將軍：官名，領兵征戰，曹魏、孫吴、西晋皆置。四品。

[8]濮陽：郡名，治所在濮陽縣（今河南省濮陽市西南）。　戴施：東晋人，任輔國將軍、河南太守等職。　枋頭：地名，在今河南省浚縣西南淇門渡。

[9]冉閔：字永曾，本書卷一〇七有載記。

[10]行人：使者。

[11]參軍：官名，亦作參軍事，謂參謀軍事。兩晋公府、軍府皆置。　何融：東晋人，任參軍、督護、謁者等職。　鄴：縣名，曹魏五都之一。治所在今河北省臨漳縣西南。

[12]三臺：三國魏曹操所建銅雀臺、金虎臺、冰井臺。

[13]振武將軍：官名，屬常設將軍名號，統兵。四品。

[14]苻健將楊平：中華本校勘記："《通鑑》九九作'楊群'。"

[15]給事中：官名，爲加官，所加爲三公、將軍、中書監令、博士、郎等。常侍從皇帝左右，諫諍糾彈，爲中朝要職。五品。

[16]軺車：用一匹馬駕馭的輕車。

[17]石頭：石頭城，故址在今江蘇省南京市清涼山。

永和中，拜尚書僕射，[1]出爲都督江西淮南諸軍事、前將軍、豫州刺史，[2]給事中、僕射如故，鎮歷陽，加都督豫州揚州之五郡軍事，[3]在任有政績。上表求入朝，因留京師，署僕射事。[4]尋進號鎮西將軍，[5]鎮壽陽。[6]尚於是采拾樂人，并制石磬，[7]以備太樂。江表有鐘石之樂，[8]自尚始也。

[1]尚書僕射：官名，秦漢爲尚書令副貳，東漢建安四年（199）分置左、右，爲尚書省次官。三品。

[2]都督江西淮南諸軍事：江西、淮南地區軍最高事行政長官。前將軍：官名，漢代爲重號將軍，與左、右、後將軍並爲上卿。魏晋時常設，權位較兩漢時漸低，僅爲武官名號，略高於一般雜號將軍，不典禁兵，不與朝政。三品。

[3]都督豫州揚州之五郡軍事：豫州以及揚州轄下五個郡的最高軍事行政長官。

[4]署僕射事：暫時署理僕射事務。

[5]鎮西將軍：官名，與鎮東、鎮南、鎮北將軍合稱四鎮將軍。多爲持節都督，出鎮方面。曹魏二品。晋改三品，加持節都督者二品。

[6]壽陽：即壽春縣，秦始置。治所在今安徽省壽縣東南。

[7]并制石磬：磬，殿本作“罄”。

[8]江表：江外，指長江以南地區。

桓温北平洛陽，上疏請尚爲都督司州諸軍事。[1]將鎮洛陽，以疾病不行。升平初，又進都督豫冀幽并四州。[2]病篤，徵拜衛將軍，[3]加散騎常侍，[4]未至，卒於歷陽，時年五十。詔贈散騎常侍、衛將軍、開府儀同三司，[5]謚曰簡。

[1]都督司州諸軍事：司州最高軍事行政長官。

[2]都督豫冀幽并四州：即都督數州諸軍事，上述四州最高軍事行政長官。

[3]衛將軍：官名，魏晋時位在名號將軍之上，多爲軍府名號，加給大臣、重要州郡長官。二品，開府位從公者一品。

[4]散騎常侍：官名，三國魏文帝黄初年間置，侍從皇帝左右，諫諍得失，顧問應對，與侍中等共平尚書奏事。也用作宰相、諸公等加官，入宫議政。三品。

[5]開府儀同三司：官名，三國魏始置。爲大臣加號，意謂與太尉、司徒、司空三司待遇相同，許開設府署，任命僚屬。

無子，從弟奕以子康襲爵，早卒。康弟静復以子肅嗣，[1]又無子。静子虔以子靈祐繼鯤後。

[1]康弟静：下文言奕有“三子：泉、靖、玄”。則此處“静”應爲“靖”。另“康弟静”，應爲“康兄静”。

謝安

謝安，字安石，尚從弟也。父裒，太常卿。[1]安年四歲時，譙郡桓彝見而嘆曰：[2]“此兒風神秀徹，後當不減王東海。”[3]及總角，[4]神識沉敏，風宇條暢，善行書。弱冠，[5]詣王濛清言良久，[6]既去，濛子脩曰：“向客何如大人？”濛曰：“此客亹亹，[7]爲來逼人。”王導亦深器之。由是少有重名。

[1]太常卿：官名，對太常的尊稱。太常，漢代稱奉常，本掌禮樂宗廟、社稷祭祀，魏晋時此職掌歸尚書裁定，太常成爲閑職。三品。

[2]譙郡：郡國名，曹魏置，治所在譙縣（今安徽省亳州市）。桓彝：字茂倫，本書卷七四有傳。

[3]王東海：即王承，因任東海太守，故名。本書卷七五有傳。

[4]總角：童年。

[5]弱冠：指男子二十歲時。《禮記·曲禮上》："二十曰弱，冠。"年少爲弱，待至二十，即爲成年，舉行冠禮。

[6]王濛：字仲祖，本書卷九三有傳。

[7]亹亹：言談動人，有吸引力。

初辟司徒府，除佐著作郎，[1]並以疾辭。寓居會稽，[2]與王羲之及高陽許詢、桑門支遁游處，[3]出則漁弋山水，入則言咏屬文，無處世意。揚州刺史庾冰以安有重名，[4]必欲致之，累下郡縣敦逼，不得已赴召，月餘告歸。復除尚書郎、琅邪王友，[5]並不起。吏部尚書范汪舉安爲吏部郎，[6]安以書距絶之。有司奏安被召，歷年不至，禁錮終身，遂栖遲東土。嘗往臨安山中，[7]坐石室，臨濬谷，悠然嘆曰："此去伯夷何遠！"[8]嘗與孫綽等泛海，[9]風起浪涌，諸人並懼，安吟嘯自若。[10]舟人以安爲悦，猶去不止。風轉急，安徐曰："如此將何歸邪？"舟人承言即回。衆咸服其雅量。安雖放情丘壑，然每游賞，必以妓女從。既累辟不就，簡文帝時爲相，曰："安石既與人同樂，必不得不與人同憂，召之必至。"時安弟萬爲西中郎將，總藩任之重。安雖處衡門，[11]其名猶出萬之右，自然有公輔之望，處家常以儀範訓子弟。安妻，劉惔妹也，[12]既見家門富貴，而安獨静退，乃謂曰："丈夫不如此也？"安掩鼻曰："恐不免耳。"及萬黜廢，安始有仕進志，時年已四十餘矣。

[1]佐著作郎：官名，三國時隸中書省，西晋改隸秘書省，協助著作郎修撰國史及起居注，整理秘書省所藏典籍。七品。

[2]會稽：郡名，治所在山陰縣（今浙江省紹興市）。

[3]王羲之：字逸少，本書卷八〇有傳。　高陽：郡名，東漢桓帝置，治所在高陽縣（今河北省高陽縣東舊城），西晋移治博陸縣（今河北省蠡縣南）。　許詢：東晋高陽北新城（今河北省保定市徐水區）人，字玄度。僑居會稽，與劉惔、王羲之、孫安、郗愔文字交游，清談往返。　桑門：即沙門，僧人。　支遁：即支道林，東晋陳留（今河南省開封市東）人，一説河東林慮（今河南省林州市）人，俗姓關，名遁，以字行。家世事佛，自由讀經，二十五歲出家。般若學即色宗創始人。

[4]揚州：三國魏、吴各置揚州，魏治所在壽春縣（今安徽省壽縣），吴治所在建業縣（今江蘇省南京市）。西晋統一後復合，治所在建鄴縣（今江蘇省南京市）。

[5]尚書郎：官名。東漢之制，取孝廉中之有才能者入尚書臺，在皇帝左右處理政務，初入臺稱守尚書郎中，滿一年稱尚書郎，滿三年稱侍郎。魏晋以後尚書各曹有侍郎、郎中等官，綜理職務，通稱爲尚書郎。六品。　琅邪王：東晋康帝司馬岳，本書卷七有紀。

[6]吏部尚書：官名，三國魏時爲尚書省吏部曹長官，位居列曹尚書之上。三品。　范汪：字玄平，本書卷七五有傳。　吏部郎：官名，尚書省吏部曹長官通稱。亦稱郎中，資深者可轉侍郎。屬吏部尚書，主管官吏選任、銓叙、調動事務，對五品以下官吏之任免有建議權。六品。

[7]嘗往臨安山中：嘗，原本、宋本、殿本作"常"，通

"嘗"，此據中華本改。本卷下文"常"改"嘗"者不再出注。

[8]此去：去，原本、宋本作"亦"，殿本作"去"，據殿本改。　伯夷：商末時孤竹國君之子，與其兄互相謙讓繼承君位的權力，結果一起跑到周國。後因反對武王伐商，隱居首陽山，不食周粟餓死。

[9]孫綽：字興公，本書卷五六有傳。

[10]吟嘯：吟唱嘯歌。嘯，古人的自娱方式，類似口哨。《詩·召南·江有汜》："不我過，其嘯也歌。"鄭玄箋："嘯，蹙口而出聲。"

[11]衡門：隱居的地方。

[12]劉惔：字真長，本書卷七五有傳。

征西大將軍桓温請爲司馬，[1]將發新亭，[2]朝士咸送，中丞高崧戲之曰：[3]"卿屢違朝旨，[4]高卧東山，諸人每相與言，安石不肯出，將如蒼生何！蒼生今亦將如卿何！"安甚有愧色。既到，温甚喜，言生平，歡笑竟日。既出，温問左右："頗嘗見我有如此客不？"温後詣安，值其理髮。安性遲緩，久而方罷，使取幘。[5]温見，留之曰："令司馬著帽進。"其見重如此。

[1]征西大將軍：官名，屬將軍名號，多授予統兵出鎮在外，都督數州諸軍事者。位在征西將軍之上。二品，開府位從公者一品。　司馬：官名，此爲征西大將軍司馬。將軍府的高級幕僚，掌參讚軍務、管理府内武職，位僅次於長史。六品。

[2]新亭：又名中興亭，位於今江蘇省南京市西南。

[3]中丞：官名，即御史中丞，御史大夫副手，掌監察、執法，爲京師顯官，職權甚重。四品。　高崧：字茂琰，本書卷七一有傳。

[4]屢違朝旨：屢，殿本作“累”。

[5]幘：包頭之巾。

温當北征，會萬病卒，安投箋求歸。尋除吴興太守。[1]在官無當時譽，去後爲人所思。頃之，徵拜侍中，[2]遷吏部尚書、中護軍。[3]

[1]吴興：郡名，治所在烏程縣（今浙江省湖州市南）。

[2]侍中：官名，東漢建安中與給事黄門侍郎出入禁中，省尚書事。曹魏時爲門下之侍中省長官，常侍衛皇帝左右，掌顧問應對、諫諍糾察、平議奏事、駁奏異議等，權力甚重。三品。

[3]中護軍：官名，掌武官選舉，與中領軍同掌禁軍。曹魏四品，晋三品。

簡文帝疾篤，温上疏薦安宜受顧命。[1]及帝崩，温入赴山陵，止新亭，大陳兵衛，將移晋室，呼安及王坦之，[2]欲於坐害之。坦之甚懼，問計於安。安神色不變，曰：“晋祚存亡，在此一行。”既見温，坦之流汗沾衣，倒執手版。[3]安從容就席，坐定，謂温曰：“安聞諸侯有道，守在四鄰，明公何須壁後置人邪？”温笑曰：“正自不能不爾耳。”[4]遂笑語移日。坦之與安初齊名，至是方知坦之之劣。温嘗以安所作簡文帝謚議以示坐賓，曰：“此謝安石碎金也。”

[1]顧命：臨終遺命。

[2]王坦之：字文度，本書卷七五有傳。

[3]手版：版，殿本作“板”。

[4]正自不能不爾耳：爾，宋本作“耳”。

時孝武帝富於春秋，政不自己，温威振内外，人情噂喈，互生同異。安與坦之盡忠匡翼，終能輯穆。及温病篤，諷朝廷加九錫，[1]使袁宏具草。[2]安見，輒改之，由是歷旬不就。會温薨，錫命遂寢。

[1]九錫：《漢書》卷六《武帝紀》顔師古注引應劭曰：“一曰車馬，二曰衣服，三曰樂器，四曰朱户，五曰納陛，六曰虎賁百人，七曰鈇鉞，八曰弓矢，九曰秬鬯。此皆天子制度，尊之，故事事錫與，但數少耳。”

[2]袁宏：字彦伯，本書卷九二有傳。

尋爲尚書僕射，領吏部，[1]加後將軍。[2]及中書令王坦之出爲徐州刺史，[3]詔安總關中書事。安義存輔導，雖會稽王道子亦賴弼諧之益。[4]時强敵寇境，邊書續至，梁益不守，[5]樊鄧陷没，[6]安每鎮以和靖，御以長算。德政既行，文武用命，不存小察，弘以大綱，威懷外著，人皆比之王導，謂文雅過之。嘗與王羲之登冶城，[7]悠然遐想，有高世之志。羲之謂曰：“夏禹勤王，手足胼胝；[8]文王旰食，[9]日不暇給。今四郊多壘，宜思自效，而虚談廢務，浮文妨要，恐非當今所宜。”安曰：“秦任商鞅，[10]二世而亡，豈清言致患邪？”

[1]吏部：即吏部尚書。領吏部，即尚書僕射兼吏部尚書。

[2]後將軍：官名，漢代爲重號將軍，與前、左、右將軍並爲上卿。魏晋以後權位漸低，僅爲將軍名號，略高於一般雜號將軍。

三品。

[3]中書令：官名，掌收納尚書奏事、傳達皇帝詔旨。三國魏文帝初年分秘書置中書省，設中書監和中書令，職權甚重。三品。　徐州：治所在彭城縣（今江蘇省徐州市）。

[4]會稽王道子：司馬道子，字道子，本書卷六四有傳。

[5]梁：梁州，三國曹魏治所在沔陽縣（今陝西省勉縣東），西晋移治南鄭縣（今陝西省漢中市東）。　益：州名，治所在成都縣（今四川省成都市）。

[6]樊：樊城，地名，在今湖北省襄陽市樊城區。　鄧：縣名，治所在今河南省鄧州市。

[7]冶城：地名，在今江蘇省南京市朝天宫一帶。

[8]手足胼胝：手掌脚底因長期勞動摩擦而生的繭子。

[9]旰食：忘食，不按時吃飯。

[10]商鞅：戰國時衛國人，公孫氏，名鞅，亦稱衛鞅、公孫鞅、商君鞅、商君。助秦孝公變法强國。孝公死後被殺。

是時宫室毁壞，安欲繕之。尚書令王彪之等以外寇爲諫，[1]安不從，竟獨决之。宫室用成，[2]皆仰模玄象，[3]合體辰極，[4]而役無勞怨。又領揚州刺史，詔以甲仗百人入殿。時帝始親萬機，[5]進安中書監，[6]驃騎將軍、録尚書事，[7]固讓軍號。于時懸象失度，亢旱彌年，安奏興滅繼絶，求晋初佐命功臣後而封之。頃之，加司徒，後軍文武盡配大府，[8]又讓不拜。復加侍中、都督揚豫徐兖青五州幽州之燕國諸軍事、假節。[9]

[1]尚書令：官名，秦漢時爲尚書署長官。秩位雖低，權力甚重。魏晋時沿置，爲尚書省長官，綜理全國政務，參議大政，爲高

級政務長官。三品。　王彪之：字叔武，本書卷七六有傳。

［2］宫室用成：宫室因此而建成。用，因此。

［3］玄象：天象。

［4］辰極：北斗。

［5］萬機：機，殿本作“幾”。

［6］中書監：官名，中書省長官之一。三國魏文帝初年分秘書置中書省，長官爲中書監、中書令。掌收納奏章、草擬詔令。平常不分高下，入朝時監略高於令。三品。

［7］驃騎將軍：官名，西漢時爲重號將軍，東漢以後，居諸名號將軍之首，僅作爲軍府名號加授大臣或重要州郡長官。二品，開府位從公者一品。　録尚書事：官名，初爲職銜名，重臣加此名義始得總知國事，綜理政務，成爲真宰相。魏晋多以公卿權重者居之，總領尚書省政務，凡重號將軍、刺史皆得命曹授用，位在三公之上。

［8］大府：公府。

［9］都督揚豫徐兖青五州幽州之燕國諸軍事：揚、豫、徐、兖、青五州另加幽州轄下之燕國等地區的最高軍事行政長官。

時苻堅强盛，[1]疆埸多虞，[2]諸將敗退相繼。安遣弟石及兄子玄等應機征討，所在克捷。拜衛將軍、開府儀同三司，封建昌縣公。堅後率衆，號百萬，次于淮肥，[3]京師震恐。加安征討大都督。[4]玄入問計，安夷然無懼色，答曰：“已别有旨。”既而寂然。玄不敢復言，乃令張玄重請。安遂命駕出山墅，親朋畢集，方與玄圍棋賭别墅。安常棋劣於玄，是日玄懼，便爲敵手而又不勝。安顧謂其甥羊曇曰：“以墅乞汝。”[5]安遂游陟，[6]至夜乃還，指授將帥，各當其任。玄等既破堅，有驛書至，安方對客圍棋，看書既竟，便攝放床上，了無喜色，棋如故。客問之，徐答云："小兒輩遂已破賊。"既罷，還内，過户限，[7]心喜甚，不覺屐齒之折，其矯情鎮物如此。以總統功，進拜太保。[8]

[1]苻堅：字永固，本書卷一一三有載記。

[2]多虞：多憂患。

[3]淮肥：地區名，指淮水、淝水一帶。

[4]征討大都督：官名，征討軍隊的統帥。

[5]以墅乞（qì）汝：把别墅給你。乞，給與。

[6]安遂游陟：陟，殿本作"涉"。

[7]户限：門檻。

[8]太保：官名，史上屢次廢置，三國魏末年復置。晋爲八公之一，位上公，在太宰、太傅之下。安置元老重臣，無職掌。一品。

安方欲混一文軌，上疏求自北征，乃進都督揚江荆司豫徐兖青冀幽并寧益雍梁十五州軍事，[1]加黄鉞，[2]其本官悉如故，置從事中郎二人。[3]安上疏讓太保及爵，不許。是時桓冲既卒，[4]荆、江二州並缺，[5]物論以玄勛望，宜以授之。安以父子皆著大勛，恐爲朝廷所疑，又懼桓氏失職，桓石虔復有沔陽之功，[6]慮其驍猛，在形勝之地，終或難制，乃以桓石民爲荆州，[7]改桓伊於中流，[8]石虔爲豫州。既以三桓據三州，彼此無怨，各得所任。其經遠無競，類皆如此。

[1]都督揚江荆司豫徐兖青冀幽并寧益雍梁十五州軍事：即都

督數州諸軍事，上述十五州最高軍事行政長官。

[2]黄鉞：即飾以黄金的斧鉞，爲皇帝儀仗。賜予出征重臣，以示威重，令其專主征伐。

[3]從事中郎：官名，東漢時爲大將軍屬官，地位較高。魏晋時爲將軍府或公府屬官。六品。

[4]桓冲：字幼子，本書卷七四有傳。

[5]荆：荆州，三國時曹魏治所在新野縣（今河南省新野縣），孫吴治所在江陵縣（今湖北省江陵縣），西晋統一後治所在江陵縣（今湖北省江陵縣）。

[6]桓石虔：小字鎮惡，本書卷七四有傳。　沔陽：沔水之陽，沔水北岸。桓石虔曾擊敗苻秦軍，進據樊城，故言。

[7]桓石民：本書卷七四有傳。

[8]桓伊：字叔夏，本書卷八一有傳。

性好音樂，自弟萬喪，十年不聽音樂。及登臺輔，[1]期喪不廢樂。[2]王坦之書喻之，不從，衣冠效之，遂以成俗。又於土山營墅，樓館林竹甚盛，每携中外子侄往來游集，肴饌亦屢費百金，世頗以此譏焉，而安殊不以屑意。常疑劉牢之既不可獨任，[3]又知王味之不宜專城。牢之既以亂終，而味之亦以貪敗，由是識者服其知人。

[1]臺輔：三公宰輔之位。

[2]期喪：期年之喪。

[3]劉牢之：字道堅，本書卷八四有傳。

時會稽王道子專權，而奸諂頗相扇構，安出鎮廣陵之步丘，[1]築壘曰新城以避之。帝出祖于西池，[2]獻觴賦詩焉。安雖受朝寄，然東山之志始末不渝，每形於言色。及鎮新城，盡室而行，造泛海之裝，欲須經略粗定，自江道還東。雅志未就，遂遇疾篤。上疏請量宜旋旆，并召子征虜將軍琰解甲息徒，[3]命龍驤將軍朱序進據洛陽，[4]前鋒都督玄抗威彭、沛，[5]委以董督。[6]若二賊假延，來年水生，東西齊舉。詔遣侍中慰勞，遂還都。聞當輿入西州門，[7]自以本志不遂，深自慨失，因悵然謂所親曰："昔桓温在時，吾常懼不全。忽夢乘温輿行十六里，見一白鷄而止。乘温輿者，代其位也。十六里，止今十六年矣。白鷄主酉，今太歲在酉，吾病殆不起乎！"乃上疏遜位，詔遣侍中、尚書喻旨。[8]先是，安發石頭，金鼓忽破，又語未嘗謬，而忽一誤，衆亦怪異之。尋薨，時年六十六。帝三日臨于朝堂，賜東園秘器、朝服一具、衣一襲、錢百萬、布千匹、蠟五百斤，[9]贈太傅，[10]謚曰文靖。以無下舍，詔府中備凶儀。及葬，加殊禮，依大司馬桓温故事。又以平苻堅勳，更封廬陵郡公。

[1]廣陵：郡名，治所在廣陵縣（今江蘇省揚州市西北蜀岡上）。　步丘：地名，在今江蘇省揚州市北。

[2]祖：出行祭祀路神。　西池：位於今江蘇省南京市城内。

[3]征虜將軍：既是武官名，也作爲高級文職官員的加官。三品。

[4]龍驤將軍：官名，高級軍事將領。三品。　朱序：字次倫，本書卷八一有傳。

[5]前鋒都督：前鋒部隊的統帥。

[6]董督：統帥。

[7]聞當輿入：輿，原本、宋本作“與”，殿本作“輿”，據殿本改。　西州：指揚州刺史廨舍。《世説新語·賞譽篇》“丞相治揚州廨舍”條汪藻本考異云，揚州廨舍即西州。王敦領揚州，始立州廨，王導因之。(參見周一良《魏晋南北朝史札記》，中華書局1985年版)

[8]尚書：官名，東漢尚書臺六曹各置尚書，秩六百石。魏晋出爲朝官，分掌尚書省諸曹，品秩提高。三品。

[9]東園秘器：東園所造棺材。《漢書》卷九三《佞幸·董賢傳》：“及至東園秘器，珠襦玉柙，豫以賜賢，無不備具。”顔師古注引《漢舊儀》：“東園秘器作棺梓，素木長二丈，崇廣四尺。”東園，官署名。秦漢置。掌管陵墓内器物、葬具的製造與供應，屬少府。

[10]太傅：官名，晋爲八公之一。位上公，太宰之下、太保之上。一品。

安少有盛名，時多愛慕。鄉人有罷中宿縣者，[1]還詣安。安問其歸資，答曰：“有蒲葵扇五萬。”安乃取其中者捉之，京師士庶競市，價增數倍。安本能爲洛下書生咏，有鼻疾，故其音濁，名流愛其咏而弗能及，或手掩鼻以學之。及至新城，築埭於城北，後人追思之，名爲召伯埭。

[1]中宿縣：治所在今廣東省清遠市西北河東堡。

羊曇者，太山人，[1]知名士也，爲安所愛重。安薨後，輟樂彌年，行不由西州路。嘗因石頭大醉，扶路唱樂，不覺至州門。左右白曰："此西州門。"曇悲感不已，以馬策扣扉，誦曹子建詩曰：[2]"生存華屋處，零落歸山丘。"慟哭而去。

[1]太山：郡名，治所在奉高縣（今山東省泰安市東）。

[2]曹子建：即曹植，三國時沛國譙縣（今安徽省亳州市）人，字子建，曹操第三子。封陳王，謚號思，故稱陳思王。善辭賦，建安文學領袖。

安有二子：瑶、琰。瑶襲爵，官至琅邪王友，早卒。子該嗣，終東陽太守。[1]無子，弟光禄勛模以子承伯嗣，[2]有罪，國除。

[1]東陽：郡名，治所在長山縣（今浙江省金華市）。

[2]光禄勛：官名，侍從皇帝左右，掌宫廷宿衛。西晋時兼掌原屬少府的一部分宫廷供御事務。三品。

劉裕以安勛德濟世，[1]特更封該弟澹爲柴桑侯，邑千户，奉安祀。澹少歷顯位。桓玄篡位，[2]以澹兼太尉，與王謐俱賫册到姑孰。[3]元熙中，爲光禄大夫，[4]復兼太保，持節奉册禪宋。

[1]劉裕：字德輿，小名寄奴，彭城（今江蘇省徐州市）人，南朝宋開國皇帝。世居京口，初爲東晋冠軍司馬，後被劉牢之任爲參軍。歷任鎮軍將軍、都督十六州諸軍事，官至相國，受封宋王。元熙二年（420）代晋稱帝。卒謚武皇帝，廟號高祖。

[2]桓玄：字敬道，本書卷九九有傳。

[3]王謐：字稚遠，本書卷六五有傳。　姑孰：姑孰城，位於今安徽省當塗縣。

[4]光禄大夫：官名，三公等大臣告老回家即拜此職，或作爲在朝顯職的加官。三品，開府位從公者一品。

琰，字瑗度。弱冠，以貞幹稱，美風姿。與從兄護軍淡雖比居，不往來，宗中子弟惟與才令者數人相接。拜著作郎，[1]轉秘書丞，[2]累遷散騎常侍、侍中。苻堅之役，安以琰有軍國才用，[3]出爲輔國將軍，[4]以精卒八千，[5]與從兄玄俱陷陣破堅，以勛封望蔡公。尋遭父憂去官，服闋，[6]除征虜將軍、會稽内史。[7]頃之，徵爲尚書右僕射，[8]領太子詹事，[9]加散騎常侍，將軍如故。又遭母憂，朝廷疑其葬禮。時議者云："潘岳爲賈充婦《宜城宣君誄》云：[10]'昔在武侯，喪禮殊倫。伉儷一體，朝儀則均。'謂宜資給葬禮，悉依太傅故事。"先是，王珣娶萬女，[11]珣弟珉娶安女，[12]並不終，由是與謝氏有隙。珣時爲僕射，[13]猶以前憾緩其事。琰聞恥之，遂自造輼輬車以葬，[14]議者譏之。

[1]著作郎：官名，三國時爲著作局長官，隸屬中書省。西晋時著作局别自置省，長官仍爲著作郎，改隸屬秘書省。西晋後亦稱大著作郎、大著作、著作，掌國史及起居注的修撰。兩晋南北朝時爲清要之官，多由有名望的文學之士擔任，也用司空、侍中、尚書等官典領。職閑位重，南朝時多爲貴族起家官。六品。

[2]秘書丞：官名，秘書監次官。負責典籍圖書的管理和整理，爲清要之官，多由士族高門擔任。六品。

[3]軍國才用：才，宋本作“財”。

[4]輔國將軍：官名，屬將軍名號，三國兩晋皆置。三品。

[5]精卒八千：卒，殿本作“兵”。

[6]服闋：守喪期滿除去孝服。

[7]内史：官名，西晋武帝太康十年（289）改諸王國相爲内史，掌管民政。五品。周家禄《晋書校勘記》認爲：“晋制，以郡爲國，内史治民事，若郡太守。國除爲郡，復稱太守。然二名往往混淆，史家亦互稱之。”

[8]尚書右僕射：官名，尚書令副手，掌拆閲封緘奏章文書、參議政事、諫諍駁議、監察百官。位在左僕射之下。三品。

[9]太子詹事：官名，東宫屬官，掌管東宫内外事務。兩晋南北朝東宫地位極重，官署齊備，擬於朝廷。太子詹事任總宫官，堪比朝廷之尚書令、領軍將軍，位權甚重。三品。

[10]潘岳：字安仁，本書卷五五有傳。　賈充：字公閭，本書卷四〇有傳。

[11]王珣：字元琳，本書卷六五有傳。

[12]珉：王珉，字季琰，本書卷六五有傳。

[13]僕射：即尚書僕射，王珣曾任過尚書左、右僕射。

[14]遂自造：遂，宋本作“送”。　轀輬車：古代卧車。《史記》卷八七《李斯列傳》裴駰集解引孟康曰：“如衣車，有窗牖，閉之則温，開之則凉，故名之‘轀輬車’也。”漢以後多用作喪車。《漢書》卷六八《霍光傳》顔師古注：“轀輬本安車也，可以卧息。後因載喪，飾以柳翣，故遂爲喪車耳。轀者密閉，輬者旁開窗牖，各别一乘，隨事爲名。後人既專以載喪，又去其一，總爲藩飾，而合二名呼之耳。”

太元末，爲護軍將軍，[1]加右將軍。[2]會稽王道子以爲司馬，右將軍如故。王恭舉兵，[3]假琰節，都督前鋒軍事。[4]恭平，遷衛將軍、徐州刺史、假節。

[1]護軍將軍：官名，東漢建安十二年（207）曹操改丞相府護軍爲中護軍，資重者可遷護軍將軍，典武官選舉，與中領軍同掌禁軍。曹魏時四品，西晋時三品。

[2]右將軍：官名，漢代重號將軍之一，與前、左、後將軍並爲上卿。魏晋時常設，權位漸低，僅爲武官名號，略高於一般雜號將軍。三品。

[3]王恭：字孝伯，本書卷八四有傳。

[4]都督前鋒軍事：前鋒部隊的統帥。

孫恩作亂，[1]加督吴興義興二郡軍事，[2]討恩。至義興，斬賊許允之，迎太守魏鄢還郡。[3]進討吴興賊丘尪，破之。又詔琰與輔國將軍劉牢之俱討孫恩。恩逃于海島，朝廷憂之，以琰爲會稽内史、都督五郡軍事，[4]本官並如故。琰既以資望鎮越土，議者謂無復東顧之虞。及至郡，無綏撫之能，而不爲武備。將帥皆諫曰："强賊在海，伺人形便，宜振揚仁風，開其自新之路。"琰曰："苻堅百萬，[5]尚送死淮南，况孫恩奔衄歸海，何能復出！若其復至，正是天不養國賊，令速就戮耳。"遂不從其言。恩後果復寇浹口，[6]入餘姚，[7]破上虞，[8]進及邢浦，[9]去山陰北三十五里。[10]琰遣參軍劉宣之距破恩。既而上黨太守張虔碩戰敗，[11]群賊鋭進，人情震駭，咸以宜持重嚴備，且列水軍於南湖，分兵設伏以待之。琰不聽。賊既至，尚未食，琰曰："要當先滅此寇而後食耳。"[12]跨馬而出。廣武將軍桓寶爲前鋒，[13]摧鋒陷陣，殺賊甚多，而塘路迮狹，琰軍魚貫而前，賊於艦中傍射之，前後斷絶。琰至千秋亭，[14]敗績。琰帳下都督張猛於後斫琰馬，[15]琰墮地，與二子肇、峻俱被害，寶亦死之。後劉裕左里之捷，[16]生擒猛，送琰小子混，混刳肝生食之。詔以琰父子隕於君親，忠孝萃於一門，贈琰侍中、司空，謚曰忠肅。

[1]孫恩：字靈秀，本書卷一〇〇有傳。

[2]督吴興義興二郡軍事：即督數郡諸軍事，吴興、義興二郡軍事行政長官，位次於都督和監。

[3]迎太守魏鄢還郡：中華本校勘記："《斠注》：《安紀》作'魏隱'。按：《世説·賞譽》及注引《魏氏譜》、《通鑑》一一一亦作'魏隱'。"

[4]都督五郡軍事：即都督五郡諸軍事，五郡最高軍事行政長官。

[5]苻堅：苻，原本、宋本作"符"，殿本作"苻"，據其載記及殿本改。本卷下文此姓字同。

[6]浹口：位於今浙江省寧波市甬江河口。

[7]餘姚：縣名，治所在今浙江省餘姚市。

[8]上虞：縣名，治所在今浙江省紹興市上虞區。

[9]邢浦：地名，在今浙江省紹興市東。

[10]山陰：縣名，治所在今浙江省紹興市。

[11]上黨：郡名，治所在潞縣（今山西省黎城縣南）。

[12]而後食耳：耳，殿本作"也"。

[13]廣武將軍：官名，曹魏、西晋皆置。名號將軍中地位較高。四品。

[14]千秋亭：一名柯亭，又名高遷亭，位於今浙江省紹興市境内。

[15]帳下都督：官名，公府及開府位從公加兵者屬官，統領帳下親軍，侍衛主將。

[16]左里：即左里城，又名左蠡城，位於今江西省都昌縣西北左蠡山下。

三子：肇、峻、混。肇歷驃騎參軍，[1]峻以琰勋封建昌侯。及没於賊，詔贈肇散騎常侍，峻散騎侍郎。[2]

[1]驃騎參軍：官名，驃騎將軍府屬官。參軍，亦作參軍事，謂參謀軍事。兩晋公府、軍府皆置。

[2]散騎侍郎：官名，三國魏置。隸屬散騎省，侍從皇帝左右，顧問應對，諫諍拾遺，與散騎常侍、侍中等共平尚書奏事。五品。

混，字叔源。少有美譽，善屬文。[1]初，孝武帝爲晋陵公主求婿，謂王珣曰："主婿但如劉真長、王子敬便足。[2]如王處仲、桓元子誠可，[3]才小富貴，便豫人家事。"珣對曰："謝混雖不及真長，不减子敬。"帝曰："如此便足。"未幾，帝崩，袁山松欲以女妻之，[4]珣曰："卿莫近禁臠。"初，元帝始鎮建業，公私窘罄，每得一豚，以爲珍膳，項上一臠尤美，輒以薦帝，群下未嘗敢食，于時呼爲"禁臠"，故珣因以爲戲。混竟尚主，襲父爵。桓玄嘗欲以安宅爲營，混曰："召伯之仁，[5]猶惠及甘棠；[6]文靖之德，[7]更不保五畝之宅邪？"玄聞，慚而止。歷中書令、中領軍、尚書左僕射、領選。[8]以黨劉毅誅，[9]國除。及宋受禪，謝晦謂劉裕曰：[10]"陛下應天受命，登壇日恨不得謝益壽奉璽紱。"裕亦嘆曰：

“吾甚恨之，使後生不得見其風流！”益壽，混小字也。

［1］屬文：寫文章。

［2］劉真長：劉惔，字真長，本書卷七五有傳。　王子敬：王獻之，字子敬，本書卷八〇有傳。

［3］王處仲：王敦，字處仲，本書卷九八有傳。　桓元子：桓温：字元子，本書卷九八有傳。

［4］袁山松：原本、宋本、殿本作“袁崧”，據中華本校勘記改。

［5］召伯：周召公，姬姓，名奭，成王時三公之一。自陝以西，召公主之；自陝以東，周公主之。召公治西方，甚得民和。召公卒，民思其政。

［6］惠及甘棠：《史記》卷三四《燕召公世家》：“召公巡行鄉邑，有棠樹，决獄政事其下，自侯伯至庶人各得其所，無失職者。召公卒，而民人思召公之政，懷棠樹不敢伐，哥咏之，作《甘棠》之詩。”後因以“棠樹”喻惠政。

［7］文靖：謝安，謚號文靖，故稱。

［8］中領軍：官名，東漢建安中曹操改領軍置。與中護軍皆典禁兵，屬丞相府。三品。　尚書左僕射：官名，尚書省次官，輔助尚書令執行政務，參議大政，諫諍得失，監察糾彈百官。有時尚書省不置令，祇設左、右僕射，此時左僕射居右僕射之上。三品。　領選：謂兼管薦舉官吏之事。《資治通鑑》卷一〇九《晋紀》安帝隆安元年：“領軍將軍王國寶爲左僕射，領選。”胡三省注：“領選者，領吏部選。”

［9］劉毅：字希樂，本書卷八五有傳。

［10］謝晦：南朝宋陳郡陽夏（今河南省太康縣）人，字宣明。初爲晋建武府中兵參軍，爲太尉劉裕參軍。因善斷刑獄，署刑獄賊曹。後任豫州治中從事、太尉主簿。入宋後歷任右衛將軍、侍中、

領軍將軍、中書令、荆州刺史等職。劉裕去世後，與徐羨之等人廢殺少帝。文帝即位後，因受追究弑君之罪，起兵失敗後被殺。

奕，[1]字無奕，少有名譽。初爲剡令，[2]有老人犯法，奕以醇酒飲之，醉猶未已。安時年七八歲，在奕膝邊，諫止之。奕爲改容，遣之。與桓温善。温辟爲安西司馬，[3]猶推布衣好。在温坐，岸幘笑咏，無異常日。桓温曰："我方外司馬。"[4]奕每因酒，無復朝廷禮，嘗逼温飲，温走入南康主門避之。主曰："君若無狂司馬，我何由得相見！"奕遂携酒就聽事，[5]引温一兵帥共飲，曰："失一老兵，得一老兵，亦何所怪。"[6]温不之責。

[1]奕：原本、宋本作"弈"，殿本作"奕"，據殿本改。本卷下同。

[2]剡：縣名，治所在今浙江省嵊州市西南曹娥江北岸。

[3]安西司馬：官名，安西將軍府高級幕僚。掌參讚軍務、管理府内武職，位僅次於長史。八品。

[4]方外：世外。

[5]聽事：廳堂。官府治事之所。

[6]亦何所怪：怪，原本、宋本、殿本作"在"，據中華本校勘記改。

從兄尚有德政，既卒，爲西藩所思，朝議以奕立行有素，必能嗣尚事，乃遷都督豫司冀并四州軍事、安西將軍、豫州刺史、假節。[1]未幾，卒官，贈鎮西將軍。

[1]都督豫司冀并四州軍事：即都督數州諸軍事，上述四州最

高軍事行政長官。

三子：泉、靖、玄。[1]泉早有名譽，歷義興太守。靖官至太常。

[1]泉：中華本校勘記："李校：《世説·賢媛》注'泉'作'淵'。蓋本名淵，唐人避諱改泉。"

玄，字幼度。[1]少穎悟，與從兄朗俱爲叔父安所器重。安嘗戒約子侄，因曰："子弟亦何豫人事，而正欲使其佳？"諸人莫有言者。玄答曰："譬如芝蘭玉樹，欲使其生於庭階耳。"安悦。玄少好佩紫羅香囊，安患之，而不欲傷其意，因戲賭取，即焚之，於此遂止。

[1]字幼度：幼，殿本作"幻"。

及長，有經國才略，屢辟不起。後與王珣俱被桓温辟爲掾，並禮重之。轉征西將軍桓豁司馬、領南郡相、監北征諸軍事。[1]于時苻堅强盛，邊境數被侵寇，朝廷求文武良將可以鎮禦北方者，安乃以玄應舉。中書郎郗超雖素與玄不善，[2]聞而嘆之，曰："安違衆舉親，明也。玄必不負舉，才也。"時咸以爲不然。超曰："吾嘗與玄共在桓公府，見其使才，雖履屐間亦得其任，所以知之。"於是徵還，拜建武將軍、兖州刺史、領廣陵相、監江北諸軍事。[3]

[1]征西將軍：官名，東漢永元年間置，地位與雜號將軍、偏將軍、裨將軍等同。建安年間與征東、征南、征北將軍合稱四征將軍，地位提高。三品，加持節都督者二品。　桓豁：字朗子，本書卷七四有傳。　南郡：治所在江陵縣（今湖北省江陵縣）。　監北征諸軍事：北征部隊的統帥。

[2]中書郎：官名，隸屬中書令。掌草擬詔書、外出執行重要使命等。亦作爲中書通事郎、中書侍郎的省稱。五品。　郗超：字景興，本書卷六七有傳。郗，殿本作"郄"，本卷下文此姓字同。

[3]兖州：此爲東晋僑置兖州，又稱南兖州。最初治嶧山，後多次移治。（參見胡阿祥《東晋南朝僑州郡縣與僑流人口研究》，江蘇教育出版社 2008 年版，第 161 頁）　監江北諸軍事：江北地區軍事行政長官，位低於都督。

時苻堅遣軍圍襄陽，[1]車騎將軍桓冲禦之。[2]詔玄發三州人丁，[3]遣彭城内史何謙游軍淮泗，[4]以爲形援。襄陽既没，堅將彭超攻龍驤將軍戴逯於彭城。玄率東莞太守高衡、後軍將軍何謙次于泗口，[5]欲遣間使報逯，令知救至，其道無由。小將田泓請行，乃没水潜行，將趣城，爲賊所獲。賊厚賂泓，使云"南軍已敗"。泓僞許之。既而，告城中曰："南軍垂至，我單行來報，爲賊所得，勉之！"遂遇害。時彭超置輜重於留城，[6]玄乃揚聲遣謙等向留城。超聞之，還保輜重。謙馳進，解彭城圍。超復進軍南侵，堅將句難、毛當自襄陽來會。[7]超圍幽州刺史田洛於三阿，[8]有衆六萬。詔征虜將軍謝石率水軍次涂中，[9]右衛將軍毛安之、游擊將軍河間王曇之、淮南太守楊廣、宣城内史丘準次堂邑。[10]既而盱眙城陷，[11]高密内史毛藻没，[12]安之等軍人相驚，遂各散退，[13]朝廷震動。玄於是自廣陵西討難等。何謙解田洛圍，進據白馬，[14]與賊大戰，破之，斬其僞將都顔。[15]因復進擊，又破之，斬其僞將邵保。超、難引退。玄率何謙、戴逯、田洛追之，戰于君川，[16]復大破之。玄參軍劉牢之攻破浮航及白船，[17]督護諸葛侃、單父令李都又破其運艦。[18]難等相率北走，僅以身免。於是罷彭城、下邳二戍。[19]詔遣殿中將軍慰勞，[20]進號冠軍，加領徐州刺史，還于廣陵，以功封東興縣侯。

[1]襄陽：縣名，治所在今湖北省襄陽市。

[2]車騎將軍：官名，魏晋南北朝時位次於驃騎將軍，在諸名號將軍之上，多作爲軍府名號，以加授大臣及重要州郡長官。二品，開府位從公者一品。

[3]發三州人丁：發，徵發。丁，殿本作"下"。

[4]彭城：縣名，治所在今江蘇省徐州市。　何謙：中華本校勘記："《斠注》：《苻堅載記》作'何謙之'。"　淮泗：殿本作"襄淮"。

[5]東莞：郡名，東漢建安初置，治所在今山東省沂水縣東北，西晋元康間移治莒縣（今山東省莒縣）。　後軍將軍：官名，西晋武帝泰始八年（272）置，與前軍、左軍、右軍將軍合稱四軍將軍。各領兵千人，是護衛皇帝宫禁的主要禁軍將領之一。四品。　泗口：古泗水入淮河之口，位於今江蘇省淮安市淮陰區西南。

[6]留城：《元和郡縣圖志》卷一〇《河南道·沛縣》："故留城，在縣東南五十五里。"沛縣，即今江蘇省沛縣。

[7]句難：中華本校勘記："《苻堅載記》、《通鑑》一〇四均作'俱難'。"　毛當：十六國前秦人，任鎮軍將軍、前禁將軍、鎮西將軍、梁州刺史等職。

［8］幽州：治所在薊縣（今北京市西南）。　三阿：地名，在今江蘇省盱眙縣東南。

［9］涂中：即今安徽、江蘇兩省境内的滁河流域。

［10］右衛將軍：官名，三國魏咸熙二年（265），司馬炎即晋王位，分中衛將軍爲左、右衛將軍。掌佽飛虎賁及前驅、由基、强弩三部司馬，屬下還有虎賁、羽林、上騎、異力、命中共五部督，負責宫禁侍衛。西晋屬中軍將軍，後屬領軍將軍。爲禁衛軍主要統帥之一，權任很重。四品。　毛安之：字仲祖，本書卷八一有傳。　游擊將軍：官名，禁軍將領，與驍騎將軍分領命中虎賁，掌宿衛之任。隸屬中領軍（領軍將軍）。四品。　河間：郡名，西漢高帝置，文帝二年（前178）改爲國，治所在樂成縣（今河北省獻縣東南）。　淮南：郡名，治所在壽春縣（今安徽省壽縣）。　宣城：郡名，治所在宛陵縣（今安徽省宣城市）。　堂邑：郡名，東晋僑置郡，治所在堂邑縣（今江蘇省南京市六合區東），安帝時改爲秦郡。

［11］盱眙：縣名，治所在今江蘇省盱眙縣東北。

［12］高密：郡國名，治所在高密縣（今山東省高密市西南）。　毛藻：中華本校勘記："周校：'毛藻'當照《孝武紀》、《苻堅載記》作'毛璪之'。按：《通鑑》一〇四亦作'毛璪之'。"

［13］遂各散退：散退，殿本作"分散"。

［14］白馬：縣名，治所在今河南省滑縣東南城關鎮東。

［15］斬其僞將都顔：原本、宋本、殿本"都"下衍"督"字，據中華本校勘記删。

［16］君川：《資治通鑑》卷一〇四《晋紀》孝武帝太元四年胡三省注云："今盱眙縣北六里有君山，此蓋君山之川也。"

［17］白船：大船。

［18］督護：官名，州郡及出鎮方面將軍府皆設，掌兵事。兩晋時常統軍征伐，祇督一軍。　單父：縣名，治所在今山東省單縣南。

［19］下邳：縣名，治所在今江蘇省睢寧縣古邳鎮東。

［20］殿中將軍：官名，三國魏置，掌典禁兵督守殿廷。西晋分隸屬左、右衛將軍，朝會宴饗及皇帝出入護衛左右。六品。

及苻堅自率兵次于項城，[1]衆號百萬，而涼州之師始達咸陽，[2]蜀漢順流，幽并係至。[3]先遣苻融、慕容暐、張蚝、苻方等至潁口，[4]梁成、王顯等屯洛澗。[5]詔以玄爲前鋒，都督徐兗青三州揚州之晋陵幽州之燕國諸軍事，[6]與叔父征虜將軍石、從弟輔國將軍琰、西中郎將桓伊、龍驤將軍檀玄、建威將軍戴熙、揚武將軍陶隱等距之，[7]衆凡八萬。玄先遣廣陵相劉牢之五千人直指洛澗，即斬梁成及成弟雲，步騎崩潰，争赴淮水。牢之縱兵追之，生擒堅僞將梁他、王顯、梁悌、慕容屈氏等，收其軍實。堅進屯壽陽，列陣臨肥水，[8]玄軍不得渡。玄使謂苻融曰："君遠涉吾境，而臨水爲陣，是不欲速戰。諸君稍却，令將士得周旋，僕與諸君緩轡而觀之，不亦樂乎！"堅衆皆曰："宜阻肥水，莫令得上。我衆彼寡，勢必萬全。"堅曰："但却軍，令得過，而我以鐵騎數十萬向水，逼而殺之。"融亦以爲然，遂麾使却陣，衆因亂不能止。於是玄與琰、伊等以精鋭八千涉渡肥水。石軍距張蚝，小退。玄、琰仍進，[9]决戰肥水南。堅中流矢，臨陣斬融。堅衆奔潰，自相蹈藉投水死者不可勝計，肥水爲之不流。餘衆棄甲宵遁，聞風聲鶴唳，皆以爲王師已至，草行露宿，重以飢凍，死者十七八。獲堅乘輿雲母車，[10]儀服、器械、軍資、珍寶山積，牛馬驢騾駱駝十萬餘。詔遣殿中將軍慰勞，進號前將軍、假節，固讓不受。賜錢百萬，彩千匹。

[1]項城：縣名，治所在今河南省項城市。

[2]凉州：東漢治所在隴縣（今甘肅省張家川回族自治縣），三國魏移治姑臧縣（今甘肅省武威市）。　咸陽：縣名，治所在今陝西省咸陽市東北聶家溝一帶。

[3]并：并州，治所在晋陽縣（今山西省太原市西南）。

[4]苻融：字博休，本書卷一一四有載記。　慕容暐：字景茂，本書卷一一一有載記。　張蚝：十六國前秦戰將，任後將軍、驃騎將軍。苻堅死後，被苻丕任爲侍中、司空，封上黨郡公。　潁口：位於今安徽省潁上縣東南潁河入淮河之口。

[5]梁成：十六國前秦戰將，任建威將軍、中壘將軍、南中郎將、都督荆揚州諸軍事、荆州刺史，領護南蠻校尉等職。後被劉牢之斬殺。　王顯：原本、宋本、殿本作“王先”，據中華本校勘記改。　洛澗：又名洛水、青洛河。源出今安徽省定遠縣東南，西北流至淮南市東入淮河。

[6]都督徐兖青三州揚州之晋陵幽州之燕國諸軍事：徐兖青三州另加揚州轄下晋陵、幽州轄下燕國兩郡國最高軍事行政長官。

[7]揚武將軍：官名，統兵出征。四品。

[8]肥水：源出今安徽省肥西縣西北，北流至壽縣城東，復折西北入淮河。今名東淝河。

[9]玄、琰仍進：玄琰，殿本乙作“琰玄”。

[10]雲母車：以雲母作裝飾的犢車。

既而安奏苻堅喪敗，宜乘其釁會，以玄爲前鋒都督，率冠軍將軍桓石虔徑造渦潁，[1]經略舊都。玄復率衆次于彭城，遣參軍劉襲攻堅兖州刺史張崇於鄄城，[2]走之，使劉牢之守鄄城。兖州既平，玄患水道險澀，糧運艱難，用督護聞人奭謀，堰吕梁水，[3]樹柵，立七埭爲派，[4]擁二岸之流，以利運漕，自此公私利便。又進伐青州，[5]故謂之青州派。遣淮陵太守高素以三千人向廣固，[6]降堅青州刺史苻朗。[7]又進伐冀州，[8]遣龍驤將軍劉牢之、濟北太守丁匡據碻磝，[9]濟陽太守郭滿據滑臺，[10]奮武將軍顔雄渡河立營。[11]堅子丕遣將桑據屯黎陽。[12]玄命劉襲夜襲據，走之。丕惶遽欲降，玄許之。丕告飢，玄饋丕米二千斛。又遣晋陵太守滕恬之渡河守黎陽，[13]三魏皆降。以兖、青、司、豫平，[14]加玄都督徐兖青司冀幽并七州軍事。[15]玄上疏以方平河北，幽冀宜須總督，司州懸遠，應統豫州。以勛封康樂縣公。玄請以先封東興侯賜兄子玩，詔聽之，更封玩豫寧伯。復遣寧遠將軍吾演伐申凱於魏郡，[16]破之。玄欲令豫州刺史朱序鎮梁國，玄住彭城，北固河上，西援洛陽，内藩朝廷。朝議以征役既久，宜置戍而還，使玄還鎮淮陰，[17]序鎮壽陽。會翟遼據黎陽反，[18]執滕恬之，又泰山太守張願舉郡叛，[19]河北騷動，玄自以處分失所，上疏送節，盡求解所職。詔慰勞，令且還鎮淮陰，以朱序代鎮彭城。

[1]冠軍將軍：官名，曹魏、孫吴、西晋皆置。西晋時領營兵。三品。　渦：渦水，即今豫東皖北淮河支流渦河。　潁：潁水，源出河南省登封市西南陽乾山，東南流至安徽省潁上縣東南入淮河。

[2]鄄城：縣名，治所在今山東省鄄城縣北。

[3]吕梁水：位於今江蘇省徐州市東南吕梁山下。

[4]派：分流。原本、宋本、殿本作“泒”，據中華本改。本

卷下文“青州派”同。

［5］青州：治所在臨淄縣（今山東省淄博市臨淄區）。

［6］淮陵：郡名，治所在武進縣（今江蘇省丹陽市東）。　廣固：廣固城，位於今山東省青州市西北。

［7］苻朗：字元達，本書卷一一四有載記。

［8］冀州：三國魏治所在信都縣（今河北省衡水市冀州區），西晋移治房子縣（今河北省高邑縣西南）。

［9］濟北：郡國名，治所在盧子城（今山東省平陰縣舊東阿東北）。　碻（qiāo）磝：碻磝津，一作敲囂津。位於今山東省聊城市茌平區西南古黄河上，南岸有碻磝城。

［10］濟陽：郡名，惠帝時分陳留郡置，治所在濟陽縣（今河南省蘭考縣東北）。　滑臺：滑臺城，即今河南省滑縣東舊滑縣，北臨古黄河。

［11］奮武將軍：官名，雜號將軍，地位較高。四品。　顔雄：中華本校勘記：“《苻堅載記》、《通鑑》一〇五作‘顔肱’。”

［12］丕：苻丕，字永叔，本書卷一一五有載記。　黎陽：縣名，治所在今河南省浚縣東北。

［13］晋陵：郡名，治所在京口（今江蘇省鎮江市）。

［14］司：司州，東晋僑置於徐縣（今江蘇省泗洪縣南）。此後或僑治合肥縣（今安徽省合肥市），或僑治襄陽縣（今湖北省襄陽市）。永和十二年（356）桓温收復河南地，還治洛陽縣，後没於前秦。淝水之戰後又還治洛陽縣。

［15］都督徐兖青司冀幽并七州軍事：即都督數州諸軍事，上述七州最高軍事行政長官。

［16］寧遠將軍：官名，屬名號將軍。五品。　吞演：吞，宋本作“春”。　魏郡：東晋僑置郡，寄居京邑（今江蘇省南京市附近）。

［17］淮陰：縣名，治所在今江蘇省淮安市淮陰區西南。

［18］翟遼：中華本校勘記：“《商榷》：據《苻堅載記》，‘翟

遼’當是‘翟斌’。按：《通鑑》一〇五亦作‘翟斌’。”

［19］泰山：郡名，治所在奉高縣（今山東省泰安市東）。

玄既還，遇疾，上疏解職，詔書不許。玄又自陳，既不堪攝職，慮有曠廢。詔又使移鎮東陽城。玄即路，於道疾篤，上疏曰：

臣以常人，才不佐世，忽蒙殊遇，不復自量，遂從戎政。驅馳十載，不辭鳴鏑之險，每有征事，輒請爲軍鋒，由恩厚忘軀，甘死若生也。冀有毫釐，上報榮寵。天祚大晋，王威屢舉，實由陛下神武英斷，無思不服。亡叔臣安協贊雍熙，[1]以成天工。而雰霧尚翳，六合未朗，[2]遺黎塗炭，巢窟宜除，復命臣荷戈前驅，董司戎首。冀仰憑皇威，宇宙寧一，陛下致太平之化，庸臣以塵露報恩，然後從亡叔臣安退身東山，以道養壽。此誠以形于文旨，達於聖聽矣。臣所以區區家國，[3]實在於此。不謂臣愆咎夙積，罪鍾中年，上延亡叔臣安、亡兄臣靖，數月之間，相係殂背，下逮稚子，尋復夭昏。哀毒兼纏，痛百常情。臣不勝禍酷暴集，每一慟殆弊。所以含哀忍悲，期之必存者，雖哲輔傾落，聖明方融，伊周嗣作，[4]人懷自厲，猶欲申臣本志，隆國保家，故能豁其情滯，同之無心耳。

［1］協贊雍熙：輔佐實現和樂升平之世。

［2］六合：天下。

［3］區區：全心全意。

[4]伊周：伊尹、周公。伊尹是輔佐商湯及其後代外丙、仲壬、太甲的賢臣。周公是輔佐周武王、成王的重臣。

去冬奉司徒道子告括囊遠圖，逮問臣進止之宜。臣進不達事機，以蹙境爲耻，退不自揆，故欲順其宿心。豈謂經略不振，自貽斯戾。[1]是以奉送章節，待罪有司，孰徇常儀，[2]實有愧心。而聖恩赦過，黷法垂宥，使抱罪之臣復得更鳴於所司。[3]木石猶感，而况臣乎！顧將身不良，動與釁會，謙德不著，害盈是荷，先疾既動，便至委篤。陛下體臣疢重，使還藩淮側。甫欲休兵静衆，綏懷善撫，兼苦自療，冀日月漸瘳，繕甲俟會，思更奮迅。而所患沉頓，有增無損。今者惙惙，[4]救命朝夕。臣之平日，率其常矩，[5]加以匪懈，猶不能令政理弘宣，况今内外天隔，永不復接，寧可卧居重任，以招患慮！

[1]自貽斯戾：自己招致罪過。

[2]孰徇常儀：孰，殿本作“執”。

[3]使抱罪之臣復得更鳴於所司：鳴，殿本作“名”。

[4]惙惙：衰疲貌。

[5]率其常矩：矩，宋本作“短”。

追尋前事，可爲寒心。臣之微身，復何足惜，區區血誠，憂國實深。謹遣兼長史劉濟重奉送節蓋章傳。伏願陛下垂天地之仁，拯將絶之氣，時遣軍司鎮慰荒雜，聽臣所乞，盡醫藥消息，歸誠道門，冀神祇之祐。若此而不差，修短命也。使臣得及視息，瞻睹墳柏，以此之盡，公私真無恨矣。伏枕悲慨，不覺流涕。

詔遣高手醫一人，令自消息，又使還京口療疾。

玄奉詔便還，病久不差，又上疏曰："臣同生七人，凋落相繼，惟臣一己，孑然獨存。[1]在生荼酷，無如臣比。所以含哀忍痛，希延視息者，欲報之德，實懷罔極，庶蒙一瘳，申其此志。且臣孤遺滿目，顧之惻然，爲欲極其求生之心，未能自分於灰土。慺慺之情，[2]可哀可愍。伏願陛下矜其所訴，霈然垂恕，不令微臣銜恨泉壤。"[3]表寢不報。前後表疏十餘上，久之，乃轉授散騎常侍、左將軍、會稽内史。[4]時吴興太守晋寧侯張玄之亦以才學顯，自吏部尚書與玄同年之郡，而玄之名亞於玄，時人稱爲"南北二玄"，論者美之。

[1]孑然獨存：孑，宋本作"了"。

[2]慺慺：恭謹。

[3]不令微臣銜恨泉壤：銜，殿本作"御"。

[4]左將軍：官名，漢代爲重號將軍，與前、後、右將軍並爲上卿。魏晋時爲常設官職，權位較兩漢漸低，僅爲武官名號，略高於一般雜號將軍，不典禁兵。三品。

玄既輿疾之郡，十三年，卒於官，時年四十六。追贈車騎將軍、開府儀同三司，謚曰獻武。

子瑍嗣，秘書郎，[1]早卒。子靈運嗣。[2]瑍少不惠，而靈運文藻艷逸，玄嘗稱曰："我尚生瑍，瑍那得生靈運!"[3]永熙中，爲劉裕世子左衛率。[4]

[1]秘書郎：官名，秘書令屬官，掌管文書機要，亦掌整理典籍、考核舊文。六品。

[2]靈運：南朝宋陳郡陽夏（今河南省太康縣）人，小名客兒，謝玄孫。世稱謝康樂。山水詩人，與顏延之並稱"顏謝"。

[3]瑍那得生靈運：原本、宋本、殿本"得"下衍"不"字，據中華本校勘記删。

[4]世子左衛率：官名，即太子左衛率，又稱太子左率，領精兵萬人，宿衛東宫，亦任征戰，地位頗重。五品。此時劉裕雖未稱帝，但已有皇帝的權力，其子雖稱世子，却有太子之實。

始從玄征伐者，何謙字恭子，東海人，[1]戴遯字安丘，處士逵之弟，[2]並驍果多權略。逵厲操東山，而遯以武勇顯。謝安嘗謂遯曰："卿兄弟志業何殊?"遯曰："下官不堪其憂，家兄不改其樂。"遯以軍功封廣信侯，位至大司農。[3]

[1]東海：郡名，治所在郯縣（今山東省郯城縣北）。

[2]處士：閑居不仕之人。　逵：戴逵，字安道，本書卷九四有傳。

[3]大司農：官名，掌管全國財政和各地的屯田。三品。

萬，字萬石，才器儁秀，雖器量不及安，而善自衒曜，故早有時譽。工言論，善屬文，敘漁父、屈原、季主、賈誼、楚老、龔勝、孫登、嵇康四隱四顯爲《八賢論》，[1]其旨以處者爲優，出者爲劣，以示孫綽。綽與往反，以體公識遠者則出處同歸。[2]嘗與蔡系送客于征虜亭，[3]與系争言。系推萬落床，冠帽傾脱。萬徐拂衣就席，神意自若，坐定，謂系曰："卿幾壞我面。"系曰："本不爲卿面計。"然俱不以介意，時亦以此稱之。

[1]漁父：春秋戰國時期的隱逸之人，《莊子·漁父》及《史記》卷八四《屈原賈生列傳》中均有記載。　屈原：戰國時楚人，名平，字原。又名正則，字靈均。楚國貴族，任左徒、三閭大夫。爲人正道直行，對内主張明法度，任賢能；對外主張聯齊抗秦。因上官大夫讒言，被楚懷王疏遠。後被流放江南，因國都失守，無力回天，投汨羅江而死。　季主：司馬季主，西漢人，游學長安，通《易經》，術黄帝、老子，博聞遠見。《史記》卷一二七《日者列傳》有載。　賈誼：西漢洛陽（今河南省洛陽市）人。文帝時爲博士，後遷至太中大夫。建議改正朔、定官名、興禮樂、削藩王。因周勃、灌嬰等譖毁，被貶爲長沙王太傅。　楚老：《文選·謝靈運〈廬陵王墓下作詩〉》李善注引《漢書》曰："龔勝者。楚人也。字君賓。勝卒，有一老父來吊，其哭甚哀，既而曰：'嗟乎！薰以香自燒，膏以明自銷。龔先生竟夭天年，非吾徒也。'遂趍而出，莫知其誰。"引《徐州先賢傳》曰："楚老者，彭城之隱人也。"　龔勝：西漢楚國彭城（今江蘇省徐州市）人，字君賓。少好學明經，爲郡吏。哀帝時歷任諫大夫、丞相司直、光禄大夫、給事中等職。由於上言忤旨，出爲渤海太守。王莽時拒絶徵召，絶食而死。　孫登：字公和，本書卷九四有傳。　嵇康：字叔夜，本書卷四九有傳。

[2]體公識遠者則出處同歸：中華本校勘記："《斠注》：《世説·文學》注引《中興書》'公'作'玄'。"

[3]征虜亭：位於今江蘇省南京市西北隅秦淮河岸。

弱冠，辟司徒掾，遷右西屬，[1]不就。簡文帝作相，聞其名，召爲撫軍從事中郎。[2]萬著白綸巾，鶴氅裘，履版而前。[3]既見，與帝共談移日。太原王述，[4]萬之妻父也，爲揚州刺史。萬嘗衣白綸巾，乘平肩輿，徑至聽事前，謂述曰："人言君侯癡，君侯信自癡。"述曰："非無此論，但晚合耳。"[5]

[1]右西屬：官名，即右西曹屬，西曹次官，缺掾則爲西曹長官。西曹爲公府諸曹之一，晋朝司徒府增設左西曹，遂改原西曹爲右西曹。

[2]從事中郎：官名，東漢時爲大將軍屬官，地位較高。魏晋時爲將軍府或公府屬官。六品。此爲撫軍將軍府從事中郎。

[3]履版而前：中華本校勘記："李校：'版'當作'屐'。"履屐而前，穿着屐相見。

[4]太原：郡名，治所在晋陽縣（今山西省太原市西南）。王述：字懷祖，本書卷七五有傳。

[5]但晚合耳：中華本校勘記："李校：'合'當作'令'，《世説·簡傲》作'令'，劉注詳之。"

萬再遷豫州刺史，領淮南太守、監司豫冀并四州軍事、假節。[1]王羲之與桓温箋曰："謝萬才流經通，處廊廟，參諷議，故是後來一器。而今屈其邁往之氣，以俯順荒餘，近是違才易務矣。"[2]温不從。

[1]監司豫冀并四州軍事：即監數州諸軍事，上述四州軍事行政長官，位低於都督。

[2]違才易務：不發揮人的才能，改變人才擅長的工作。

萬既受任北征，矜豪傲物，嘗以嘯咏自高，未嘗撫衆。兄安深憂之，自隊主將帥已下，安無不慰勉。謂萬曰："汝爲元帥，諸將宜數接對，以悦其心，豈有傲誕若斯而能濟事也！"萬乃召集諸將，都無所説，直以如意指四坐云："諸將皆勁卒。"諸將益恨之。既而先遣征虜將軍劉建修治馬頭城池，[1]自率衆入渦潁，以援洛陽。北中郎將郗曇以疾病退還彭城，[2]萬以爲賊盛致退，便引軍還，衆遂潰散，狼狽單歸，廢爲庶人。後復以爲散騎常侍，會卒，時年四十二，因以爲贈。

[1]馬頭城：位於今安徽省壽縣西北。

[2]北中郎將：官名，與東、西、南中郎將並稱四中郎將，統兵征戰，權職甚重。四品。　郗曇：字重熙，本書卷六七有傳。

子韶，字穆度，少有名。時謝氏尤彦秀者，稱封、胡、羯、末。封謂韶，胡謂朗，羯謂玄，[1]末謂川，[2]皆其小字也。韶、朗、川並早卒，惟玄以功名終。韶至車騎司馬。[3]韶子恩，字景伯，宏達有遠略，韶爲黄門郎、武昌太守。[4]恩三子：曜、弘、微，皆歷顯位。

[1]羯謂玄：羯，原本、宋本作"竭"，殿本作"羯"，據殿本改。

[2]末謂川：中華本校勘記："川即上文之泉，本名淵，修史者上文改作'泉'，此又改作'川'，殊爲失檢。"

[3]車騎司馬：官名，車騎將軍府高級幕僚。掌參讚軍務、管理府内武職，位僅次於長史。六品。

[4]宏達有遠略，韶爲黄門郎、武昌太守：宋本無"略"字，

"韶"作"諮"。中華本校勘記:"此叙謝恩官位，不得及其父韶。恩爲黄門郎、武昌太守，《南史·謝密傳》《世説·人名譜》亦言之，可證。周家禄以爲'韶'當作'仕'。《通志》一二八上句作'宏達有遠韵'，或者'韵'誤爲'韶'，後人又誤增'略'字。"

朗，字長度。父據，早卒。朗善言玄理，文義艷發，名亞於玄。總角時，病新起，體甚羸，未堪勞，於叔父安前與沙門支遁講論，遂至相苦。其母王氏再遣信令還，安欲留，使竟論，王氏因出云:"新婦少遭艱難，一生所寄惟在此兒。"遂流涕携朗去。安謂坐客曰:"家嫂辭情慷慨，恨不使朝士見之。"朗終於東陽太守。

子重，字景重，明秀有才名，爲會稽王道子驃騎長史。[1]嘗因侍坐，于時月夜明净，道子嘆以爲佳。重率爾曰:"意謂乃不如微雲點綴。"道子因戲重曰:"卿居心不净，乃復强欲滓穢太清邪!"

[1]驃騎長史:官名，驃騎將軍府長史。掌顧問參謀，爲將軍府掾屬之長。六品。

子絢，字宣映，曾於公坐戲調，無禮於其舅袁湛。[1]湛甚不堪之，謂曰:"汝父昔已輕舅，汝今復來加我，可謂世無渭陽情也。"[2]絢父重，即王胡之外孫，與舅亦有不協之論，湛故有此及云。

[1]袁湛:字士深，本書卷八三有傳。

［2］渭陽：《詩·秦風·渭陽》："我送舅氏，曰至渭陽。"朱熹集傳："舅氏，秦康公之舅，晋公子重耳也。出亡在外，穆公召而納之。時康公爲太子，送之渭陽而作此詩。"後因以"渭陽"爲表示甥舅情誼之典。

石，字石奴。初拜秘書郎，累遷尚書僕射。征句難，以勛封興平縣伯。淮肥之役，詔石解僕射，以將軍假節征討大都督，與兄子玄、琰破苻堅。先是，童謡云："誰謂爾堅石打碎。"故桓豁皆以"石"名子，以邀功焉。堅之敗也，雖功始牢之，而成于玄、琰，然石時實爲都督焉。遷中軍將軍、尚書令，[1]更封南康郡公。于時學校陵遲，[2]石上疏請興復國學，[3]以訓胄子，班下州郡，普修鄉校。疏奏，孝武帝納焉。

［1］中軍將軍：官名，西晋時統左右衛、前後左右驍騎等宿衛七營禁軍，主管京師及朝廷警衛。泰始四年（268）罷，置北軍中候代其職。後爲將軍名號，與鎮軍將軍、撫軍將軍並爲三名號將軍，不統禁兵。三品。

［2］陵遲：衰敗，頽敗。

［3］國學：即國子學。中央立最高儒學學府，隸屬太常，設國子祭酒、博士、助教。收納貴族子弟。

兄安薨，石遷衛將軍，加散騎常侍。以公事與吏部郎王恭互相短長，恭甚忿恨，自陳褊阨不允，[1]且疾源深固，乞還私門。石亦上疏遜位。有司奏，石輒去職，免官。詔曰："石以疾求退，豈準之常制！其喻令還。"歲餘不起。表十餘上，帝不許。石乞依故尚書令王彪之例，於府綜攝，詔聽之。疾篤，進位開府儀同三司，加鼓吹，未拜，卒，時年六十二。

[1]褊阨不允：心胸狹隘，辦事不公。

石少患面創，療之莫愈，乃自匿。夜有物來舐其瘡，隨舐隨差，舐處甚白，故世呼爲謝白面。石在職務存文刻，既無他才望，直以宰相弟兼有大勛，遂居清顯，而聚斂無饜，取譏當世。追贈司空，禮官議謚，博士范弘之議謚曰襄墨公，[1]語在《弘之傳》。朝議不從，單謚曰襄。子汪嗣，早卒。汪從兄冲以子明慧嗣，爲孫恩所害。明慧從兄喻復以子𥬇嗣。[2]宋受禪，國除。

[1]博士：學官，國子博士、太學博士或太常博士泛稱，教授儒學。六品。　范弘之：字長文，本書卷九一有傳。

[2]明慧從兄喻復以子𥬇嗣：中華本認爲喻復是人名。汪維輝認爲“喻”是人名，“復”是“又”的意思。（參見汪維輝《〈晋書〉點校商兑》，《古籍整理研究學刊》1997 年第 1 期）

邈，字茂度。父鐵，永嘉太守。[1]邈性剛骾，無所屈撓，頗有理識。累遷侍中。時孝武帝醮樂之後多賜侍臣文詔，辭義有不雅者，邈輒焚毁之，其他侍臣被詔者或宣揚之，故論者以此多邈。後爲吴興太守。孫恩之亂，爲賊胡桀、郜驃等所執，害之，[2]賊逼令北面，邈厲聲曰：“我不得罪天子，何北面之有！”遂害之。邈妻郗氏，甚妒。邈先娶妾，郗氏怨懟，與邈書告絶。邈以其書非婦人詞，疑其門下生仇玄達爲之作，遂斥玄達。玄達怒，遂投孫恩，并害邈兄弟，竟至滅門。[3]

[1]永嘉：郡名，治所在永寧縣（今浙江省温州市）。

[2]害之：中華本校勘記："下文云'遂害之'，則此'害之'二字不當有，疑衍。"

[3]害邈兄弟，竟至滅門：《南史》卷一九《謝方明傳》："謝方明，裕從祖弟也。祖鐵字鐵石，位永嘉太守。父冲字秀度，中書郎，家在會稽，病歸，爲孫恩所殺，贈散騎常侍。方明隨伯父吴興太守邈在郡。孫恩寇會稽，東土諸郡響應，吴興人胡桀、郜驃破東遷縣，方明勸邈避之，不從，賊至被害，方明逃免。"可見謝邈一支並未被滿門殺盡。

史臣曰：建元之後，時政多虞，巨猾陸梁，[1]權臣横恣。其有兼將相於中外，系存亡於社稷，負扆資之以端拱，[2]鑿井賴之以晏安者，[3]其惟謝氏乎！簡侯任總中臺，[4]效彰分閫；[5]正議云唱，喪禮墮而復弘；遺音既補，雅樂缺而還備。君子哉，斯人也！文靖始居塵外，高謝人間，嘯咏山林，游泛江海，[6]當此之時，蕭然有陵霞之致。暨于褫薜蘿而襲朱組，[7]去衡泌而踐丹墀，[8]庶績於是用康，[9]彝倫以之載穆。[10]苻堅百萬之衆已瞰吴江，桓温九五之心將移晋鼎，[11]衣冠易慮，遠邇崩心。從容而杜奸謀，宴衎而清群寇，宸居獲太山之固，惟揚去累卵之危，[12]斯爲盛矣。然激繁會於期服之辰，[13]敦一歡於百金之費，[14]廢禮於媮薄之俗，[15]崇侈於耕戰之秋，雖欲混哀樂而同歸，齊奢儉於一致，而不知頹風已扇，雅道日淪，國之儀刑，豈期若是！琰稱貞幹，卒以忠勇垂名；混曰風流，竟以文詞獲譽：並階時宰，無墮家風。奕、萬以放肆爲高，石奴以褊濁興累，雖粤微纇，[16]猶稱名實。康樂才兼文武，志存匡濟，淮肥之役，勍寇望之而土崩；渦潁之師，中州應之而席卷。方欲西平鞏洛，北定幽燕，廟算有遺，[17]良圖不果，降齡何促，功敗垂成，拊其遺文，經綸遠矣。

[1]陸梁：猖獗。

[2]負扆資之以端拱：提供衣被之資使之閑適。

[3]鑿井賴之以晏安：提供飲食使之安定。

[4]任總中臺：尚書省的總負責。中臺，尚書省。

[5]分閫：出任將帥或封疆大吏。

[6]游泛江海：游，殿本作“浮”。

[7]褫薜蘿而襲朱組：脱去隱士之服穿上朝廷官服。褫，脱去。薜蘿，薜荔和女蘿。《楚辭·九歌·山鬼》：“若有人兮山之阿，被薜荔兮帶女蘿。”王逸注：“女蘿，兔絲也。言山鬼仿佛若人，見於山之阿，被薜荔之衣，以兔絲爲帶也。”後借以指隱者或高士的衣服。朱組，紅色絲帶。古代達官貴人用以繫冠、佩玉、佩印之用，亦借指高官。

[8]衡泌：謂隱居之地。語本《詩·陳風·衡門》：“衡門之下，可以棲遲，泌之洋洋，可以樂飢。”朱熹集傳：“此隱居自樂而無求者之詞。言衡門雖淺陋，然亦可以游息；泌水雖不可飽，然亦可以玩樂而忘飢也。”　丹墀：宫殿的赤色臺階或赤色地面，此喻入朝爲官。

[9]庶績於是用康：各種政事因此得到治理。

[10]彝倫以之載穆：人倫因此而和睦。

[11]九五之心：想當皇帝的野心。

[12]惟揚：淮揚。惟，殿本作“維”。　累卵之危：卵，宋本作“卯”。

[13]激繁會於期服之辰：指謝安期喪不廢樂。

[14]敦一歡於百金之費：一，宋本作“之”。

[15]廢禮於婾薄之俗：指謝安雖放情丘壑，然每游賞，必以妓女從。

[16]雖粤微纇：雖有小的缺點。粤，殿本作“曰”。

[17]廟算有遺：遺，殿本作“餘”。

贊曰：安西英爽，才兼辯博。宣力方鎮，流聲臺閣。太保沉浮，曠若虚舟。任高百辟，[1]情惟一丘。琰、邈忠壯，奕、萬虚放。爲龍爲光，或卿或將。偉哉獻武，功宣授斧。克翦凶渠，幾清中宇。

[1]任高百辟：地位高於百官。